地方自治論

変化と未来

幸田雅治 編
Kouda Masaharu

法律文化社

はじめに

　本書は，地方自治を学ぶ幅広い方々を対象にしたテキストである。2000年の地方分権一括法施行以後の日本の地方自治について，分析の視点を提示し，課題を明らかにする。また，将来に向けて，新たな視点や問題提起を行うことをめざした。したがって，制度の説明には重点を置かずに，先行研究をふまえた理論面を重視した。あわせて，各執筆者には，できるだけ地方自治の現実の運営実態にも触れながら，課題や今後の展望，あるべき方向性を論じるように努めていただいた。執筆者は，地方自治の研究者であるとともに，地方自治の現場を熟知した方々であり，いわば自らの実体験に立脚した論が展開されている。

　現代立憲主義において，権力分立原則は，権力相互の抑制と均衡を図るための原則としてたいへん重要である。しかし，議院内閣制のもとでの行政府優位などによって，権力分立は変容をきたしている。このような状況下で，中央における三権分立（水平的権力分立）とならんで，垂直的権力分立である「地方自治」の重要性が高まっているといえる。日本国憲法第92条の「地方自治の本旨」は，通説では，「住民自治」と「団体自治」を意味しているとされる。そして，一般的には，「住民自治」は，地域の統治に地域の住民が参画し，そのあり方を住民の意思にもとづいて決定し（自己決定），その責任において処理すること（自己責任）であり，「団体自治」は，国家の内部において，国とは別の一定の地域を基礎とする自立した団体を認め，地域の統治をその地域的団体が自らの権能と責任において（自己責任），原則として国の干渉を受けずに処理すること（自己決定）とされている。

　「通説では」，「一般的には」と述べたのは，唯一の考えではないことによる。日本国憲法に地方自治の章が規定された当時，「地方自治の本旨」とは何かについて，塩野宏が「地方自治の本旨に関する一考察」（2004年）で触れているように，「住民自治」，「団体自治」，「現地綜合行政」，「自主責任」の４つの原理を内容とする考えなども提唱されていた。また，地方分権一括法の制定をきっかけに，全国知事会自治制度研究会が「地方自治の保障のグランドデザイン」

（2005年）で，ヨーロッパ地方自治憲章の「補完性の原理」との関係，アメリカの「ホームルーム」との関係が論じられるなど，「地方自治の本旨」の内容に関する議論も起きた。

　しかし，ここでは，通説にしたがって，「地方自治の本旨」を「住民自治」と「団体自治」ととらえることとし，両者の関係について説明する。地域的レベルで民主主義的決定（住民自治＝地域住民による自己決定）を保障するためには，国から独立した地域の統治機構としての地方公共団体が地域のことを決定する仕組み（団体自治＝自治体による自己決定）を設けることが不可欠であり，したがって，両者は車の両輪であるとされている。この説明からは，「団体自治がまずあってこそ，地方自治が成り立つ」という説明も可能であるし，「住民自治こそがめざすべきことであって，団体自治は手段にすぎない」という説明も可能である。筆者は，住民自治こそ「地方自治」の根幹であると考えているが，別の考えもあると思う。

　まず，「団体自治」については，いわゆる2つの路線があり，1つは，所管事務拡大路線で，地方公共団体への事務・権限の移譲等を進めて，自治体の仕事を増やす路線である。2つは，自由度拡大路線で，地方公共団体への国の関与の廃止・縮減等を進め，国からの口出しを減らす路線である。2000年の地方分権一括法では，機関委任事務という国の事務を自治体の事務として受け入れ，所管事務を拡大した。その後の第二次分権改革では，義務付け・枠付けの廃止・縮減に取り組み，自由度を拡大することをめざした。今後，どちらの路線を重視すべきかについては，考えが分かれるかもしれない。ただ，諸外国と比較して，日本の自治体の事務範囲，活動量は相当広いという認識で一致していることをふまえれば，筆者は，今後は自由度の拡大が重視されるべきと考える。

　第二次分権改革では，地方分権改革推進委員会は，政府組織としては初めて「地方政府」の言葉を使い，自治立法権，自治行政権，自治財政権を有する完全自治体をめざすと勧告した。いずれの権限も重要であるが，どのように取り組んでいくべきかについては，さまざまなアプローチがありうるだろう。自治立法権が最も重要とする考え，財政面がしっかり保障されていなければ仕事ができないとして自治財政権が最も重要とする考えなど，人によって考え方が分かれるだろう。

また，国と自治体の役割分担に関しては，分離型と融合型，あるいは，機能分担論と責任分担論の議論などがある。しかし，どちらが100％であることをめざすというものではなく，どちらにどの程度傾くかの問題であるととらえることが適切であろう。ただ，めざす方向性は分かれるだろう。

　「団体自治」については何を重視すべきか。上記で触れたこと以外にも，さまざまにありうるだろう。本書で取り上げた「議会と首長の関係」や「行政計画のあり方」も重要であるし，本書で中心的には取り上げていないが，「自治体間連携」，「自治体の司法への出訴権」，「国の事務に対する自治体の権限」なども団体自治の強化の方策となりうる。

　次に，「住民自治」については，いわゆる間接民主主義と直接民主主義のどちらに重心を置くかの2つの路線がある。これも，100％代表民主制か100％直接民主制かという選択ではなく，どちらの要素をどの程度取り入れるかの選択となる。日本の地方自治制度においては，リコールや条例の制定・改廃の請求の制度は一応導入されているし，住民参加も徐々に進んできているが，諸外国に比較すると直接民主主義的要素は弱いといわざるをえない。

　「住民自治」について何を重視すべきか。これについてもさまざまな考えがありうるだろう。本書で取り上げた「行政計画への住民参加」，「予算への住民参加」，「住民の自治意識」など以外に，本書で中心的には取り上げていないが，「情報公開」，「住民自身の政策立案能力の強化（支援）」などは，住民自治を実効あらしめるうえでたいへん重要である。

　以上述べてきたように，地方自治をどうとらえ，どこに重点を置いて取り組んでいくかは，時代によって，論者によって，アプローチの仕方によって異なってくるものである。本書では，地方自治という幅広い射程のなかでのいくつかの項目を取り上げているにすぎないが，地方自治の本質に立ち返って，読者自身が考える材料を提供することを目的に作成した。

　簡単に，本書の構成と各章の紹介を行う。

　序章では，自治体という存在はいかなるものであるかを問う。住民集団の側面を重視する群民的自治体観と行政サービス提供の側面を重視する機構的自治体観があるとする。戦後日本の地域振興の政策を振り返りながら，現在における帰結を導き出している。それは，群民的自治体観に立つ限り，地域振興に努

めなければならないが，それはもはや無理であり，機構的自治体観を重視すべきであるとする．

　第1章では，国と自治体の役割分担はどうあるべきかを問う．「集権・分権」と「分離・融合」という天川モデルや村松岐夫による「垂直的行政統制モデル」と「水平的政治競争モデル」の対比などを紹介する．そのうえで，いま求められているのは，分権型社会に対応した自治体の具体的な取り組みであるとする．

　第2章では，都市の役割は何かを問う．都道府県・市町村が「基本型」であるのに対して，大都市制度を，「特別型一般」の特別区制度と「基本型特例」である指定都市制度に分類する．現在に至る歴史的経緯を振り返ったうえで，大都市のあり方は，大都市市民からの視点，自治体間連携の視点，ローカル・デモクラシーの視点が重要であるとする．

　第3章では，自治体の統治制度のあり方を問う．自治体組織は，二元代表制，執行機関の多元主義，制度の画一性を特徴とする．2003年以降の組織編成の自由度の高まりを受けて，多様な組織づくりが模索されている事例を紹介しながら，組織の多様性(ダイバーシティ)の取り組みを進めていく必要があるとする．

　第4章では，地方議会の役割は何かを問う．首長と議会の二元制を採用する地方自治制度は，機関競争主義として理解する．これまでの議会改革を振り返るとともに，地方政治において，議会と首長だけではなく，住民，企業，NPO，自治体職員を視野に入れた分析を行っている．また，現行制度の改革についての提案をしている．

　第5章では，自治立法権が果たすべき機能は何かを問う．法律と条例の関係について，徳島市公安条例判決をふまえた解説を行うとともに，実践例として，空き家条例，ごみ屋敷条例を取り上げている．そのうえで，今後，自治立法権が積極的に活用されていくことが望ましいとし，国家法と条例が相互に補完し合いながら，公共利益の維持・増進という役割を果たしていくことを期待したいとする．

　第6章では，自治体行政計画の持つ機能は何かを問う．自治体行政計画には，「複雑性」と「冗長性」がある．行政計画の機能（行政組織経営，市場の制御，ローカル・ガバナンス，政府間関係調整），策定プロセス，評価プロセスを説明する．そのうえで，人口減少社会にあって，時に矛盾する技術合理性と政治的代

表性の調整に加えて，プロセス自体の信頼性と協働性の担保が一層求められているとする。

　第7章では，税財政制度の役割を問う。政府間財政関係からみた自治体財政の仕組みおよび予算について解説する。そのうえで，地方分権の観点から地方財政制度はどうあるべきか，財政再建が進まないなかで地方財政制度はどうあるべきか，多様な住民ニーズに応えることのできる地方財政制度はどうあるべきかについて問題提起をしている。

　第8章では，自治体と民間の役割分担はどうあるべきかを問う。公共サービスの提供における民間企業およびNPOの役割が増大してきた近年の動向とその理論を説明する。そのうえで，行政が実施する業務の一部を民間企業に委ねる場合における行政としての責任の果たし方，行政がNPOと協働する場合における対等性の確保のあり方について論じている。また，自治体と民間企業，NPOの関係について，住民の視点からみた問題提起をしている。

　第9章では，まちづくりにおける自治とは何かを問う。まちづくりは，住民の意向の反映を重視した方法で目的を達成することであり，自己統治を要件として空間の秩序形成を実現するものであるとする。そして，地区計画を題材とし，その運用において，利害関係者等の同意を得ることで正当性を得るやり方と，協議会を認定し個人の意思と公共的意思を合成するやり方がとられていることを明らかにし，自治の発展の可能性を示している。

　第10章では，住民組織のあり方について問う。自治会，町内会の歴史およびコミュニティ政策について事例を含めて振り返り，その変容について説明する。また，自治の基盤である住民のあり方として，地域共同管理の重要性を説き，自治精神を持つ担い手を確保することこそ，地方自治の普遍原則であるとする。

　特別章では，近代的な政治制度や社会のかたちを成立させたのは先進国であったが，オイル・ショック以降，近代的なシステムのなかにある欠陥が表面化し，それが社会を劣化させていくことを意識せざるをえなくなったとする。そして，近代のシステムのなかに，劣化する地方自治という根拠が内在されていなかったのかという問いを検証していく必要があるとする。

　前半の章（序章から第5章）では，基本となる地方自治制度に関する理論と今

後の課題を取り上げている。中盤の章（**第6章**，**第7章**）では，地方行政運営をするうえで重要な手段である行政計画，財政，予算が果たす機能と今後の課題を取り上げている。後半の章（**第8章**から**第10章**）では，ローカル・ガバナンスを構成する行政以外のアクターである，民間企業，NPO，地縁組織，住民に焦点を当てて，その役割や関係性を取り上げている。自治体とは何かから始まって，住民論へと進んでいく構成をとった。行政学者のほか，行政法学者，社会学者，哲学者にも執筆いただき，学際的な視点も取り入れた地方自治論とした。

本書は，当初，地方自治論の標準的なテキストをつくるというコンセプトで依頼があった。地方自治論となると，地方自治の制度を論じることになるが，何のためにこのような制度になっているのかを考え，既存の制度や社会のあり方について掘り下げなければ，既存の制度を改善・改革することはできない。また，地方自治は，国に比べて，より住民に身近な政策を実施するものであるから，地方自治の現場を知り，地域住民の暮らしの実際を知ることが欠かせない。

この難しい課題に応え，地方分権の一層の進展のためにといって，まさに第一線の研究者の方々に各章の執筆をお願いし，ご担当いただいた。さらに，哲学者である内山節氏には，現在の地方自治が抱える問題の根源に触れる**特別章**をご寄稿いただいた。すべての執筆者各位に心からの感謝を申し上げたい。また，有能な編集者である法律文化社の上田哲平氏による適切なご助言とサポートなしには本書が完成することはなかった。

最後に，本書を手に取ってくださった読者の方々に感謝申し上げたい。読者には，日本の将来にとって重要な要素である地方自治についての理解を深めてほしい。そして，地方分権への取り組みに参加し，明るい未来を切り開いていただくことを期待したい。

編者　幸田雅治

目　次

はじめに

序　章　自治体という存在——群民的自治体観と機構的自治体観　1

1　自治体の存在目的 ………………………………………………… 1
2　地域振興への希求 ………………………………………………… 3
3　社会経済基盤の盛衰 ……………………………………………… 7
4　政治基盤の盛衰 …………………………………………………… 11
5　自治体という存在の展望 ………………………………………… 15
6　章　括 ……………………………………………………………… 16

第1章　国と自治体の役割分担——それぞれが担う行政と政治　19

1　国と自治体の関係とその改革 …………………………………… 19
2　国と自治体の関係はどのようにとらえられてきたのか ……… 21
3　国と自治体をめぐる現状と課題 ………………………………… 30
4　これからの国‐自治体関係 ……………………………………… 39

第2章　大都市制度——都市の役割は何か？　43

1　大都市を考える視角 ……………………………………………… 43
2　大都市制度の歴史的系譜 ………………………………………… 46
3　都制度から都区制度へ …………………………………………… 50
4　多様化する指定都市 ……………………………………………… 56
5　人口減少時代における大都市の役割と展望 …………………… 61

第3章　自治体の統治制度——仕組みと運用　64

1　自治体の組織機関の特徴 ………………………………………… 64
2　自治体の長の地位と権限 ………………………………………… 68
3　長と議会の関係 …………………………………………………… 70
4　長の補助機関と補助組織 ………………………………………… 73

第4章　地方議会の役割──住民・議会・首長の新たな関係　82

1　地方自治の原則と住民・議会・首長等との関係 …………………… 82
2　地域経営を担う議会の役割 …………………………………………… 86
3　議会改革を「住民福祉の向上」につなげる ………………………… 94
4　議会改革の今後の課題 ………………………………………………… 98

第5章　自治立法権──機能と実践　105

1　条例の役割 …………………………………………………………… 105
2　憲法と条例の関係 …………………………………………………… 107
3　法律と条例の関係──徳島市公安条例判決 ……………………… 108
4　委任条例 ……………………………………………………………… 110
5　自主条例 ……………………………………………………………… 112
6　実践例──ごみ屋敷条例 …………………………………………… 114
7　自治立法権の未来 …………………………………………………… 121

第6章　自治体行政計画──仕組みとプロセス　127

1　自治体行政計画をめぐる環境の変化と継続性 …………………… 127
2　自治体行政計画の策定プロセス …………………………………… 133
3　自治体行政計画の評価の仕組みとプロセス ……………………… 141
4　人口減少社会における自治体行政計画 …………………………… 147

第7章　自治体の税財政──制度と予算　154

1　政府間財政関係からみた自治体財政 ……………………………… 154
2　自治体の歳入構造 …………………………………………………… 158
3　自治体の歳出構造 …………………………………………………… 164
4　自治体の予算 ………………………………………………………… 167
5　自治体の財政運営を取り巻く課題 ………………………………… 171

第8章　自治体と民間の役割分担──すみ分けと協働　178

1　「公共の担い手」のとらえ方の変化 ………………………………… 178
2　公共経営論の変遷と行政の役割 …………………………………… 185
3　NPOの課題と行政との協働 ………………………………………… 193

| | **4** | ローカル・ガバナンスにおける自治体と民間 ················· 197 |

第9章　まちづくりと自治──まちの政策論　　202

	1	まちづくりと自己統治 ·· 202
	2	地区計画の性格と趣旨 ·· 206
	3	地区計画策定手続の要件と特異性 ···································· 209
	4	創設時に想定されていた地区計画策定手続の意義 ············ 212
	5	地区計画手続の運用実態 ·· 217
	6	まちづくりと自治──課題と展望 ···································· 221

第10章　住民と住民組織──まちづくりの基礎論　　227

	1	住民組織の由来と政策 ·· 227
	2	コミュニティ政策／運動の3つの波 ································ 233
	3	2010年代に進化する地縁団体 ··· 238
	4	地方自治と住民──「人のお世話をするよう」 ··············· 243

特別章　地方自治と近代的世界の読み直し　　250

	1	はじめに ··· 250
	2	近代社会と政治 ··· 252
	3	近代政治とデマゴーグの政治 ··· 253
	4	近代国家の構造 ··· 255
	5	劣化する近代国家 ·· 258
	6	おわりに ··· 259

索　　引

執筆者紹介

自治体という存在
——群民的自治体観と機構的自治体観

　自治体という存在の見方には，住民集団の側面を重視する群民的自治体観と，管轄区域での行政サービス提供機構の側面を重視する機構的自治体観とがある。日本では前者の側面が重視されてきた。それゆえ，地域振興の実現可能性には論争があるものの，自治体の任務は地域振興であった。そこで，社会経済基盤とそれを支える政治基盤の観点から，戦後日本自治体の地域振興の環境与件の推移を検討した。
　社会経済基盤として1970年頃に成立した「国土の均衡ある発展」体制は，政治基盤としての「地方利益誘導」体制に支えられていた。しかし，人口構造の変化とともに，「地方利益誘導」体制は1990年代の「政治改革」を経て，「大都市圏重視」体制に変化した。そのため，「国土の均衡ある発展」体制も「構造改革」体制に移行し，「社会保障経済」体制への模索はあるものの，自治体の地域振興の基盤条件は厳しい。そうした移行は，群民的自治体観の帰結であり，むしろ，苦境を脱するには現在では機構的自治体観こそが求められる。

1 自治体の存在目的

(1) 2つの自治体観

　自治体という存在は多様な視角から分析できる（秋月 2001）。自治体あるいは地方治態（ローカル・ガバナンス）を，自治権・区域・住民の3つの要素から構成するものと理解する視角がある（金井 2015a）。
　一方では，区域を重視し，自治体のことを，特定区域を管轄する空間管理の政府機構とみることができる（金井 1998）。この場合には，自治体には構成員としての住民は必ずしも必要不可欠な要素ではない。単にゾーン・ディフェンスする機構にとっては，当該ゾーン（区域・空間）に人間が空間投影される限りにおいて，住民として扱って，行政サービス提供を行う（金井 2015b）。

したがって，区域から住民が，転居・転出・転地や，疎開・避難・死亡などによって消滅すれば，粛々と自治体は業務を停止する。自治体は，そこに住民がいる限り，粛々と必要な行政サービスを提供する（阿部 2015：69）。「去る者は追わず／来る者は拒まず」である。

　しかし，他方で，生きた住民の集団として自治体をとらえる見方も根強い（金井 2015b）。自治体とは人間集団＝群れ＝ムラであって（西尾 2013），住民を構成員とする領域社団・領域団体または「地域的まとまり」である（名和田 2009：2-3）。自治体政府は，人間集団としての自治体の機関である。しかし，人間集団である自治体はあたかも有機体であって，その存続・成長が重要な自己目的となる。

　したがって，自治体の存続・成長のためには，構成員である住民が消滅してはいけない（小田切 2014）。自治体政府という機関は，有機的人間集団が存続・成長するように，活動しなければならない。そして，ときには人間集団全体の存続という大自己目的のために，ある地区に住民が居ては迷惑なときには，部分であるその地区住民に対して粛々と行政サービスを提供するのではなく，機関の立場から，退去・避難・疎開・集約さえ要求する（増田 2014）。

（2）群民的自治体観と地域振興という群是

　本章では，前者を機構的自治体観，後者を群民的自治体観と呼ぶことにしたい。前者は区域要素を重視し，後者は住民要素を重視する。前者の自治体は現在民（people）への行政サービスの提供が目的であるが，後者の自治体は群民集団（population）の存続・成長が使命となる。

　群民集団の存続・成長とは，通常の用語でいえば，地域振興の達成である。地域の個々の群民の生産・生活が活発に展開され，地域社会＝群民集団の持続的発展が可能な状態である。資本主義市場経済を前提にすれば，群民集団の経済的な存続・再生産である。群民的自治体観のもとでは，自治体の任務は企業等の経済団体と同じである。自然環境や社会環境の与件のなかで，地域企業体＝自治体の存続が大事であり，それが自治体の使命，ムラ＝ムレの掟，すなわち，郡是ならぬ群是である（蒲田 2016：90-134）。実際，江戸体制下のムラという自治体は，村請制のもとで農業生産者団体であり，この自然村モデルはそれ

なりに有力である（松澤 2013）。

2 地域振興への希求

（1）戦後体制の地域開発

　資本主義市場経済のもとでは，都道府県も含めて各群民的自治体は地域振興を求める。しかし，ある地域が，資本主義市場経済のもとで現に充分に振興していないとすれば，経済の論理では振興はできないということであるから，自治体は資本・市場の論理を超えうる国に支援を求める。自治体は国に対して陳情・要請し，中央直結を強化する。地域振興への夢は，自治体が戦後分権改革にもかかわらず，あるいは，それゆえに，「下からの集権化」を求めるメカニズムを生む。

　「下からの集権化」を求める自治体の陳情に，幅広く国政為政者が応じることは自明ではない。国政為政者，特に経済合理的官僚や経済自由主義的政治家にとっては，すべての地域に支援をする理由はなく，むしろ，重点化・選別指向を持つだろう。

　選別の論理は2つある。第1は，市場が選別（自然選択）する経済自由主義であり，国の地域振興政策は，経済原理的に可能性がある地域のみについて行う。つまり，資本・市場の論理の流れを後押しする。この場合には，現に振興が進んでいない地域の問題解決はほとんどできず，かろうじて，潜在的可能性がある地域の振興を支援する程度である。第2は，官僚・専門家が選別する経済計画主義（ディリジスム）であり，経済テクノクラートが計画・統制経済によって，特定地域のみに振興政策を採用する。もちろん，資本主義市場経済のもとでは，後者が成功する可能性は低い。

　結局のところ，集権的選別主義の両者は収斂する。資本主義市場経済で振興する地域は，自由放任でも振興は可能であるが，その地域に国の振興政策を経済計画主義的に選別する。または，資本主義市場経済で衰退する地域は，自由放任でも振興はありえないが，その地域に国の振興政策をあえて行わず，放置という選別をすることはありうる。いずれにせよ，自治体からの地域振興への希求に国政が応じるとは限らない。

表序-1　地域開発の類型

		国と自治体の関係	
		集　権	分　権
地域開発の指向性	選別主義	国による重点化	自治体抜け駆け競争
	平等主義	国による均霑化	自治体横並び競争

出所：筆者作成。

　しかし，戦後日本においては，国政為政者（特に政権与党）は，「地方利益誘導」体制（**4**）として，自治体からの陳情に応答するメカニズムが作用していた（御厨 1988）。そのため，集権的選別主義は続かなかった。地方とは選挙地盤＝地元であり，利益誘導という「カネと票の交換」を通じて，選挙地盤涵養につながった。比較政治学的には，クライエンテリズム（恩顧主義）と呼ばれる（小林 2000）。クライエンテリズムとは，パトロン（親分）＝クライエント（子分）の忠誠・庇護の取引であるが，戦後日本的にいえば，国政政治家・官僚と地元政治家・行政職員・住民有権者との取引である。政権与党においてクライエンテリズムが作用している限り，資本主義市場経済の論理を反映した地域間の選別はし難い（与党政治家間の力関係や与野党党派間で選別はできる）。「地方利益誘導」政治は上からの平等主義＝均霑主義（国による均霑化）になる（京極 1983）。

　こうして，戦後体制の地域開発は，集権的平等主義となった。上述のとおり，自治体は国に地域開発を陳情する「下からの集権化」を求めたため，分権的選別主義や分権的平等主義は一般化しなかった（表序-1）。

（2）地域開発論争

　戦後日本では，自治体からの陳情を受けて，国が地域開発を地方利益誘導として行っていたが，地域振興は国の地域開発政策で可能なのか，という根本問題がある（宮本 1973）。国主導の地域開発は，地域社会が地域振興を生みだせないので，何か外部から有望な資源（企業，公共施設，観光施設，カジノ，基地など）を導入することによって，地域開発が可能であるという「外資導入」の考え方に立つ。地元自治体の視点からみれば，企業等誘致論である。

しかし，これに対して，地域開発は惨憺(さんたん)たる失敗に終わることがあり，地域振興は内発的発展でしかありえないという考え方がある。国主導のプロジェクトは通常失敗し，大きな負担が地域に残る（舩橋ほか1998）。正確にいえば，国主導の地域開発も，資本主義市場経済の論理に便乗すれば成功するが，そのような地域振興は，自由放任でも実現できるのであって無駄である。そして，自由放任ではできないからこそ，国の地域開発政策による誘致をめざすが，それは経済原理からして無理がある。結局，地域資源を地域住民（人材）が地元主体的に，環境保全の枠内で地域産業連関を生みだす内発的発展として，初めて地域振興が可能になる（宮本1989；宮本・遠藤編1998；岡崎1995）。これらは，内発的発展論と呼ばれる。とはいえ，これも結局は資本主義市場経済の論理に適応したにすぎない。

国主導の地域開発が失敗するのは，ある意味で自明である。自治体は，地域振興を求めて，国の支援を要請する誘致論を展開する。そのために，国の官僚・政治家を説得すべく，忖度して提案する。国の為政者の眼鏡にかなう事業のみ，国が採択するからである。しかし，国の為政者の眼鏡にかなう政策は，地域振興には通常は役立たない。

なぜならば，第1に，国の官僚・政治家は，基本的に資本主義市場経済に不向きな人材である。仮に市場経済で有能ならば，官僚や政治家にはならず，仮になっても経済界に転職する。第2に，企業経営者出身の政治家ならば地域開発はできるかもしれない。しかし，企業経営者として成果をあげてからでは，政治家として大成できない。第3に，企業経営者のなかで国の政策に関わる人材は，経営で有能ではなく，政治行政で有能なだけである。端的にいって，審議会で「活躍」する経営者は，経営才覚がないことと同義であるから，社業を傾けるものである。政治行政に関わって企業経営に利益になるのは，政商であり，癒着・腐敗でしかない。

したがって，国政為政者が納得する地域開発の方策が，資本主義市場経済のなかで成功することは，ほとんどありえない。ただし，このメカニズムは，自治体の地域振興に示唆を与える。すなわち，経営才覚のない経済人が政治行政に食い込んで，社業を振興する政商モデルである。自治体為政者は基本的には経営才覚がないが，「政商」的に国政為政者に食い込めば，地域振興を寄生的

に実現する途はある。

(3) 自治体の地域振興における役割

　実際には，資本主義市場経済という大きな力学の前に，多くの地域振興・開発政策は辛酸を嘗める。資本主義市場経済は，基本的には地域間の不均衡発展である。大都市圏への人口集中は，近年の経済原理の帰結である。地方圏で産業を生みだせれば地方圏にも人口は留まるが，それも経済原理の許す範囲である。経営・技術革新ができるのは，地域の企業家しかいない。

　ところが，経済苦況な地域ほど，自治体のプレゼンスが高い。あるいは，革新性にほど遠い準公共部門である公益事業・金融機関や報道・教育・福祉介護医療・土建事業者などが強い。このような地域では，自治体への期待が生じがちであるが，自治体自体は経済原理に馴染まない。自治体政治家・職員は，市場経済に不向きな人材の宝庫である。ときに経営者が首長になって地域振興を行おうとするが，それならば，経済人として地域振興に従事し続けたほうが効果的である。

　もちろん，地域振興に対して，自治体など行政の任務がないわけではない。インフラ（基盤）整備の状況によって，経済業績は変化しうる。自然環境，法制・制度系インフラ，社会関係資本，物的インフラ（社会資本）などは重要である（宇沢 2000）。

　それだけではなく，資本主義市場経済の原理のもとで，地域振興の潜在的可能性を変える社会経済基盤の整備こそが任務である。すなわち，格差是正や社会保障により，住民が消費できる収入を持つことによって有効需要を生みだし，地域振興を可能とする（準）市場を形成する。そして，それを政策的に可能にするには，それを正当化し決定・実現する政治基盤が必要である。社会経済基盤・政治基盤は，個別自治体の地域振興政策からみれば，環境与件である。しかし，自治体という存在は同時に政治主体でもあり，集団的にも個別的にも政治基盤の形成・再生産にも寄与できる。そこで，以下では，個別自治体の群是たる地域振興の実現可能性を左右する，社会経済と政治との2つの基盤について検討する。

3 社会経済基盤の盛衰

(1)「国土の均衡ある発展」体制

　社会経済基盤として，1970年ごろに「国土の均衡ある発展」体制が成立した（井手 2016）。1960年代の高度成長と過疎過密の同時進行を受けて，大都市圏の輸出産業で生みだされる国富を，地方圏に財政的に再分配して，地方圏の社会経済基盤を形成した。地方圏での一定の需要・雇用を生みだすことで，持続可能な地域開発ではないとしても，人口大移動・過疎を減速した。もちろん，経済原理にもとづく趨勢としての大都市圏集中自体を停止はできないし，仮に大都市圏の経済繁栄が陰れば，再分配もできなくなる。

　この典型は，田中角栄の「列島改造論」や，その前後の「新全総」であるが，田中政権とともに消滅するのではなく，社会経済基盤として成立した（下河辺 1994）。それは新幹線・高速道路・空港・港湾などの交通インフラ網という物的基盤（社会資本）整備によって，地方圏の自律的・持続的な地域振興に寄与するという建前である。しかし，現実には，公共事業の「ばらまき」とも揶揄されたように，必ずしも持続的発展には役立たないかもしれない。とはいえ，土建業を中心とした雇用創出事業としての社会政策であったことは重要であり，社会経済基盤整備になった。

(2)「構造改革」体制

　「国土の均衡ある発展」体制は，輸出産業に支えられたアメリカなどの外需依存であった。しかし，1980年代には対米貿易黒字問題として表面化し，1985年のプラザ合意によって終局を迫られる。人為的円高政策により，輸出産業の長期的衰退・空洞化が進んだ。このため，1980年代後半には内需主導への転換が指向された。しかし，実内需は創出できず，虚内需にもとづくバブル経済となり，バブル崩壊とともに虚内需も泡と潰えた。内需外需の双方を失い，1990年代からは「失われた三十年」という長期不況に入る（小野 2007）。

　この平成不況はデフレスパイラル（不況悪循環）である（大瀧 2011）。個別企業は，リストラなどによる人件費圧縮を通じて生産費用を下げ，販売価格引き

下げによる生き残りを図った。しかし，価格破壊による個別企業の生き残り策の結果，全体として失業・非正規雇用が増大し，賃金が減少し，消費需要が低迷し，ますます不況が長期化した。それゆえに，個別企業は，さらなるリストラ・価格破壊を続け，さらに消費需要を冷え込ませるという悪循環である。

国は「構造改革」体制に転換して，不況を長期化させた（諸富編 2014；小西編 2014）。建前どおりの地域振興に役立たない公共事業は「無駄」として削減された。「国土の均衡ある発展」体制は消滅するとともに，地方圏の需要が低迷し，地域経済の疲弊をもたらした。労働規制緩和は，失業と賃下げと非正規化と将来不安を促進し，家計消費需要を抑制した。高齢者社会保障の抑制も同様のねらいである（八代 2016）。規制改革は政商的な寄生企業を生みだした。税制改革や企業ガバナンス改革は，企業の内部留保や株主・経営富裕層の利益蓄積を促進し，格差拡大には寄与したが，日本経済全体には寄与しなかった。

自治体は，地域振興をめざすためには，この「構造改革」体制のもとで立ち回るしかない。第1は，個別民間企業と同様に，個別自治体・地域社会のリストラ（行政改革・経営改革）競争である。短期的な費用削減・生産性向上による生き残りは，地方圏の需要を落ち込ませ，地方圏および日本全体としては事態をさらに深刻化させる。第2は，国の政策を「政商」的に活用する方策である。もちろん，自律的・持続的な地域振興には役立たないが，寄生緩和の機会を生かすしかない。地方圏全体の地域振興に寄与しなくとも，個別自治体としては，なりふりかまわぬ地域間競争をせざるをえない。

第2次安倍政権の「アベノミクス」「まち・ひと・しごと（地方）創生」も，基本的には「構造改革」体制の延長線上にある（金井 2015c，2016）。アベノミクス第1ステージは，①金融緩和，②財政出動，③成長戦略を打ちだした。しかし，①は結局，実需に結びつかない株バブルである。②は，東日本大震災復興・国土強靱化・東京オリンピックと併せ効果が期待されたが，「構造改革」体制の20年の結果，公共事業の消化能力が衰えており，資材価格上昇・人手不足に消失してしまった。そして，③は，橋本＝小泉「構造改革」路線の残滓であり，労働寄生緩和（＝ワーキングプアへの経営者の寄生の拡大）でしかない。「働き方改革」も，残業代ゼロの長時間労働とすべてを非正規とする同一労働同一賃金である。唯一の支えは中国人など外国人のインバウンド・「爆買い」観光

と企業・土地買収という外需のみである。

(3)「社会保障経済」体制への模索

「国土の均衡ある発展」体制の爛熟・崩壊のなかで，竹下政権は次代を見据える方策に着手していた。それが，「ふるさと創生」（1988年）と消費税（3％）導入・「ゴールドプラン（高齢者保健福祉推進10ヵ年戦略）」（1989年）である。前者は自治体に一般財源を保障しつつ分権化を進めることで内需を確保する。後者は高齢者社会保障を中心に内需を構築する。1990年代は「構造改革」体制への動きとせめぎ合いながらも，消費税率5％への引上げ（1997年），第1次分権改革＝介護保険制度施行（2000年）に至った。

その後，小泉政権の「構造改革」路線のもとで，地方財源圧縮（「三位一体の改革」），公共事業・社会保障の圧縮と消費税率据置が続き，全体としてはデフレスパイラルと不況を長期化させる「構造改革」体制が構築された（竹中 2006）。とはいえ，そのなかでも，小福田政権の社会保障国民会議（2008年設置）の検討に始まり，野田政権における「社会保障と税の一体改革」（2012年）につながる動きは存在してきた（井手 2013）。

株・土地バブルによる虚需や格差拡大による奢侈需要ではなく，真の実需は，少子高齢化の日本社会では，高齢者社会保障と子育て保障の2つとなる。しかし，高齢者も子育ても双方とも潜在需要はあっても，支払能力を家計が持つことは少ないため，社会的負担による準市場の形成が不可欠である。そのためには，財政を強化しなければならない。つまり，①強い財政（＝消費税等引上げ）によって，②強い社会保障（老人介護サービス・子育てサービスなどの充実）を実現し，それを通じて，③強い経済を生む，という好循環である。③強い経済が達成できれば，経済安定と税収確保が可能になる（神野 2007）。

一般には高齢者・子育てサービスとそのための財政負担は，生産年齢人口＝現役世代の負担になるので可処分所得を減少させ，消費需要を下げると考えられる。実際，消費税8％への引上げは景気後退を招いたといわれ，第2次安倍政権は予定されていた10％への引上げを延期し続けた。もっとも，マクロ的にいえば，税負担増による家計消費需要の低下は，同額の財政支出による官公需の増大があるならば，総需要に影響を与えない（小野 2012）。たしかに，増税

のうち国債償還に充てる分だけ官公需を減らし，家計消費が社会保障給付に代替される分だけ民間需要を減らすだけである。しかし，増減税によって総需要が不変であれば，上記の①②③の好循環も成立しない。

　結局，介護・子育て負担の社会化により，①介護・子育てサービス需要を増加させて，介護・子育て産業での雇用・所得を創出することと，②介護・子育て離職を減らして労働供給を増やし，人手不足社会において雇用・所得を増加させることで，家計消費需要を増やすメカニズムが大きいときは，「社会保障経済」体制が持続する。

（4）社会経済基盤と地域振興

　「国土の均衡ある発展」体制では，大都市圏から地方圏への再分配によって，持続的・自律的ではないが，地域振興の社会経済的基盤の整備が果たされていた。しかし，今日ではその再建は，後述（**4**）するように，政治基盤的に困難である。現在の「構造改革」体制のもとでは，地域振興は弱肉強食的な生存競争にしかならず，資本主義市場経済の論理が貫徹するか，あるいは，「政商」的才覚のある寄生自治体が，他の地域を犠牲にして生き残るだけである。

　「社会保障経済」体制は，国民各層・各世代への普遍的な分配を構築するものであり，資本主義市場経済で不利な場所の地域振興を確保するものではない。つまり，地理的な不均衡発展に対して，直接に再分配を行うものではない。高齢者・子どもの絶対人口数の多い大都市圏への分配が多いようにみえる。しかし，実は，個人・世帯レベルの普遍的分配は，不利な個人・世帯の比率が高い地域の経済振興を支える基盤となる。仮に，地方圏の平均所得・資産が低く，高齢者が多いとするならば，準市場によって，相対的に地方圏の地域振興の持続可能性を支える。

　つまり，地方圏を含めた地域振興にとって，全国レベルで普遍的・公平な「社会保障経済」体制を構築することが重要であろう。端的にいえば，第1に，すべての人々（階層・世帯・年代・性別・地域など）の所得保障（現金給付＝有効需要創出）を行う。第2に，医療・介護・子育て・教育の現物給付の太めの全国的財政調整を行い，有効な官公需をつくる。

　現在は，格差が放置され，消費需要が生みだされていない。また，医療・介

護も子育ても地域によって提供・負担水準が大幅に異なるまま放置され，消費需要につながらない。その社会経済基盤のなかで，自治体が地域振興に尽力しても砂上の楼閣である。自治体が地域振興をしたいならば，まず，社会経済基盤から再建する必要があろう。

4 政治基盤の盛衰

(1)「地方利益誘導」体制

戦後日本の「下からの集権化」による地域開発と，その延長にある「国土の均衡ある発展」体制を支えたのは，「地方利益誘導」体制という政治基盤である。建前の国民代表にもかかわらず，国会議員は選挙区制度のもとで地域代表である。それゆえ，個々の国会議員およびその集合体である政党の原理も，選挙区を地盤とする地方利益誘導であった（佐々木 1986）。

1960年代以降の高度成長により，人口は地方圏から大都市圏に大幅に移動した。にもかかわらず，人口移動に比例した定数是正は行わなかった。定数は国会議員および選挙区有権者の既得権益であり，定数を（比率的にでも）削減される側は抵抗する。それ以上に，地域代表という暗黙の原理からすれば，人口移動にともなって定数是正をする根拠がまったくない。代表される地域とは，戦後時点での都道府県・郡市という地理的区域である。都道府県および郡市というのは，それ自体が有機的存在であり，人為的・政治的には改変すべきでないことが想定される。

その結果として，人口比例代表の観点からは，人口減少が起きた地方圏の過剰代表となる。したがって，地方利益誘導とは，すべての地域への利益誘導ではなく，人口減少が起きた地方圏への利益誘導を意味する。この政治基盤が，「国土の均衡ある発展」体制を支えた。

(2) 政治基盤を支える人口基盤――「移民1世」

大都市圏から地方圏への利益誘導に対しては，合利的に考えれば，「冷遇」されている大都市圏は反発するだろう（土山 2007）。しかし，大都市圏住民は，高度成長にともなって地方圏から上京した人々という「移民1世」である。故

郷，帰省先があり，親・きょうだい（とくに長男など跡継ぎ・本家）・親戚は地方圏に居るという履歴的紐帯を持つ。いわば，「地方利益誘導」とは，大都市圏在住「移民 1 世」たちの集合的な「仕送り」である。さらに，この世代は，大都市圏生まれでも，戦時疎開によって地方圏で幼少期を過ごした人も多い。

「移民 1 世」が1930〜1940年代（あるいは第 1 次ベビーブーム）生まれだとすると，大都市圏から退場するのは2020年代以降である。それまではシルバー・デモクラシーとしては侮れない（寺島 2017）。しかし，「集合的仕送り」は「移民 1 世」の親世代である「移民〇世（ゼロ）」の退場とともに必要性は減じる。「移民〇世」が1910〜1920年代生まれだとすると2000年代頃に退場していく。こうして，2000年代頃には「地方利益誘導」を支える人口基盤は消失する。

大都市圏で生まれ育った「移民 2 世」は，1970年代（あるいは第 2 次ベビーブーム）生まれである。履歴的紐帯はないが，祖父母や親戚は地方圏に居て，また，幼少期には親に連れられて帰省したこともあろうから，親族的紐帯はあった。しかし，経年とともに，祖父母の死去や親からの独立などにより，地方圏との紐帯は切れる。これが2000年頃に到来する。「移民 2 世」の観点からも，「地方利益誘導」体制は人口基盤を失う。

次の世代である「移民 3 世」は，2000年代以降に大都市圏で生まれ育つ。「移民 1 世」である祖父母も大都市圏に居るため帰省先は地方圏にはなく，曾祖父母は会ったことがないか施設にいるため，地方圏とは関係がない。「移民 3 世」は生粋の大都市圏意識となり，地方圏への実感的な紐帯意識はない。したがって，「地方利益誘導」体制を支える基盤とはならない。ただし，都会人ゆえの漠然とした田舎暮らしへの憧れを持つ「田園回帰」的な者も少数はいる（藤山 2015）。しかし，これは地方圏に長期滞在型観光的な都会的目線で価値を見出してしまうがゆえに，「地方利益誘導」体制を支えない。

基本的には，「移民 1 世」人口が，空間的な移動にもかかわらず，出身地方圏への紐帯を持ち，地域代表性を支えてきた。これは一般国民だけではなく，政治家・官僚であっても同様である。位階栄華を極めた現在では大都市圏で生活していても，地方圏への紐帯意識を強く持っていたのである。

(3)「移民2世・3世」による「大都市圏重視」体制へ

　経年とともに国民紐帯意識が徐々に希薄化する。それは国政為政者も同様であり，いまの政治家や官僚は，ほとんど大都市圏育ちである。1990年代の「政治改革」は，こうした人口基盤の浸食が原因であるとともに，さらに，その状況を促進した。大都市圏・地方圏間の国民紐帯意識が希薄化すれば，「国土の均衡ある発展」体制は不公平・不当であり，それを支える「地方利益誘導」体制は既得権益の温床であり，国政の桎梏である，とされる。そのような社会経済基盤は「構造改革」すべきであり，その前提として，「政治改革」が求められた。「地方利益誘導」体制を打破するための「政治改革」が模索された（佐々木 1999；佐々木・21世紀政治臨調編 2013）。

　1995年の「政治改革」は，小選挙区制導入という選挙制度改革であった（加藤 2003, 2013）。第1に，同時に大幅な定数是正を行った。人口比例と称する大都市圏を中心とする選挙地盤に改変した。「大都市圏重視」体制への変質である。第2に，大都市圏の有権者は流動的なので，地方利益誘導のような実利の配分ではなく，情念にもとづくポピュリスト的スローガンによる虚策が重視される（大嶽 2003；内山 2007）。第3に，小選挙区制は圧倒的に巨大与党有利の一強支配である（牧原 2016）。政党間・政治家間の競争が乏しいため，口先はともかく，真面目に利益誘導しないで済む。中選挙区制では，与野党候補間競争も与党候補間競争も激しかったため，地方利益誘導に一所懸命だった（斉藤 2010）。

　第4に，小選挙区制は与党空白区ができる。したがって，野党の強い地域に対して国政は冷遇できる。中選挙区制では与党空白区は例外的であり，空白県などありえなかったので，党派的選別は容易ではなく，全国的な均霑に寄与してきた。第5に，小選挙区制は2世・3世議員が有利であり，しかも2世・3世議員の多くは大都市圏育ちであるから，見かけの定数以上に，地方圏の声は国政に反映されていない（八幡 2011）。中選挙区制であれば，血統を持たない与党系無所属候補でも最下位に滑り込めれば地域代表になれたのであるが，小選挙区では参入障壁が高い。

（4）「大都市圏重視」体制下での地域振興

　「大都市圏重視」体制のもとでは，地方圏の地域代表はやせ細り，自治体は地域振興を国に陳情しても，国政が応答する見込みは低い。唯一の可能性は，自治体の国政参加である。その場合には，人口の多寡にかかわらず自治体は対等であり，相対的には人口の少ない地方圏の声が地域代表される。しかし，「国と地方の協議の場」は充分に機能してこなかった（金井 2008）。また，地方六団体は全自治体の最大公約数しか発言できない。

　そのため，個別自治体は，国政為政者に陳情するしかない。そのためには，多くの自治体は「与党」的に忖度して行動せざるをえない。この行動原理自体は，「国土の均衡ある発展」体制＝「地方利益誘導」体制時代に成熟した。しかし，現在の「構造改革」体制＝「大都市圏重視」体制時代には効果が少ない。なぜならば，地方圏から陳情を受けても，国政為政者は，地方圏への国民的紐帯意識がなく，陳情に応える感性を持たないからである。にもかかわらず，地方圏自治体は「大都市圏重視」体制下で国政為政者に応答させる戦術を開発できておらず，前体制時代からの惰性によって忖度・陳情を繰り返す。「まち・ひと・しごと創生」や「国家戦略特区」での自治体の忖度・陳情行動は，その例証である。

　「大都市圏重視」体制下で，国政為政者が地方圏自治体の陳情要望に応えるのは，大都市圏に利得があるもののみである。第1は，大都市圏にとって必要であるが，大都市圏に立地させたくない迷惑・危険施設である。たとえば，高レベル放射性廃棄物処分場，原子力発電所，米軍基地，老人収容施設などである。陳情ではなく，地域空間の「身売り」である。第2には，大都市圏にとって不要な施設・機関である。たとえば，消費者庁や文化庁などの政府機関の地方移転である。大都市圏にとって必要なのは企業を助ける役所であって，消費者保護は不要である。大都市圏にとって不可欠なのは経済であって，文化ではない。

　自律的自治体は，「大都市圏重視」の国政為政者から支援を受けられない。しかし，「与党」自治体が，忖度と陳情に「成功」すればするほど，迷惑施設を押しつけられ，地域振興は遠のく矛盾がある。しかし，他に戦術がないがゆえに，個別自治体は国からの支援を求めて，地域空間の「身売り」をせざるをえない呪縛に陥っている。この政治基盤のもとでは，地域の人々がいかに努力

と創意工夫をしようと，地方圏の地域振興は困難であろう（金井 2011）。

5 自治体という存在の展望

(1)「格差是正政治」体制——短期的対応

　群民的自治体は地域振興を求める。そのため，資本主義市場経済の力学を緩和する準市場的な社会経済基盤が必要であり，それを可能にする政治基盤が必要である。しかし，「移民2世・3世」が増えた日本では，国政為政者が地方圏に国民的紐帯を感じることは，近い将来においてありえない。大都市圏と地方圏の連携を回復しなければ，地方圏自治体の政治基盤は崩壊の一途である。

　ところで，資本主義市場経済は不均等発展であり，それは地域内でも起きる。大都市圏内は格差社会であり，大都市圏住民は上層（＝富裕層・経営者・為政者）と中下層とに分断される格差社会である（橘木 2006）。

　地方圏住民・自治体は，大都市圏の上層と連携するか，中下層と連携するか，という選択肢に直面する。「身売り」が基本戦術であるから，「豪華」「上質」な地方圏と称して売り出し，富裕層との連携による「トリクルダウン（おこぼれ）」を期待したい。たとえば，ロハス嗜好の高級有機食材や贅を極めた観光地などである。しかし，富裕層は中下層に「おこぼれ」を与えないからこそ，富裕で居続けられる。結局，「身売り」戦術では，地方圏は「焼き畑」のように乱獲し尽くす貧困ビジネスの餌食になる。

　結局，経済的に富裕ではない地方圏は，大都市圏の中下層と連携するしかないだろう。老人介護・子育てに困っている中下層人口は，大都市圏にも地方圏にも遍く存在する。地方圏にとって必要なのは，「社会保障経済」体制を支える「格差是正政治」体制であろう。しかし，中下層どうしの連携は難しい（山田 2007）。また，「大都市圏重視」体制＝「構造改革」体制を求める勢力は，地方圏自治体に大都市圏富裕層に評価される「売り出し」戦術を期待し宣伝し，「身売り」を「成功事例」として賞賛するだろう（藻谷・NHK広島取材班 2013）。

(2) 国民的紐帯の再構築——中長期的対応

　「国土の均衡ある発展」体制＝「地方利益誘導」体制を支えたのは，「移民1

世」を中核とする国民的紐帯である。人的な空間移動が結合要素となり，大都市圏と地方圏の人的結合が存在していた。その意味において，現在でもIJUターンという生産世代の大都市圏からの移住自体は大事ではある。しかし，大都市圏在住人口のうち，地方圏に理解のある人が地方圏にIJUターン＝移住してしまっては，大都市圏に残された人は，さらに地方圏への紐帯を持たない。むしろ，IJUターン者は「逆移民1世」となって，地方圏に居ながら大都市圏への紐帯を感じ続け，大都市圏への「売り出し」戦術に偏向する危険すら胚胎する。

　したがって，重要なことは，大都市圏在住人口のうちで，地方圏に紐帯・理解を持つ人をつくることである。それ自体は，瞬間的には，地方圏から大都市圏への人口流出である。しかし，中長期的には，大都市圏に地方圏の理解者を埋伏させる。ただし，現在の地方圏に，かつてのように大量に大都市圏に送り出す人口はいない。それゆえ，大都市圏から中高生などを地方圏に寄宿・留学させるしかない。中高生「留学生」は，進学や就職において，多くは大都市圏に流出する。しかし，中高生時代の生活履歴が，大人になって大都市圏で暮らすときに紐帯効果を発揮するだろう。中高生は6年任期で次々に大都市圏から呼べばよい。「生涯活躍のまち」という中高年予備軍の移住は，まったく将来の紐帯につながらない。また，地方圏の大学生を無理に地方圏に押しとどめても逆効果である。

6 章　括

　群民的自治体観に立つ限り，個別自治体は地域振興に努めなければならない。しかし，現在の「構造改革」体制＝「大都市圏重視」体制では，個別自治体の努力の大半は失敗に終わることが，構造的に不可避的である。とはいえ，「負けるとわかっている闘い」をせざるをえない苦境にある。したがって，共食いを行う自治体間の競争を脱して，全自治体の協力（集団的自治体）で「社会保障経済」体制＝「格差是正政治」体制を共創するしかないだろう。しかし，個別自治体は「抜け駆け」しようとする難しさがある。

　なお，筆者自身は，群民的自治体観よりも機構的自治体観を重視している。

したがって，「社会保障経済」体制＝「格差是正政治」体制を進めるべきだとは思っていない。むしろ，自治体の本務は地域振興ではなく，現に存在し，現に住居地を選択した住民の意向に添って，行政サービスを可能な限り粛々と提供することにあると考えている。群民的自治体観に立てば地域振興を群是とせざるをえないが，「構造改革」体制＝「大都市圏重視」体制のもとでは，その実現可能性が低い。したがって，このままでは遠くない将来において，群民的自治体観を放棄せざるをえないだろう。

あえて，「構造改革」体制＝「大都市圏重視」体制の不可避な流れに達観的に便乗するならば，地方圏自治体は，学力向上によって若者の大都市圏への流出を促進し，自殺率と人口減少率と消滅可能性を加速する「ディストピア・モデル」が流布してしまうかもしれない（「地方早逝」）。しかし，機構的自治体観に立てば，住民転出促進という偏向政策をとる必要すらもない。雑念を捨てて行政サービス提供に専心すればよいのである。

📖 文献案内
① 大田昌秀，1996，『沖縄の帝王 高等弁務官』朝日新聞出版．
② 鎌田慧，2011，『六ヶ所村の記録 上・下』岩波書店．
③ 北海道新聞取材班，2009，『追跡・「夕張」問題——財政破綻と再起への苦闘』講談社．

[参考文献]
秋月謙吾，2001，『行政・地方自治』東京大学出版会．
阿部昌樹，2015，「全町避難・全村避難と地方自治」小原隆治・稲継裕昭編『震災後の自治体ガバナンス』東洋経済新報社，49-71．
井手英策，2013，『日本の財政 転換の指針』岩波書店．
井手英策，2016，『日本財政の現代史1 土建国家の時代 1960〜85年』有斐閣．
宇沢弘文，2000，『社会的共通資本』岩波書店．
内山融，2007，『小泉政権』中央公論新社．
大瀧雅之，2011，『平成不況の本質——雇用と金融から考える』岩波書店．
大嶽秀夫，2003，『日本型ポピュリズム』中央公論新社．
岡崎昌之，1995，『地域経営』放送大学教育振興会．
小田切徳美，2014，『農山村は消滅しない』岩波書店．
小野善康，2007，『不況のメカニズム』中央公論新社．
小野善康，2012，『成熟社会の経済学』岩波書店．
加藤秀治郎，2003，『日本の選挙——何を変えれば政治が変わるのか』中央公論新社．
加藤秀治郎，2013，『日本の統治システムと選挙制度の改革』一藝社．
金井利之，1998，「空間管理」森田朗編『行政学の基礎』岩波書店，163-180．

金井利之，2008，「「国と地方の協議の場」の成立と蹉跌」森田朗・田口一博・金井利之編『分権改革の動態』東京大学出版会，81-104．

金井利之，2011，「2050年の「都市」に向けた行政システムのかたち」『都市計画』293: 67-71．

金井利之，2015a，「地方治態の三要素——住民・区域・自治体」宇野重規・五百旗頭薫編『ローカルからの再出発』有斐閣，35-60．

金井利之，2015b，「対象住民側面から見た自治体・空間の関係」嶋田暁文・阿部昌樹・木佐茂男編，2015，『地方自治の基礎概念』公人の友社．

金井利之，2015c，「「地方創生」について」『自治実務セミナー』2015年1月号：2-7．

金井利之，2016，「「地方創生」の行政学」『都市社会研究』8：19-34．

蒲田正樹，2016，『驚きの地方創生「京都・あやべスタイル」』扶桑社．

京極純一，1983，『日本の政治』東京大学出版会．

小西砂千夫編，2014，『日本財政の現代史3 構造改革とその行き詰まり 2001年』有斐閣．

小林正弥，2000，『政治的恩顧主義論』東京大学出版会．

下河辺淳，1994，『戦後国土計画への証言』日本経済評論社．

斉藤淳，2010，『自民党長期政権の政治経済学——利益誘導政治の自己矛盾』勁草書房．

佐々木毅，1986，『保守化と政治的意味空間』岩波書店．

佐々木毅，1999，『政治改革1800日の真実』講談社．

佐々木毅・21世紀政治臨調編，2013，『平成デモクラシー 政治改革25年の歴史』講談社．

嶋田暁文・阿部昌樹・木佐茂男編，2015，『地方自治の基礎概念』公人の友社．

神野直彦，2007，『財政学 改訂版』有斐閣．

竹中平蔵，2006，『構造改革の真実』日本経済新聞社．

橘木俊詔，2006，『格差社会——何が問題なのか』岩波書店．

土山希美枝，2007，『高度成長期「都市政策」の政治過程』日本評論社．

寺島実郎，2017，『シルバー・デモクラシー』岩波書店．

名和田是彦，2009，「現代コミュニティ制度論の視角」名和田是彦編，『コミュニティの自治』日本評論社，1-14．

西尾勝，2013，『自治・分権再考』ぎょうせい．

牧原出，2016，『「安倍一強」の謎』朝日新聞出版．

藤山浩，2015，『田園回帰1％戦略』農山漁村文化協会．

舩橋晴俊・長谷川公一・飯島伸子，1998，『巨大地域開発の構想と帰結』東京大学出版会．

増田寛也，2014，『地方消滅』中央公論新社．

松澤裕作，2013，『町村合併から生まれた近代日本』講談社．

御厨貴，1988，「日本政治における地方利益論の再検討」『レヴァイアサン』2号，木鐸社．同『明治史論集』吉田書店，387-407．

宮本憲一，1973，『地域開発はこれでよいか』岩波書店．

宮本憲一，1989，『環境経済学』岩波書店．

宮本憲一・遠藤宏一編，1998，『地域経営と内発的発展』農山漁村文化協会．

藻谷浩介・NHK広島取材班，2013，『里山資本主義』角川書店．

諸富徹編，2014，『日本財政の現代史2 バブルとその崩壊 1986〜2000年』有斐閣．

八代尚宏，2016，『シルバー民主主義』中央公論新社．

山田昌弘，2007，『希望格差社会——「負け組」の絶望感が日本を引き裂く』筑摩書房．

八幡和郎，2011，『世襲だらけの政治家マップ』廣済堂出版．

【金井利之】

国と自治体の役割分担
——それぞれが担う行政と政治

　国家には，国全体に適用される政策を展開する中央政府と，地域の住民の課題を解決し，具体的に行政サービスを住民に提供する地方政府が存在する。それぞれの政府を要するのが，国と自治体であり，適切な役割分担によって，国民が安心で安全に生活することができる政治・行政体制をつくり上げていく必要があるだろう。
　それでは，適切な役割分担とはいかなるものであろうか。本章では，地方自治の基本的な認識として，国と自治体の役割分担はどのようなものであるのかについて，さまざまな研究者の学説等，これまでどのような議論が展開されてきたのかを概観する。戦前と戦後の国－地方関係の変化をふまえ，さまざまな問題意識が示されており，それらをふまえて戦後日本における地方自治の変化，とりわけ1990年代以降に展開された地方分権改革の成果とそれをふまえた国と地方の役割分担がどのようなものであるのか，考えてみたい。

1 国と自治体の関係とその改革

　地方自治の現場で，「地方分権」という言葉が聞かれるようになって久しい。地方自治を強化し，自治体の権限と財源を拡大することが地方分権の目的であるが，そもそも，国と自治体の役割分担はどのようになっているのであろうか。日本においては，2000年4月の分権一括法の制定によって地方自治法が改正され，国と自治体の関係が，より明確化された。すなわち，国と自治体の機能と役割について，基本的な考え方が示され，自治体が自主的に政策に取り組むとともに，自らの権限において実施することができる仕事の範囲が拡大したといえる。
　具体的には，機関委任事務が分権一括法で廃止され，集権的な国－地方関係を改め，住民に身近な行政を身近な自治体が担う体制整備を促すものとなっ

た。それによって，自治体が自ら政策を立案し，それを実行に移すことが求められたのであり，あらためて，都道府県，市町村といった自治体の側に法令解釈の責任が生じることが確認されたのである。したがって，住民に身近な行政の現場で，自治体独自の法令解釈を自主的に住民のために責任を持って行うことができているか，そうした能力が自治体職員の身についているかということが検証されなくてはならないだろう。なお，本章で用いている「自治体」は，法令上の用語では「地方公共団体」と規定され，自治体という用語は憲法にも地方自治法にも用いられていない。しかし，兼子仁は，この地方公共団体という用語について，「民間の『公共団体』ともども，国に統治される『団体』の一種であるというニュアンスが残っている」とし，「憲法で保障された地方自治主体」は，「国と並ぶ"統治主体"（一般的な政治・行政の主体）として，"自治体"と呼び慣わすのが，憲法・行政法学の立場ではふさわしいように考えられる」と述べている（兼子 1999：39）。この点については後にも述べることとなるが，当面，兼子の指摘をふまえ，法令上の地方公共団体について，自治体という用語を用いることを前置きしておきたい。

　さて，2000年の分権一括法を画期とする第1次分権改革では，財源の分野，国の法令の縛り，地方支分部局のあり方等々について改革はまだ十分でないという理解が一般的であろう。西尾勝の言葉を借りれば，「未完の分権改革」（西尾 1999）ということになり，そののち，いわゆる第2次地方分権改革推進委員会が発足するなかで，「地方政府の確立」が明示され，さらに法令についての条例の「上乗せ」「横出し」も当たり前のことになった。つまり，憲法でいうところの「条例は法律の範囲内」，そして地方自治法では「法令に反しない限り」制定することができる，というかたちで規定されている自治体の条例制定権は，国から示された法の枠組みをはみ出ないものでなければならない，ということが当然であったが，これからは，そうした枠組みを改め，地域の実情に応じた政策への取り組みを進めるということが求められるようになったのである。

　したがって，自治体現場の課題としては，「自治を担うことの責任」や「自治体に地方分権を引き受ける覚悟があるのか」という点があり，それらを視野に入れた政策の企画・立案や実施を行っていかなければならないのである。そ

のためには，集権システムから脱却し，自治・分権型の機能的な組織運営を確立することができるかどうかが問われてきているのではないだろうか。

しかし，その一方で国と自治体は，どのように役割を分担し合うのかという基本的な問題に突きあたる。そもそも，国内で対等な関係にあり，それぞれに政府を持つ国と自治体とはいかなる関係と役割分担が求められるのか。一般には，国と自治体の関係は上下関係にあり，国の政府の下部機関が自治体の政府であると理解されている場合が多いだろう。国とは何か，自治体とは何か，ということについての基本的な理解が必要であり，そのうえでそれぞれに存立する政府の位置づけを考える必要がある。

そこで，本章では，日本における国と自治体の役割や機能について再考するとともに，戦前から戦後にかけての中央－地方関係がどのように理論的に分析されてきたのかを明らかにし，さらに，戦後における国と自治体の関係について考察するとともに，地方分権改革を経たうえでの地方自治のあり方について考えてみたい。

2 国と自治体の関係はどのようにとらえられてきたのか

(1) 集権・分権と分離・融合

日本において，中央－地方関係はどのような特徴を有しているととらえられてきたのであろうか。ここで，中央－地方関係について展開されてきた理論枠組みについて概観してみたい。

中央－地方関係を特徴づける際に，最も頻繁に用いられるのは，集権か，分権かという視点である。それでは，集権と分権とはどのような状態を指して言うのであろうか。たとえば，市川喜崇は，西尾勝の分類枠組みを踏襲したうえで，集権と分権を「中央政府による統制」と「事務事業の実施権限」をめぐる議論として整理している（市川 2012：14-17）。それによれば，「中央政府による統制」については，自治体に対する中央政府の統制の強い状態が「集権」であり，中央政府の統制がより増すことが「集権化」であるとされる。たとえば，補助金の増大，必置規制の制度化，人事統制の強化などをあげることができる。反対に，中央政府の統制が弱い状態が「分権」であり，その統制を減らす

ことが「分権化」だということになる。

　一方「事務事業の実施権限」についてみると，中央政府あるいは自治体が実施する事務事業について，中央政府によって多くのものが実施されている（実施権限の多くが保持されている）状態が「集権」である。これはたとえば，出先機関の新設・拡充が進められるような状況が考えられる。また，反対に，中央政府あるいは自治体によって実施されるべき事務事業のうち，自治体によって多くのものが実施されている（実施権限の多くが保持されている）状態が「分権」である。したがって，「集権化」とは事務事業の実施権限が自治体にではなく，中央政府に存在していることであり，「分権化」とは，事務事業の実施権限が中央政府から自治体に移譲されていくことを指している。村松岐夫は，中央－地方関係を自治体の自律性と活動量に注目して論じているとされ，市川の整理によれば，自治体の自律性を増やすのが「中央政府による統制」を減らす分権，活動量を増やすのが「事務事業の実施権限」の委譲による分権であると指摘するのである（市川 2012：14）。

　こうした整理をふまえると，集権と分権にも，それぞれについて2つの分類ができることが理解できる。こうしたモデルによって，集権・分権を質的に区分し論じることが可能になったところに，このモデルの意義があるといえよう。

　その一方で，集権・分権という対立軸だけで今日の中央政府と自治体の関係を把握することが困難であるのも事実である。なぜならば，こうしたモデルの特徴として，中央と地方が対立し，そこにはゼロサム的な関係が存在していることがみてとれるが，中央－地方関係は必ずしもそうした関係だけではとらえきれない側面も有していることに注目したい。

　たとえば，天川晃は中央政府と自治体の関係を，図1-1のとおり2つの軸を用いて整理している（天川 1986：118-124）。縦の軸は，中央政府との関係でみた自治体の意思決定の自律性の視点から区分し，これを「集権」－「分権」としている。横の軸は，中央政府と自治体の行政機能の関係を問題とし，これを「分離」－「融合」と整理したものである。天川によれば，縦の軸にある「集権」とは，地方行政に関する意思の決定をもっぱら中央政府が行い，自治体とその住民に許容する自主的決定権の範囲を限定しようとしている点である。一

第1章 国と自治体の役割分担——それぞれが担う行政と政治

図1-1 中央政府と自治体の関係についての「天川モデル」

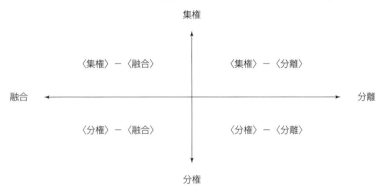

出所：天川（1986：118-137）をもとに筆者作成。

方，「分権」は「集権」とは対照的に，自治体とその住民の自主決定権を拡大しようとすることである。横の軸である「分離」とは，各級政府は相互に分離されたかたちで行政サービスを住民に提供し，自治体の区域内のことであっても，中央政府の機能は中央政府の機関が独自に分担することである。一方「融合」とは，中央政府の機能であっても，自治体の区域内のことであれば，自治体がその固有の行政機能とあわせてこれを分担するが，国と自治体の事務権限が分離していない状態をいう。

「集権・分権」と「分離・融合」という2つの軸を組み合わせて考えるならば，中央-地方関係は「集権・分離」，「集権・融合」，「分権・分離」，「分権・融合」の4つに類型化できる。西尾は，こうした天川モデルを受容しつつ，独自のモデルを提起する（西尾 2007：10）。縦の軸は，「国の事務」と分類される行政サービス提供義務が多いほど「集権型」，「自治体の事務」とされる行政サービス提供義務が多いほど「分権型」であるというものである。横の軸は，国と自治体の任務の分担関係が整然と切り分けられている度合いが強いほど「分離型」となり，国と自治体の任務分担が不明瞭な形態を「融合型」ということになる。これらの分類では，法制度上の区分が重視されており，日本の地方自治制度は「集権・融合」型の特徴を有することとされるのである。「分離・融合」の枠組みは，日本の中央-地方関係が，集権的か分権的かという二項対立的にとらえ

23

られがちな状況に新たな視点を加えるものであった。まさに西尾が述べるように「各国の政府体系の差異を識別するにあたっては，連邦制国家か単一主権国家か，政府体系は何層か，政府体系を構成している政府間の関係が分権・分離型か集権・融合型か，そして基礎自治体の規模如何といったさまざまな観点から総合的に考察することが不可欠」なのである（西尾 2003：66）。

（2）国と自治体の行政的関係

次に，2000年の分権改革までの日本の中央－地方関係において，これまでどのような議論がなされてきたかを概観しておきたい。最初に確認したいのは，伝統的に日本は集権的な国であるといわれるが，それがどのような意味で語られてきたのかという点である。

戦後の日本の中央－地方関係は，主に中央政府と自治体の行政的関係に焦点をあてて，戦前からの連続性を問題としてきたといえる。辻清明は，明治以来の日本の地方自治について否定的な評価を下しているが，ここでの辻の関心は，近代国家における中央集権と地方分権との関係を明らかにし，日本の地方自治をいかに確立するかということであった。本来，近代国家の成立過程においては，封建的割拠性の克服による政治的統一が要請されるが，日本の場合，明治維新による近代国家成立に際しても，江戸時代における町村の封建的な性格はそのまま継承された。そのため，「当時の政治的中央集権がきわめて急速且つ強度の権力的統制たらざるをえな」いこととなる（辻 1969：133）。そして，「ミルのいわゆる『知識的集権』と『権力的分権』との調整を可能ならしめる社会的条件を欠如していたわが国においては，両者の結合は正に強行的な『権力的集権』，その故に官僚的統制に求められた」（辻 1969：133）のであった。したがって，そうした官僚的な中央集権体制のもとにおいては，地方自治は官治的な性格を免れえず，松下圭一が述べるようにまさに「官治集権」だった。

そして，戦後の地方自治法の制定については，「民主政治の基盤の育成と新生国家の実体的強味の発揚を目的とするものであり，これを妨げて国家の崩壊をもたらした重要な一因であったところの既存の中央集権的支配の打破と，その象徴というべき内務省の解体を目指す点で，画期的な意味をもっていた」（辻 1969：265）と評価する。しかし，その一方で，その実態としては戦前から

の官僚制の温存と強化の傾向があったことが強調されている点にも留意する必要がある。その具体例は，旧内務官僚などの復権の実態や，自治体警察の廃止，教育委員会の公選の廃止などの，「戦前回帰」の改革である。

　赤木須留喜も，地方自治制度の改革は形式的制度改革に留まっており，「制度を支える精神をも含む戦前の地方制度，地方行政の体質は，旧態依然といっても，いいすぎではない」（赤木 1978：116-117）と戦前から戦後への地方制度の連続性を強調する。そして，その根拠としてあげられているのが，機関委任事務体制である。機関委任事務とは，「個別の事務ごとに法律ないし政令で知事・市町村長，自治体の行政委員会を国（主務大臣）の機関と位置づけ，それらに事務の執行をゆだねるもの」（新藤 2002：34）である。そして，その体制のもとでは，「地方公共団体の長としての首長は，同時に国の機関であるという意味で『二面性』を持ち，自治体もまた，この首長の構造に対応してこれまた『二面性』を持つ」こととなるのである（赤木 1978：125）。

　こうした議論に対して，戦後も依然として中央政府が行財政面で自治体を統制する仕組みになっているものの，その体制は大きく変化しているという点を指摘したのが高木鉦作である。高木は，占領初期の改革に焦点をあて，最大の変化としてあげるのが日本国憲法の制定であり，とりわけ知事公選制の実現であると指摘している（高木 1986：51-52）。

　戦前の府県知事は，国の官吏であり，府県という自治体の長でもあった。戦前の知事は，国政事務の執行を通じて個別に中央各省との間を結節する役割も担っていたといえる。しかし，知事公選制の導入によって，「国政事務の執行を通じて結節していた中央各省との間が切断され」，「普通地方行政官庁として知事が執行していた国政事務を，どのような仕組みにあらためるか」（高木 1986：54）という課題が生まれることとなった。その結果，機関委任事務という仕組みが生まれ，中央省庁の地方出先機関が整備されることとなったのである。

　知事公選制の実現によって，それまでの普通地方行政官庁としての知事を通じた一元的な中央統制ではなく，それぞれの主務大臣が上下の監督関係を通じて自治体を統制するという中央省庁ごとの縦割りによる中央統制という仕組みが形成され，高木は，ここに占領下における改革の状況と分権化の限界を論じ

たのである。

　ここまでみてきたように，戦後の日本の中央－地方関係は，主に中央政府と自治体の行政的関係に焦点をあてて，戦前からの連続性が問題とされてきた。辻は，「新しく定められた地方自治法が当面している最も困難な任務は，あたえられた近代的分権によって旧き官僚制的中央集権を克服しながら，同時に新しい社会的中央集権の要求を満足せしめなければならないところにある」（辻 1969：153）という「二重の課題」を提起した。そして，特に戦後改革の理念を阻む，明治以来の官僚制的中央集権の克服にこそ関心が寄せられていたのであった。

（3）国と自治体の政治的関係

　ところで，1960年代に入ると，日本の自治体は「地域開発」という問題に直面することとなった。河中二講は，地域の政策においても戦前から中央省庁が内務省を中心に，その行政指揮系統を通じて自治体を統制してきたことを指摘したうえで，「こうした傾向は，戦後，占領政策下に地方行政が画期的な自治的自律性を与えられたにもかかわらず，今日までひきつがれてきた」（河中 1967：105）と述べている。

　一方，高度経済成長期の地域開発の実施過程をめぐって，主に地域政治に焦点をあてたのが大原光憲と横山桂次であり，京葉工業地帯・コンビナート形成過程が注目され，その展開過程の考察が行われている。大嶽秀夫は，こうした研究の内容を次のように整理している。すなわち，「①大規模開発の主体である中央のエリートを中心とした開発政策策定と実施のプロセス，②当初，工場誘致にイニシアティブをとりながらも，やがては中央主導の地域開発に従属を強いられ，その過程の中で，自らの組織と中央との関係とを変貌させていく自治体の変化，そして，③開発利益に与ろうと積極的に開発政策を支持するグループと，開発によって被害を受ける農民，漁民などのグループ，さらには，開発にアンビヴァレントな立場をとる労働組合の三つ巴の中での，知事を中心とする県政の権力構造の再編，という三つの側面からなる分析」（大嶽 1999：174）であるとする。この研究が，「地域開発」という事例を通じて，中央－地方の政治的関係に焦点をあてた点は画期的であったといえる。

井出嘉憲は，日本の地方自治が「"近代的な"制度として制定された当初から，政治とは無関係の存在でなければならないとする，強いたてまえの下におかれてきた」（井出 1972：6）ことを指摘し，地方自治を行政の文脈のなかに組み込む傾向に言及してきた（井出 1972：8）。しかし，高度経済成長にともなう工業化・都市化の進展は，地域社会における利害関係の複雑化と自己利益実現のための社会的圧力の増大をもたらした。井出は，こうした政治的エネルギーの中央・地方への表面化とそれらの調整・統合過程に，地方自治の「政治化」が進んでいることを見出したのである（井出 1972：34-40）。

　また，1960年代半ばには，高度経済成長のひずみが顕在化し，公害問題などに対する激しい住民運動が展開されるとともに，1960年代後半から70年代前半には各地で革新自治体が誕生し，地方自治の政治化が注目を集めた。

　一方，大森彌は，「政府間関係」という言葉は，「中央と地方が仕事の範囲と種類と権限を異にこそすれ，相互に自律性を認め合う『政府』と『政府』の関係であることを含意している」（大森 1986：37）とし，2つの点を指摘した。第1は，自治体を中央各省庁の下位行政機関として位置づけようとする思考様式と，それにもとづく行財政の制度と運用を改革していこうとする実践的志向についてである。大森は，「『国と地方』とか『中央と地方』とかいう場合には，その中身はほとんどもっぱら『国』の省庁と『地方団体』との関係，すなわち行政関係と考えられる傾向が強かった」（大森 1986：38）ことを指摘し，先に述べた井出と同様に「地方自治」が「地方行政」と同一視されていることを問題とする。なぜならば，こうした認識は，政府といえば中央政府のみを指し，自治体を中央政府の下部機関と位置づけることにつながってしまうからである。そこにおいては，中央政府が一番上位にあり，中間の都道府県を経由し，市町村は末端の一番下に位置づけられることとなる。しかし，それでは，自治体を「『住民の意思を代表する政府』すなわち住民の自治機関」（大森 1986：38）として位置づけないこととなる。

　第2に，政府間関係の理論を構築することで，複数の自治体間の相互関係に焦点をあてることができるとともに，それらのあいだの行政的関係だけでなく政治的関係も分析の範囲に取り入れることができるとする。先述のように，異なったレベルの政府の関係には，中央政府と都道府県，都道府県と市区町村と

いう垂直的関係がみてとれるが、中央－地方関係という視点のみでは都道府県間、市町村間の水平的関係の視点が抜け落ちてしまう。また、「国と地方の間には『行政』関係という太い回路が存在するにしても、その回路の作動に影響を及ぼす政治家、政党、利益団体、住民運動等の活動を無視しては、中央地方関係の実態を正確に描き出すことができない」（大森 1986：39）であろう。

これらの研究は、「行政的関係に焦点を限定せず政治関係を含めて中央と地方の関係を理解しようとする点」において認識を共有している（笠 1990：53）。高度経済成長による行政機能の著しい拡大は、機関委任事務の増加や、補助金行政の増大というかたちで中央政府への集権化を進める結果をもたらし、中央政府と自治体の行政的関係における統制強化が強調される一方で、地方における政治を認識し、中央－地方に双方向の関係が存在することを示すこととなったのである。

（4）国と自治体の「相互依存モデル」

福祉国家化にともなう行政機能の著しい拡大と、中央－地方関係の相互関係の増大に注目した村松岐夫の研究は、従来の通説的見解を「垂直的行政統制モデル」として整理し、それと対比的な「水平的政治競争モデル」を提示したうえで「相互依存モデル」を提唱したところに特徴がある。村松によれば、分離型の地方自治は、現代においてはもはやありえないという。それは、福祉国家化にともなう行政サービスの増大が、地方政府に中央政府との交渉材料を与えるとともに、地方の自律性を高めて中央政府との相互依存の関係をつくり出すためである。現代の自治体は、中央政府と交渉し、社会内の諸団体と対立したり協働関係に立ったりしながら目標を実現しようとする。村松は、中央－地方関係のなかに融合型の自治が存在することを指摘した（村松 1988：169-173）。

戦後直後の中央－地方関係、地方自治をめぐる議論に焦点をあて、戦前の要素の戦後への連続性を強調する「戦前戦後連続論」と「戦前戦後断絶論」を論じた（村松 1988：27）が、こうした戦前と戦後の連続性に関する議論に注目したのは、そうした認識が、1960年以降の「新中央集権」をどう評価するかに関わるからであった。「戦前戦後連続論」の立場からみれば、この時期の機関委任事務の増加と補助事業の増加は、戦前的要素の拡大と批判の対象となる。し

かし，こうした評価について，村松は国会や政党，議員，地方議会といった全体としての政治行政過程が十分に考察の対象とされていないことを批判し，(村松 1988：26-28)，従来の中央－地方関係の理論は「戦前戦後連続論」と結びついているとしたうえで，そうした伝統的パラダイムを「垂直的行政統制モデル」と呼んでいる（村松 1988：36）。村松によれば，このモデルは4つの構成要素からなる（村松 1988：37-38）。すなわち，第1に，主要な決定は中央省庁の官僚によって発議・決定され，議会，政党の影響力はあまり重視されていない。第2に，中央官庁は諸事業を府県の関係部局を通じて，市町村の関係組織単位まで下ろして実施しようとする。第3に，地方は「上位」政府に対して従順であり，第4に，中央省庁からの技術的手続的財政的援助がなければ自治体は行政を行うことができない。こうした特徴を持つ垂直的行政統制モデルは，昭和20年代（とくに後半）から昭和30年代にかけての中央－地方関係を考察するときに最も有効とされる。

　こうした垂直的行政統制モデルに対置されるのが水平的政治競争モデルである。このモデルは，中央から地方への行政的統制が存在することを前提としながら，地方から中央への影響力があることに注目したものである。従来の議論が中央から地方への統制を重視するのに対して，地方には自律的な意思があると同時に自治体が中央政府にその意思の実現のために働きかける側面に注目している点に特徴がある。こうした点をふまえ，村松の「相互依存モデル」では，日本の中央－地方関係を縦断する権限体系（＝行政体系）が3レベル相互に密着して同一領域での権限と責任を分かち合う共有システムであり，中央－地方関係の鍵は「交渉」であり，その際の自治体の戦略のかなりの部分が，他の地方政府との競争原理から説明できる，と指摘するのである（村松 1988：180-182）。

　相互依存論は，行政の側面から論じられてきた中央－地方関係に政治過程論的な視点を付加した点で重要である。しかし，今村都南雄が指摘するように，地方の政治化によって自治が充実すると考えるならば，それは「地方自治体の中央依存を生み出した『むしりたかりの構造』が，『政治』の名のもとに肯定評価され……現状追認以外の何物でもない」ということになってしまうという批判もあることには留意したい（今村 1988：247）。ここに，相互依存論と地方

自治研究の「規範性」をめぐる課題を見出すことができるのである。

3 国と自治体をめぐる現状と課題

(1) 自治体に憲法保障された自治

　ここまで，国と自治体の関係について，中央－地方関係についての理論的検討を行ってきたが，以下では，国と自治体の役割分担をめぐる法制度とその改革について具体的な検討を行っていきたい。すでにみたように，官治集権の仕組みとして構想された戦前の地方制度に対して，戦後の地方自治制度は，国と地方の関係についての基本的な考え方において，大きく異なるものであった。先にも高木が指摘していたように，国と自治体をめぐる根本的な変化は，自治体に対する自治権が，日本国憲法によって保障されたことによって生じた。戦後の憲法においては，第8章に「地方自治」が4条にわたって規定されたが，92条においては「地方自治の本旨」が定められた。この用語については，さまざまな論争が存在するところであるが，辻清明によれば，「地方自治の定義を，いちおう『一定地域の住民が，その地域の上につくっている社会の施政を自主的におこなう原理と制度である』と定めるならば，憲法にいう『地方自治の本旨に基づいて』という規定は，この自主性を保証する原理を明示したことになる」(辻 1976：58)とされる。

　こうした地方自治についての憲法保障をふまえ，93条では「首長制」をとることが定められている。後者については，首長の直接公選と，それと「対立」「競争」する自治体議会の必置が規定されており，この首長制については，1970年代後半以降「二元的代表制」という呼称が定着してきた。それが意味するのは，地方自治の基本的な政治の構造として，代議制民主制を基盤とする政治制度を前提として自治体政府が構成されている点であり，首長と議会という2つの住民代表機関を分立させていることである。そして，首長と議会が相互に民意をふまえたチェック・アンド・バランスを働かせることにより政策を磨き上げ，民意にもとづく政策を立案・執行していくことが期待されているといえる。すなわち，2つの直接公選機関が牽制し合いながら権力の暴走を防ぐ権力分立的な制度であることが求められるのであり，2つの異なるチャンネルに

よって多様な民意が政治に反映させることが期待される。自治体に対して，戦前のような国の下部機関としての位置づけではなく，民意反映にもとづく「ガバメント」としての政治的機能を持たせているのが，戦後憲法によって規定された二元的代表制という制度なのである。

こうした自治体政治の制度に加え，日本国憲法が94条で自治体に自治行政権や自治立法権を定めている点も重要である。すなわち，自治体は「その財産を管理し，事務を処理し，及び行政を執行する権能を有」するとされ，自治行政権の付与がなされたといえる。地方分権改革が議論された国会審議では，この自治体の自治行政権が，内閣に属するとされる行政権（憲法65条）には含まれないことが表明されており，自治行政権の独立性が明確に示されている。また，自治立法権についても「法律の範囲内で条例を制定することができる」権能が自治体に付与されており，機関委任事務の廃止などの分権改革によって条例制定の範囲も拡大しているのである。

なお，憲法95条は，地方自治特別法について規定した条文であり，「一の地方公共団体のみに適用される特別法は，法律の定めるところにより，その地方公共団体の住民の投票においてその過半数の同意を得なければ，国会は，これを制定することができない」と規定して，特定の自治体のみに通用する特別法を国会が立法する際には，当該自治体の住民による直接投票を行わなければならないこととされている。この条文は，近年使われていないが，地方自治の重要性を示す条文として注目すべきである。すなわち，国権の最高機関である国会といえども，自治体の自己決定権を無視することができず，地域の住民に対して不利益と思われることを一方的に押しつけてはならないということである。国全体からみれば，どうしても部分（一部）とならざるをえない自治体に対して，その自治権を保障している条文とみることができよう。

（2）国の役割と自治体

このように地方自治が憲法保障され，国会ですらその権利を一方的に制限し，侵害することはできないことが明記されているなかで，国と自治体の役割はどのように分担されるのであろうか。地方自治法第1条の2第1項では，自治体が地域における行政を「自主的かつ総合的に実施する役割を広く担うもの

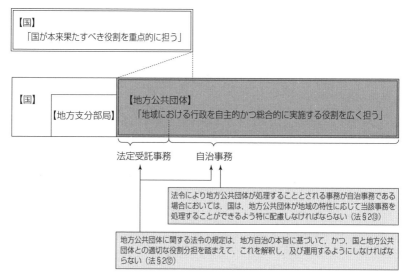

図1-2 国と自治体の役割についての法制度上の整理

出所：総務省資料（http://www.soumu.go.jp/main_content/000467822.pdf）。

とする」と規定し，自治体の自主性，総合性に言及しているが，それを受けて第2項では，国の役割を以下のように規定している。

§ 地方自治法
第1条の2② 国は，前項の規定の趣旨を達成するため，国においては国際社会における国家としての存立にかかわる事務，全国的に統一して定めることが望ましい国民の諸活動若しくは地方自治に関する基本的な準則に関する事務又は全国的な規模で若しくは全国的な視点に立って行わなければならない施策及び事業の実施その他の国が本来果たすべき役割を重点的に担い，住民に身近な行政はできる限り地方公共団体にゆだねることを基本として，地方公共団体との間で適切に役割を分担するとともに，地方公共団体に関する制度の策定及び施策の実施に当たつて，地方公共団体の自主性及び自立性が十分に発揮されるようにしなければならない。

ここに規定されている国の役割を整理すると，①国際社会における国家としての存立に関わる事務，②全国的に統一して定めることが望ましい国民の諸活動もしくは地方自治に関する基本的な準則に関する事務，③全国的な規模でもしくは全国的な視点に立って行わなければならない施策および事業の実施，と

なる。つまり，日本国憲法は，国の役割を，外交・防衛といった国家の存立に関わる事務，全国的な視点のもとに統一して行わなければならない事務，地方自治に関しては基本的な準則などの施策を実施するのであって，その場合でも自治体の自主性や自立性が保証されるようにしなくてはならない，としているのである。図1-2はそうした分権改革以降の役割分担を整理したものである。

　もちろん，日本国の政府として，国会において法律を制定することにより，個別地域の課題や政策について定めることは可能である。しかし，先にみたように，憲法において地方自治特別法を定める際には，当該自治体の住民投票による合意が必要で，そうした手続を経ずに特定地域について政策を押しつけることは禁じられている。ただ，そうした理念的な問題に加え，国が取り組むべき政策課題には優先順位がつきまとうという問題がある。すなわち，当然のことながら，国の政府（中央政府）は全国的な課題，多くの地域で生じている問題への対応，国でなければ取り組めない国防や主権外交などを優先して行うことが必要であり，特定の地域でしか生じていない問題に優先的に取り組むことは難しい。もちろん，特定地域の問題であっても，多大な損害や人的被害を引き起こすような大事件，大事故であれば，国として取り組まざるをえないこともあるだろう。しかし，自治体が日々取り組んでいる地域福祉や教育，まちづくりなどに関して街角で生じる課題に，国が一義的に対応することなど不可能である。

　実際に，地域で起こっている問題に，自治体がまず対応し，それが全国的な問題になっていくことが認識されて国が政策を立案し，立法化した例は多数ある。情報公開への取り組みや個人情報保護，近年では，空き家対策などもある。そもそも，なぜ地方分権が求められたのかという点を振り返ってみると，自治体のそうした機能の確立によって，国が本来果たすべき役割を明確化し，むしろ国としての責任を果たすことが期待されてきた点も重要である。2004年に第24次地方制度調査会がまとめた「地方分権の推進に関する答申」は，「国際関係においては，その国力にふさわしい国際貢献のあり方が問われ，内政面においては，成熟化を迎えつつある社会にあって，国民の価値観の多様化に対応した政治，行政，経済システム全般にわたる再構築が求められている」とし，「国としては内政に関する役割は思い切って地方公共団体に委ね，外交，

防衛等，国として果たすべき役割を重点的，効果的に担う体制を確立することが急務となっている」と述べている。つまり，国にとっても，内政事務に過度に関与し，厳しい財政状況のなかで多くの仕事を抱えることは大きな負担であると同時に，二重行政として無駄が多いことになるのである。

また，自治体にとっても，国に求めたいのは，さまざまな人口規模によって構成される多様な自治体の現状にかんがみて，対応が難しいことがらや政策についての考え方を提示し，自治体が判断する材料を提供することであろう。たとえば，東日本大震災以降，復旧・復興に向けた取り組みが進められているが，東日本大震災の経験に照らし，また今後のあり方について検討したときに，震災に強いまちをどのようにつくっていくのかを考えるのは容易ではない。防潮堤の高さやかさ上げ，高台移転のあり方などについて，専門的な知見から方向性を例示し，対策についての助言を行うことが求められるような場合がある。ただし，そうした状況について，個別自治体の状況や住民意識をふまえ，どのような地域社会をつくるのかを決定していくのは自治体の役割ということになるだろう。国が果たすべき役割については，制度上の問題に加え，憲法における自治権保障の意味をふまえた適切な対応が求められるであろう。

（3）自治体の位置づけと二層制の自治制度

冒頭に述べたように，ここまで国と自治体の役割に注目し，基本的に「自治体」という呼称を用いてきた。その一方で，法律上，「地方公共団体」と呼称される都道府県・市町村は，その機能においても役割においても「地方政府」であるともいえる。なぜならそれらは地域において，住民へのサービスを提供するのみならず，公選の首長と議員によって住民の意思にもとづいて運営されるからである。その意味で，ある地方公共団体が管轄する区域には，そこに固有の地域政治が存在し，その動向を無視しては行政を運営することはできないのである。

この「地方政府」は，都道府県・市町村の政治的機能を強調したネーミングであるが，日本においては依然として広く認知された言葉とは言い難いのが現状である。その意味で，新聞等でも用いられる「自治体」という言葉が適切であるという指摘が，兼子によってなされていることはすでに述べた。「地方政

府」という言葉は地方公共団体が持つ統治主体という政治的側面を明確にする意味を持つと考えられるため，それを用いることの学問的意義は大きい。しかし，たしかに地方自治の担い手というには「権力性」を強調しすぎるきらいがあり，むしろ，国に対する語として「自治体」を用い，「地方政府」ではなく「自治体政府」と呼称することで多様な性格を表現することが可能になるかもしれない。

　このように都道府県・市区町村を総称する自治体という呼び名にこだわるのは，2つの理由からである。1つは，明治以来つづいてきた国の地方統治機関としての「地方公共団体」観からの転換を図りたいという点を強調せねばならない現状があることや，そしてもう1つには自治体行政の長としての「首長」の役割や位置づけを明確にする必要があるためである。

　そして，それらに加えて，従来の国地方関係が，機関委任事務等による垂直的統制モデルを基本にしていたのに対し，「戦後の占領改革期の分権化によって取り入れられた，選挙や直接民主主義の制度を通じての政治参加などによって，地方にも独自の政治があることを重視した」水平的政治競争モデルの提起につながっており，さらには国と地方が相互依存の関係にあるという問題意識も広く知られるようになっている（村松編 2010：9-10）。このように，自治体にも政府（地方政府）が存在することを再確認し，その政治的な役割と機能を重視する考え方は，地方分権改革の進展によってますます重要になってきているといえよう。

　なお，自治体と一口にいっても，そこには広域自治体と基礎的自治体の2つが存在しており，広域自治体としては都道府県があり，基礎的な自治体としては市区町村が存在している。地方自治の制度としては，二層制の自治体が構想されており，双方に広域的，基礎的な地方政府としての役割がある。

　そのうち，ここでは基礎自治体としての市町村の役割について言及しておきたい。地方自治法において，市町村の位置づけおよび役割は以下のように規定されている。

§　地方自治法
第2条③　市町村は，基礎的な地方公共団体として，第五項において都道府県が処理するものとされているものを除き，一般的に，前項の事務を処理するものとする。

すなわち，自治体としての市町村には，国の役割，都道府県の役割をふまえ，自治体の事務のうち，県が処理する事務以外の地域の事務全般を一般的に処理することが予定されているのである。特別区も，基礎的自治体として「都が一体的に処理するもの」を除き，市町村と同様の事務を処理する基礎的な自治体として位置づけられており，市町村と同様に自治の主体としての重要な役割を担っている。町村は，歴史的な経緯からみても，基礎的自治体の基本的な形態であり，近代日本の地方自治制度における基礎自治体の出発点ともいうべきものであることに注意する必要がある（山岸 2011）。

　そして，市区町村と一言でいっても，その種類はさまざまである。人口規模においても200名を下回る東京都青ヶ島村から380万人を超える横浜市まで大きな開きがあり，さらに制度も県並みの権限を持つ政令指定都市から町村に至るまで，多様な制度となっている。重要なことは，これら市町村が基礎的な自治体政府として住民の生活を支え，課題を解決していく主体として認識されていることである。法的な権限が国にあるか，都道府県にあるかは重要なことであるが，そうした制度的な制約を超えて，地域の課題解決に第一義的に取り組む責任が市区町村にはある，と理解すべきであろう。

　近年，こうした市区町村の役割の増大，求められる機能を実現するために，市町村合併の必要性が説かれ，「平成の大合併」が断行されたことは記憶に新しい。これによって，日本の市町村数は激減し，1700程度に減少した。しかし，人口規模を拡大することのみによって，基礎的な自治体の機能が向上し，市町村が役割を果たせるようになるわけではない。「平成合併」によっても，結果的には人口規模の小さい自治体は多数存在しており，それらをすべて合併させることは不可能である。したがって，都道府県と市区町村の連携や自治体間の広域連携の強化によって，それぞれの役割を補完し，地域の課題に対応していく必要があるであろう。

（4）機関委任事務の廃止と国－地方関係

　このように，国・都道府県・市区町村がそれぞれの役割を分担し，相互に補完し合いながら政策に取り組んでいくことが期待されている。ここで，あらためて分権改革の成果について整理し，国と地方の関係にどのような変化がみら

れたのかを整理しておきたい。

　2000年の分権一括法で廃止された機関委任事務は，自治体行政を国の通知や通達によってコントロールし，自主的で総合的な行政運営を困難にするものであり，自治体の事務について条例制定によって方向づけをし，また議会審議によって行政統制を果たすはずの自治体議会の機能を制限するものであった。すなわち，機関委任事務については，自治体条例の制定ができないとされ，さらにはこれについての議会における審議も及ばないものとされてきた。都道府県では7～8割，市町村で4～5割を占めるといわれた機関委任事務について，自治体議会は審議することすらできなかったのである。

　しかし，2000年の分権一括法で機関委任事務が廃止され，基本的に自治事務・法定受託事務ともに自治体の処理する事務とされたことにより，原則的にはそのいずれについても自治体議会の条例制定権が及ぶこととなり，またその内容について審議することができることとなったのである。その意味では，自治体議会の権能も拡大されたことになる。こうした変化は，都道府県・市区町村といった自治体の役割と能力を高めるうえで重要な意味を持つものと考える。

　機関委任事務の課題としては，大きく2つがあるだろう。1つは，国と自治体を上下関係に置き，自治体行政を国の通知・通達によって統制するため，自治体の工夫による住民本位の行政運営が困難であった点である。住民の声を反映するはずの自治体議会でさえ，これに関与することができないとされてきたことは大きな問題である。また，2つめには，自治体の創意工夫が認められない以上，それに向き合う自治体職員の能力向上も認められず，全国自治体の職員がマニュアル行政に従属する状況に置かれたことである。財政状況が厳しい限られた資源の状況にもかかわらず，多くの自治体で職員の能力向上が果たされず，国の行政に従属している状況が温存されることは重大問題である。

　機関委任事務の廃止によって，自治体が自らの権限において処理することができる自治事務，また国の責任において処理する性格が強いものの，自治体が処理し，法令違反がなければ自治体の創意工夫が容認される法定受託事務に整理された（図1-2）。国の関与の改革とあわせて，国－地方の関係が整理され，次節で述べるように，法的関係が明確化されたものである。

(5)「国の関与」と自治体

　一方，自治体に対する国の関与については，地方自治法の第245条で「関与の類型」が法定化されることとなり，法律または政令によらなければ，自治体に対する国の関与はありえないこととなった。このことは，これまで自治体に対して陰に陽に行われてきた国の関与を，あらためて法に明確に位置づけ，自治体の自主性・自立性を確保することが求められたという意味で画期的なことである。すなわち，「関与の法定主義」が明確化されたといえる。村上順は，国の関与について，①「関与の基本原則」（国の自治体に対する関与は必要最小限のものとするとともに自治体の自主性自立性に配慮しなければならないものとされたこと），②「関与形態の限定列挙主義」（国の自治体に対する関与の基本類型の限定），③「関与の法定主義」（国の自治体に対する関与については法律またはこれにもとづく法律または政令の根拠を要すること），④「関与の公正・透明の原則」（国の自治体に対する関与には，行政手続法の申請処理手続きや行政指導を規律する諸原則によって律せられるべきこと）が明確化されたことを指摘している（今川ほか 2007：28）。

　これらに関連して，国と自治体の法的な関係で注目すべきは，両者の意見や主張が食い違ったときに，それを争う仕組みが地方自治法上に準備されたことであり，それを実行するための機関として国地方係争処理委員会が設置されたことである。これによって，国の自治体に対する関与に対して，自治体側に異論がある場合には，第三者機関である国地方係争処理委員会に申し立てを行うことができることとなった。また，この機関は総務省に置かれ，行政内部の第三者機関としての位置づけが与えられていたため，この裁定に不満があれば，自治体は高等裁判所に訴えることができることとなった。国と自治体が法令解釈を争う場が与えられたのである。同様の仕組みは，自治体間における紛争についても定められ，紛争が生じたときには，国または県に自治紛争処理委員が置かれ，紛争の処理にあたることになったのである。このことは，官治集権のもとで，必ずしも対等に扱われてこなかった都道府県と市区町村の間に存在する法的な関係を確認するものでもあった。

　それぞれの役割を，国と自治体が，そして都道府県と市区町村が認識したうえで，問題があれば法的にそれを処理するという仕組みが整備された意味は大

きい。国と自治体が，住民本位の政策を競い合う関係になることが期待されるだろう。

4 これからの国－自治体関係

(1) 国と自治体の関係のあり方

　本章においては，国と自治体の役割に着目し，中央－地方関係についての理論的な動向と分権改革にともなう国と自治体の関係の変化について論じてきた。概観してきたさまざまな理論的枠組みを振り返ると，そこにはさまざまな視角が錯綜している。分権と集権，分離と融合といった軸，戦前と戦後の連続と断絶，国と自治体の行政的関係と政治的な関係など，さまざまな論点が存在しているのである。

　これらをふまえて考えたとき，今後はどのような国と自治体の関係と役割分担を構想していくべきであろうか。分権型社会を創造するという観点から考えると，分権・分離型の中央－地方関係を展望し，行政的な機能分担にとどまらない自治体が持つ政治的機能に着目しながら，地域における自己決定を進めていくことが求められることになろう。しかし，その一方で村松が指摘したような，国と自治体の融合的な関係を無視することはできず，そこには「国がもつ政府」と「自治体がもつ政府の間の関係」，言い換えると主権国家と自治権保障された自治体の関係のあり方をどのように考えるのかという根本的な問題に行き着くことになる。

　結局のところ，こうした問題を解決するためには，国・自治体を問わず，政策のあり方についてどのようによりよい決定を行うことができるのか，そのための体制はどのようなものなのかということが課題になる。それに対する解答を得るためには，ここでみてきたような理論枠組みを検証するとともに，国や地域によって異なる地方自治制度の比較検討も行わなければならない。

(2) 具体的な自治体の改革課題

　以上の点をふまえ，当面，自治体はどのような具体的な取り組みを進める必要があるのであろうか。いうまでもないが，国にも国民生活を維持するために

求められる役割があり，それを果たす責任がある。大小さまざまな規模で存在する自治体に対して，全国一律に求められる基準やルールを作成するとともに，自治体の政策的な支援を行うことが必要であろう。小規模自治体では対応が難しい課題に対して政策を提示し，自治体を支援することも求められる。

　しかし，重要なことは，具体的な地域での取り組みを担うのは自治体であり，国から示された全国一律の基準や最低限のルールを，どのように適用するかを決定するのは，自治体における住民・議会・行政であるということだろう。本章でみてきたような戦後の地方自治改革，地方分権改革は，多くの困難がありながらも，そうした体制を整備する歩みであったといえよう。これをさらに推進するには，どのような自治体の改革課題を解決しなくてはならないのであろうか。

　今後の展開として，しばしば語られるのが，道州制の導入や大都市制度改革などの大規模な制度改革構想である。とくに道州制論議は，戦後数度にわたって展開されてきており，こうした器の整備によって地方分権を飛躍的に進めることができると期待されることがあった。道州制の導入による強力な広域自治体を創造し，国の地方支分部局を整理・廃止することで省庁の権限を縮小して分権型の国家を構想するものである。ただ，日本の国土の状況や，現在直面している人口減少社会のなかで，どのような道州を構想できるのかは明らかではない。「平成の大合併」が進められたとはいえ，依然として存在している多数の小規模町村が道州制のもとで維持されうるのかという問題点もある。中央－地方関係についてのさまざまな理論をふまえたうえでこうした大規模改革を進めるには，まだまだ議論が足りないといえよう。

　むしろ，求められているのは，分権型社会に対応した自治体の具体的な取り組みである。地方分権改革で整備された法制度を活用し，「自主的」で「総合的」な行政を推進することが必要であろう。自治体の自治行政権，自治立法権を十分に活用し，地域の実情に見合った政策を実施していかなければなるまい。政策法務の推進は，そうしたことに関連して進めなければならない具体的な課題であろう。住民のニーズに応えるため，地域における政策課題を掘り起こし，それを解決する政策を立案しなければなるまい。そして，それを実現するためには，必要な条例を立法し，政策を執行することが求められる。また，人口規

模や地理的条件も異なる自治体が，必置規制の緩和などによって拡大しつつある自己組織権にもとづいて，自らの状況に見合った行政体制を整備する必要もある。

一方で，国にとっても，自治体のそうした取り組みは，外交や防衛，全国一律に実施すべきことがらなどに力を注がなければならない状況のなかでは意味のあることだろう。自治体に対する統制的な関与をつづけることは，国家にとって利益にならないことを再確認すべきであろう。地方分権の推進に向けた一層の法制度整備が求められる。

そして，最も重要なことは自治体による国への依存意識を排除することである。先にみてきたようにさまざまな議論があるものの，長年蓄積された国による自治体統制と自治体の国への依存が存在することは多くの自治体現場で感じることができる。住民，議員，自治体職員の意識改革と，それにもとづいた実践がなければ，分権型社会は実現しないであろう。制度を変えることによって地方自治が確立するのであれば，日本国憲法が制定されたことで問題は解決していたはずである。地方分権による国と地方の役割分担を考えるうえでは，こうした点に注意して未来を描いていく必要があるだろう。

📖 文献案内
① 天川晃，2017，『戦後自治制度の形成』左右社．
② 大森彌・佐藤誠三郎編，1986，『日本の地方政府』東京大学出版会．
③ 松下圭一，1996，『日本の自治・分権』岩波書店．

[参考文献]
赤木須留喜，1978，『行政責任の研究』岩波書店．
天川晃，1986，「変革の構想——道州制論の文脈」大森彌・佐藤誠三郎編『日本の地方政府』東京大学出版会．
市川喜崇，2012，『日本の中央－地方関係——現代型集権体制の起源と福祉国家』法律文化社．
井出嘉憲，1972，『地方自治の政治学』東京大学出版会．
今川晃・牛山久仁彦・村上順，2007，『分権時代の地方自治』三省堂．
今村都南雄，1988，『行政の理法』三嶺書房．
今村都南雄，1997，『行政学の基礎理論』三嶺書房．
大原光憲・横山桂次編，1965，『産業社会と政治過程——京葉工業地帯』日本評論社．
大嶽秀夫，1999，『高度成長期の政治学』東京大学出版会．
大森彌，1986，「比較視座における『地方政府』の研究」大森彌・佐藤誠三郎『日本の地方政府』

東京大学出版会．
兼子仁，1999，『新地方自治法』岩波書店．
河中二講，1967，「『地域政策』と地方行政」日本政治学会編『年報政治学』岩波書店．
新藤宗幸，2002，『地方分権 第2版』岩波書店．
高木鉦作，1974，「知事公選制と中央統制」渓内謙・阿利莫二・井出嘉憲・西尾勝編『現代行政と官僚制 下』東京大学出版会．
高木鉦作，1986，「戦後体制の形成──中央政府と地方政府」大森彌・佐藤誠三郎編『日本の地方政府』東京大学出版会．
辻清明，1969，『新版 日本官僚制の研究』東京大学出版会．
辻清明，1976，『日本の地方自治』岩波書店．
長濱政壽，1952，『地方自治』岩波書店．
西尾勝，1983，「新々中央集権と自治体の選択」『世界』451：100-111．
西尾勝，1990，『行政学の基礎概念』東京大学出版会．
西尾勝，1999，『未完の分権改革』岩波書店．
西尾勝，2003，『行政学』有斐閣．
西尾勝，2007，『地方分権改革』東京大学出版会．
村松岐夫，1988，『地方自治』東京大学出版会．
村松岐夫編，2010，『テキストブック地方自治 第2版』東洋経済新報社．
山岸絵美理，2011，「自治の原点としての町村」『政治学論集』34：1-18．
笠京子，1990，「中央地方関係の分析枠組──過程論と構造論の総合へ」『香川法学』10（1）：39-93．

　　　　　　　　　　　　　　　　　　　　　　　　　　　　　　　　【牛山久仁彦】

第2章

大都市制度
――都市の役割は何か？

　日本の大都市制度は府県・市町村を《基本型》とすると，戦前来の大都市は自治権拡充を求めて《特別型一般》に分類される特別市制度への移行をめざしてきたが，結果的には2つの大都市制度に分岐し，ながらく並存してきた。大都市のうち東京については，第2次世界大戦中に成立した東京都制から，戦後改革から数度にわたる改革を経て現在に至る《特別型一般》に属する特別区制度へと展開した。他の大都市は特別市実現を阻まれ，《基本型特例》である指定都市制度へと変容を遂げた。
　近年は，「都」構想や「特別自治市」構想など，これまでの大都市制度に抜本的な変革を試みようという議論が活発化し現実味を帯びてきた。変革に向けた制度選択にあたっては，既存の大都市制度の特徴を把握するとともに，大都市市民の視点，自治体間連携の視点，そして，ローカル・デモクラシーの視点からも評価される必要がある。

1　大都市を考える視角

（1）人口減少時代の「都市と地方」

　都市は人類の創造物である。その意味で人類を「ホモ・ウルバヌス」（都市人）と呼ぶことができる（スミス 2013）。しかし，都市は都市のみで存立できるわけではない。たとえば，日々の食糧や暮らしに必要なサービス・財の調達を都市だけで自己完結することはできない。エネルギー循環などを含めた，社会経済事象総体を考えると，都市からは後背地とみなされがちな農山漁村やさらに広大な（場合によっては人類未踏の）自然の領域をも含めて，世界は1つのシステムとして相互に支え合い成り立つととらえる必要がある。
　日本の地方自治論の文脈に限定すると，都市と非都市の関係はつねに重要なテーマでありつづけてきた。高度経済成長期以降は，過疎・過密問題として都

市と農山漁村の関係が問われ（西尾 1977），国土の均衡発展が唱えられ，また，工業やリゾート開発などによる地域開発に主眼が置かれることもあった。そして近年では，「都市と地方」問題として再び注目されている。この場合「都市」とは，広く都市自治体全般を指すこともあるが，大都市，なかでも東京にしばしば照準が合わされる。「都市と地方」問題は，「大都市と地方」問題であり，ときとして「大都市東京」問題と言い換えたほうが適切な場合もある（大杉 2016b）。

　世界人口の過半数が都市居住者だといわれる現在，日本の都市自治体の人口は全人口の9割を超えており，世界的にみても都市化の程度は最高水準にあるといってよい。本章で取り上げる大都市制度が適用される自治体の区域（都区部および政令指定都市）の住民数は全人口の約3割であり，大都市に準ずる区域（中核市）を含めると，優に4割を超える。また，三大都市圏は全人口の約5割を占めている。日本は単に高度に都市化しているだけではなく，大都市の占める人口割合が著しく高いのが特徴である。

　すでに日本は人口減少期に入り，成熟社会が到来したといわれるなか，人口の東京一極集中や地域間経済格差など，「都市と地方」問題はますます注目を浴びている。「都市と地方」問題は，「都市」の利益と「地方」の利益のせめぎ合いや対立とみなされがちであるが，その一方で，「都市と地方」の連携と協力のあり方を探ることは，「都市」「地方」が抱える具体的な課題解決に資するとともに，国民・住民の幸せを高め，地域をより豊かにする希望を見出すことにもつながりうる。その一助として，日本の大都市制度について，大都市が歩んできた歴史を振り返りつつ，大都市制度の現状と課題について概観し，都市の役割について考えるのが本章の目的である。

（2）本章で扱う大都市制度

　大都市とは，一般に，人口や面積などが一般の都市に比べて大きく，社会的・経済的・文化的機能等が集積した地域を指す。ただし，大都市とは何か，一般の都市と明確に区分するような客観的な基準があるわけではない。また，大都市が，単一の都市から成り立つものなのか，それとも周辺の一体化した地域を含むいわゆる都市地域（シティ・リージョンと呼ぶ）であるのか，その実態

はさまざまである。

　制度としての大都市についても，多様である。憲法や法令等で定めている国もあれば，そもそも大都市制度を持たない国もある。本章では，もっぱら日本の大都市制度について考察の対象とするが，日本の定める大都市制度の枠外にも広がりを持つことをあらかじめ指摘しておきたい。そのうえで，日本の大都市制度を整理しておこう。

　現行の日本の自治体（地方公共団体）は，地方自治法上，①普通地方公共団体と特別地方公共団体，②広域の地方公共団体（広域自治体）と基礎的な地方公共団体（基礎的自治体），という2つの異なる区分法で分類される。大都市制度は，2つの区分法をまたがって位置づけられる。

　第1は，「大都市等に関する特例」による政令指定都市制度である。すなわち，普通地方公共団体は，広域自治体である都道府県と基礎的自治体である市町村とに区分されるが，後者のうち市の特例として設けられた大都市制度が政令指定都市制度である。現在，20の政令指定都市がある。

　第2に，特別区制度である。特別区は，地方自治法第281条「都の区は，これを特別区という」と規定されているように，都区制度として大都市制度に位置づけられており，普通地方公共団体かつ広域自治体である都と，特別地方公共団体でありまた基礎的自治体である特別区とが，組み合わさって成立する大都市制度である。東京都とその大都市地域に存する23の特別区がある。

　そして，大都市地域における特別区の設置に関する法律（2012年）が議員立法で制定され，道府県の区域内でも，人口200万人以上の大都市地域で，政令指定都市を含む関係市町村を廃止して特別区制度を実施することができるようになった。ただし，適用例は現時点ではない。

　府県と市町村という地方自治の仕組みを《基本型》とみるならば，現行の日本の大都市制度は，政令指定都市制度という《基本型特例》と，特別区制度という《特別型》に大別されることになる。そして，後者の《特別型》は，都の区域内に設けられる《特別型一般》と，道府県の区域内に設けることができるようになった《特別型特例》が並列している。日本の地方自治制度のなかで大都市制度は，大きく分けて3つのパターンに分岐して現在に至っている。

2 大都市制度の歴史的系譜

以上述べたような大都市制度の分岐について、とくに《基本型特例》と《特別型》に分かれた歴史的経緯に注目して、確認しておきたい。

(1) 明治期地方制度と大都市

大都市制度の萌芽は、現在に至る日本の地方自治制度の《基本型》の原型を整備したといえる郡区町村編制法 (1878 (明治11) 年) で定められた区制度であった。これは、「三府五港」といわれた人口が多い地域では、郡町村ではなく、のちの市にあたる区が置かれたのである。当初、東京15区、京都3区、大阪4区、神奈川県横浜区、兵庫県神戸区、長崎県長崎区、新潟県新潟区、堺県堺区といった27区が置かれた。ただし、東京・京都・大阪には複数の区が置かれ、これら各大都市地域を包括する単一の市は設けられず、また、各区は独立した自治体として府の直接の監督下に置かれた。

さらに、翌年大日本帝國憲法発布を控えたなかで、市制町村制 (1888 (明治21) 年) によって現在の市町村制度にあたる仕組みが整えられた。町村郡市区基準が示され、従前の区は市となること、人口2万5000以上の市街で郡から独立性を持つ場合には市制を敷くことが認められることなど、市制施行の目安が示された。複数の区が置かれていた東京・京都・大阪はそれぞれ1つの市とされたのである。

ところが、市制町村制施行直前にいわゆる三市特例 (1889 (明治22) 年) が施行された。この場合の特例とは、東京・京都・大阪の三市には市長・助役を置かず、府知事が市長を、書記官が助役を兼務とするなど、一般市とは異なり厳しく統制する内容であった。

三市特例と密接不可分な大都市特例の1つとして、市制町村制と同年に公布された東京市区改正条例が挙げられる。同条例は都市計画法の前身にあたるもので、東京市の営業・衛生・防火・通運などの事業・権限を国直轄に留めつつ、経費を東京市に負担させるものであった。のちに同条例は東京市以外の大都市にも準用された。

しかしながら，三市特例に対する反発は強く，たとえば，東京・京都・大阪三市の市会を中心に特例廃止要求が提起され，帝国議会開設後の衆議院では毎回のように三市特例廃止法案が提案された。結局，1898（明治31）年に三市特例は廃止され，三市には一般市の制度が適用された。

明治後期になると，大都市の権限を拡充するという意味での大都市特例をめざす特別市制運動が次第に活発化した。そうしたなかで，1911（明治44）年に市制改正が行われ，勅令指定によって三大市に法人区制度を導入する行政組織上の特例が措置されたが，それ以上の大都市権限の拡充は実現には至らなかった。

（2）特別市制運動と東京都制の誕生

大正期から昭和期初めにかけて特別市制運動はさらに活発化した。旧来の三大市に横浜市・名古屋市・神戸市を加えた六大市によって大都市の自治権拡充がめざされたのである。

1922（大正11）年には六大都市行政監督法が公布された。この法律は，勅令の定めにより府県知事の許可・認可を除くことで，六大市に対する国と府県とによる二重監督を緩和することをねらいとしたものである。この時代には，市電・水道・電燈・港湾など都市経営に力を注ぐようになるなど，六大市は人口・経済力・事務処理能力等で他都市を凌駕し，優に府県並みの力量を有したことから，他都市と同一の扱いは実情に適さなくなっていたのである。

また，道路法（1920年）では六大都市を市内国道・府県道の管理者として勅令により指定する制度が盛り込まれるなど，個別法においても，大都市の権限を強化する大都市特例が実現されるようになった。

以上のような大都市制度をめぐる背景には，東京市政調査会などの民間団体をも巻き込みながら，特別市制運動が積極的に推進されたことが指摘される。しかしながら，戦前期には結果としてのちにみるような特別市制度の実現には至らなかった。《基本型》となる地方制度（府県制，市制，町村制）を前提としたうえで，大都市特例制度を段階的に積み上げた展開をたどったのである。

そして，第2次世界大戦中，戦況が悪化の一途をたどるなかで，戦争遂行体制の一環として帝都の一体性を確保すべきであるとして導入されたのが東京都

制（1943（昭和18）年）である。東京都制は，東京市を廃止し，府・市を一体化した東京都を設置するものである。特別市制運動でみられた，東京市を東京府から分離独立させようという考え方とは真っ向から対立するもので，大都市権限を抑制する集権的な制度設計といえる。なお，東京市の区は東京都制により形式上は廃止されたが，東京都制のもとでも法人区として旧来の区域・名称のまま実質的に存続した。

　大都市制度という観点から東京都制の意義を確認すれば，第1に，これまでの六大市がときに連携しつつ推進してきた特別市制運動から東京が脱落し，他都市（五大市）とは分断されたことを意味する。第2に，現在の都区制度に至る，《特別型一般》の原型がかたちづくられたことである。そして第3に，以上の結果，現在に至る2つの大都市制度の分岐点となったことが指摘される。

（3）戦後改革と大都市制度の確立

　第2次世界大戦後，占領改革の一環として日本の地方自治制度は分権化に向けた改革が行われた。その第1段階（第1次地方制度改革）では，他の地方制度と同様に東京都制についても改正が行われ（1946（昭和21）年東京都制の一部を改正する法律），知事・市町村長の直接公選化の措置と足並みをそろえて，都長官および区長の公選が実現された。

　第2段階（第2次地方制度改革）では，東京都制を含む既存の地方制度関連法制は廃止・統合され，新たに地方自治法が制定された（1947（昭和22）年）。なお，地方自治法は日本国憲法と同日に施行された。新憲法では明治憲法と異なり，地方自治に関する章が設けられたが，大都市に関する規定は置かれなかった。

　地方自治法では，大都市制度は，一括して《特別型一般》として位置づけられたことが注目される。すなわち，第1に，五大市を念頭に置いた特別市制度が，次に述べる特別区制度とともに，特別地方公共団体の1つとして規定された（地方自治法「第三編　特別地方公共団体及び地方公共団体に関する特例」中「第一章　特別地方公共団体」の「第一節　特別市」）。

　普通地方公共団体とされた一般の市との相違を中心に特別市制度の概要を整理すると，①特別市は都道府県の区域外とする，②人口50万以上の市につき，法律で指定する，③行政区および事務所を設置する，④行政区には公選の区長

を置く，といったものである。

　第2に，都は道府県と並ぶ普通地方公共団体として位置づけられる一方で，旧来の東京都の区は特別区として，特別市とともに特別地方公共団体の1つの類型として規定された（地方自治法「第三編　特別地方公共団体及び地方公共団体に関する特例」中「第一章　特別地方公共団体」の「第二節　特別区」）。

　「都の区は，これを特別区という」（地方自治法第281条）と規定されたように，特別市に設置される行政区とは区別された。特別区には同法の市に関する規定が適用されるなど（同法第283条），市相当の基礎的自治体として位置づけられたといえる。また，都および特別区はともに旧東京都および旧東京市の地域への適用が当然に念頭に置かれていたが，地方自治法の条文上は東京のみを対象とはしておらず，一般制度として規定された点で，東京都制が東京のみを対象としたのとは異なる。

　都および特別区の自治体としての性格・権能，両者の関係などについては，以降現在に至るまでに，大きな制度改革が4度にわたり行われたことは後述する。

　なお，1932（昭和7）年に東京市が市域を拡張し，旧来の15区に新たな20区を加えて35区となっていたが（いわゆる「大東京市」），特別区の権限拡大や戦災復興に向けた取り組みの必要性などから，1947（昭和22）年に22区に整理統合され，同年，1区が独立して現行の23区となった。

　一方，特別市制度は，五大市側からみれば，戦前来の特別市制運動が結実したものとして歓迎されたが，五大市を含む府県側からは強く反発を招き，両者は激しく対立した。府県側からGHQへの働きかけなどもあって，地方自治法制定と同年に行われた法改正では，特別市指定の法律制定にあたっては，関係都道府県の選挙人の賛否の投票（特別法制定のための住民投票）に付さなければならないという一項が新たに盛り込まれた。これにより，当時，府県内に占める五大市の人口比率は京都市を除いて5割を切っていたことから，五大市への特別市制度の適用は実質的に閉ざされたといえる。

　その後も特別市制度をめぐり五府県・五大市間で厳しい対立がつづいたが，結局，地方自治法改正（1956（昭和31）年）により，《特別型一般》として位置づけられた特別市制度は廃止され，それに代わって指定都市制度が創設された

のである。指定都市制度は，地方自治法上は，「第二編　普通地方公共団体」に「第十二章　大都市に関する特例」として位置づけられたように，《基本型特例》の大都市制度だと整理される。

　指定都市制度は，府県・大都市いずれの側からも妥協的で暫定的な制度だと受け止められたため，改革に向けてたびたび活発な議論が展開された。しかしながら，後述するように，都・特別区に関する制度とは対照的に，法制化以降比較的近年に至るまで大きな改革はなされないままであった。

3 都制度から都区制度へ

（1）都・特別区の関係の移り変わりと2000（平成12）年改革

　都制度は東京都制を継承して地方自治法では一般制度として規定され，他方，特別区制度は明治期以来の区制度を継承しつつ，地方自治法で新設された制度だといえる。以下にみるように，この都・特別区制度は，地方自治法で規定された条文のなかでも頻繁に比較的大きな法改正が重ねられた規定の1つである。ただし，それら法改正による制度改革は，いずれも，先に述べた《特別型一般》としての枠内であった。4度にわたる主要な改革により現行制度に至るまでの移り変わりを概観してみよう。

　まず，最初の大きな変化は，特別区の自治権が制約され，都が内部団体化したことである（1952（昭和27）年地方自治法改正）。

　当初，地方自治法により特別区は市相当の位置づけとされていたが，多くの事務権限は東京都に留保されていた。そのため，特別区は実質的な自治権限の拡充を求め，事務権能や財政権，人事権等の拡充を主張したことで，都区間での争いが激化するようになった。こうした事態に対して，戦後復興を円滑に進めるうえでも，大都市行政の簡素・能率化が強く要請されるとして，都と特別区の一体性の強化が重視され，特別区の自治権が大幅に制約されたのである。

　主要な改正点は，①特別区の事務が地方自治法上，10の事務に制限列挙されたこと，②特別区の区長の公選を廃止し，区議会が都知事の同意を得て選任する方式に改められたこと，③事務・財源に関する都区間および特別区間で調整上必要な措置を都条例で講ずることが義務づけられ，都知事の助言・勧告権限

が新設されたこと、④地方自治法施行令により都知事が都吏員を区事務処理のために配属するいわゆる都配属職員制度が設けられたこと、である。

それまで特別区は市並みの自治体とみなされてきたが、この法改正により、特別区は制限自治区として、都の内部団体的な位置づけとされた。1956年地方自治法改正では、道府県とともに都は広域の地方公共団体（広域自治体）と位置づけられるとともに、特別区の区域については、特別区ではなく都が基礎的な地方公共団体（基礎的自治体）とされたのである。その後、最高裁判所大法廷判決（1963（昭和38）年3月28日）で、法律上、特別区は地方公共団体とされているからといって、実態などから判断して、憲法上で地方自治が保障された地方公共団体とはいえないという考え方が示されたのも、こうした法改正の趣旨をふまえたことによるといえる。

ところが、1950年代後半から高度成長時代を迎え、1962年には東京は世界で初の人口1000万を抱える大都市となり、1964年にアジアで初のオリンピック大会を迎えようとするなかで、東京の大都市行政需要が膨張の一途をたどり、交通渋滞、水不足など大都市問題が激化した。他方、1952年地方自治法改正以来、たとえば、生活保護法に定める市長の権限に属する事務をはじめ、一般に市長の事務権限とされるものの多くは区長には認められず、都の事務に留保されていた。そのため、多くの市の事務までを抱え込んだ都政は、こうした喫緊の事態に対応しきれず麻痺状態に陥った。都政の混乱と停滞は著しく、当時の池田勇人首相に「東京都に都政なし」とガバナビリティの欠如が批判されたほどであった（塚田 2002）。

こうした事態もあって、都から特別区への事務移管が進められるようになった。1964（昭和39）年地方自治法改正は、①都から特別区への事務権限の移譲、②都区および特別区相互間の連絡調整を図るための都区協議会の設置、を内容とするものであった。

この改正で特別区の事務権限は大幅に増加し、また、都区双方の協議の場が法定化された。しかしながら、特別区の自治権は制限されたままであり、また、一部の市相当の事務権限は都に留保され、それらに関する市長権限は、特別区の存する地域を都の区域とみなして一括して都知事が担いつづけたことなどからも、特別区が都の内部団体的な性格であることに変わりはなかったので

51

ある。

　特別区がほぼ市相当の事務権限を有するようになるとともに，基礎的自治体相当の自治権を確保したのは，1974（昭和49）年地方自治法改正によってであった。

　法改正に至る経緯には，地方政治の多党化にともない，党派的対立が強まった特別区議会で区長選任ができなくなり，区長不在期間が長期化するなどの事態がいくつかの区でつづいたこと，こうした事態を打開するために公職選挙法によらない準公選制で区長を選任する動きが生じたことなどがあった。本改正で区長公選制が復活するとともに，都職員配属制度は廃止されるなど，特別区の自治権は大いに回復された。

　また，市に属する事務は原則として特別区の事務とされた。加えて，保健所設置市の事務も特別区に移管されるなど，法令上都が処理するとされた事務を除くと，一般市以上の事務権限を持つまでになったのである。

　しかしながら，特別区は地方自治法上の基礎的自治体と位置づけられたわけではなく，都が広域自治体であるとともに，特別区の存する区域の基礎的自治体でありつづけた。また，法令上では一般には市町村事務とされる，清掃，消防，上下水道，都市計画などの主要な事務が，引きつづき法令により都に留保されたのである。こうした点から，1974年法改正をもっても，特別区は都の内部的な団体としての性格を払拭しきれたわけではなかった。

　そのため，ただちに特別区側はさらなる改革に向けて活動を開始し，都側もこれに応じて都区間で協議を重ねた。都区間で合意した「都区制度改革の基本的方向」（1986（昭和61）年）から約15年，第22次地方制度調査会答申（1989（平成1）年）からも約10年をかけて到達したのが，1998（平成10）年地方自治法改正である。そのプロセスは，都区双方が合意を積み上げてきた「地域からの改革」と特徴づけられる点で画期的なものであった（大杉 2009a）。第1次地方分権改革における地方分権一括法による地方自治法改正（1999（平成11）年）とあわせて2000（平成12）年に施行されたことから，平成12年改革と呼ばれることがある。

　1998（平成10）年地方自治法改正は，大都市行政の一体性・統一性確保の要請に配慮しつつ，特別区の自主性・自律性を強化する方向で都区関係を見直す

ことをめざしたものであった。その主たる内容は，①特別区を基礎的自治体に位置づけたこと，②都区間の役割分担の原則を打ち出したこと，③都区財政調整制度を法定化したこと，④清掃事業の区移管等の事務移譲を行ったこと，とまとめられる。

1974年改正で実質的には市相当の基礎的自治体とみなされたが，地方自治法で特別区を基礎的自治体と明確に位置づけたのは，この平成12年改革においてであり，これにより（特別区を内部団体化した）都制度から（都と特別区が対等の関係となった）都区制度への転換が図られたといってよい。

(2) 現行都区制度の特徴

現在，都は東京都のみであり，東京都のみに23の特別区が，旧東京市の市域に相当する大都市地域にある。

23特別区間の面積・人口・予算にはかなりの差がある。市でいえば，特例で政令指定都市となった都市を上回る人口規模を有する世田谷区から，都心回帰により人口が回復しつつあるものの，唯一人口10万以下の千代田区まで，人口比では約16倍の開きがある。面積比でも最大の大田区と最小の台東区では約6倍の開きがある。

ところで，東京都は，23特別区のみではなく，多摩地区および島しょ部の26市・5町・8村を広域自治体として包括する。区部（特別区の存する区域）を除いた多摩・島しょ部だけでも，仮に1つの県とみなして全国都道府県と比較すると，上位10位に入るほどの人口規模がある。

東京都とこれら多摩・島しょ部の市町村との関係は，一般の道府県・市町村の関係と同じ，《基本型一般》である。ただし，制度運用面では，一般の道府県・市町村の関係とは大きく異なる。たとえば，市町村事務である消防事務については1市を除き多摩地域の市町村は東京消防庁に委託しており，同様に上水道事務についても，3市1町を除き多摩地域の水道事業は東京都水道局によるなど，実態として役割分担が都と特別区との関係と近似している。また，市の特例である中核市には人口約58万の八王子市が2016年に移行したのみである。このことからも，隣接する県（埼玉県〔指定都市1市，中核市1市（旧特例市6市）〕・千葉県〔指定都市1市，中核市2市〕・神奈川県〔指定都市3市，中核市1市（旧

特例市5市)｝）などに比べて，都の担う役割が非常に大きいことがうかがわれる。

　都区間関係は一般の都道府県・市町村関係とは異なる役割分担となっていたが，1998年地方自治法改正でその原則が明確に定められた。都は，特別区の存する区域において特別区を包括する広域自治体であると新たに規定されたうえで，都が処理する事務は，「❶都道府県一般の事務」，「❷特別区に関する連絡調整事務」，「❸市町村事務のうち『人口が高度に集中する大都市地域における行政の一体性及び統一性の確保の観点から当該区域を通じて都が一体的に処理することが必要であると認められる事務』」とされる。現在，法定された「都が行う大都市事務」には，①都市計画決定（都市計画法），②上水道の設置・管理（水道法），③下水道の設置・管理（下水道法），④感染症の予防・まん延防止（感染症予防及び感染症の患者に対する医療に関する法律），⑤消防に関する事務（消防組織法），がある。他方，特別区の処理する事務は，都の事務とされた❸を除いた市町村事務である。

　このように都区の役割分担の原則は定められたものの，大都市行政の一体性・統一性の確保の観点から，都が一体的に処理する必要がある事務とは何か，は必ずしも明確ではない。当事者である都および特別区はこれを「都が行う大都市事務」と呼ぶが，それに対する認識は両者で隔たりがある。とくに共管競合事務など具体的な事務をめぐってどのように区分すべきかは，次に述べる都区財政調整制度の財源配分と連動することから，両者間で厳しい協議が進められているのが現状である。

　都区財政調整制度は都区制度を特徴づける固有の仕組みである（図2-1）。都は，財源の均衡化を，都・特別区間（垂直調整），特別区相互間（水平調整）それぞれで図り，特別区行政の自主的・計画的運営を確保することを目的として，特別区財政調整交付金（以下，財調交付金）を交付するという仕組みである。

　財調交付金は，市町村民税法人分・固定資産税・特別土地保有税（ただし，2003年度より新規課税は停止）といういわゆる調整三税を調整財源とし，その収入額の一定割合の額が都から特別区に交付される。都区財調は，国が行う地方交付税制度と算定方法等が類似した仕組みであり，都区財調はこれまでしばしば制度変更等を重ねてきたが，1998年法改正で法定化された。

第 2 章　大都市制度──都市の役割は何か？

図 2-1　都区財政調整制度の概要

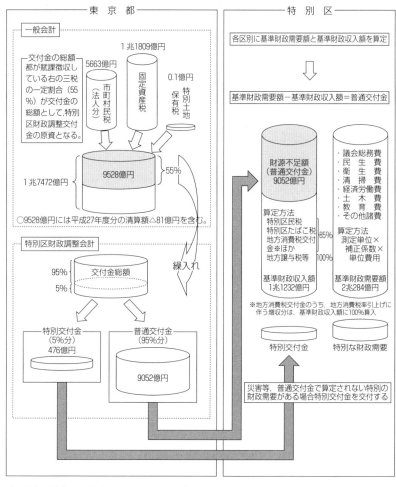

注：図中の数値は平成29年度フレームにもとづく。フレームとは，都区財政調整方針にもとづく算定見込額。なお，端数の調整により合計が合わない場合がある。
出所：特別区長会ウェブサイト（http://www.tokyo23city-kuchokai.jp/seido/gaiyo_7.html）。

　一般の都道府県・市町村関係には見当たらない都区財調が設けられているのは，第1に，都区間には一般の都道府県・市町村のあいだとは異なる事務配分の特例があり，都が一般的には市が処理する事務の一部を処理していること，

55

第2に，その場合，事務に要する経費に充当するため，市町村税源をもとに都と特別区とのあいだの財源配分を行う必要があること，第3に，税目によって，市町村税源を都区間で分けきることとすること，特別区間で極端な税源偏在を生ずること，そして第4に，特別区間で税源偏在が著しい税目を都区間の財源配分に用いるとともに，その税源により財政力の異なる特別区間の財源調整を行うことが適当であること，などが指摘される。

（3）ポスト平成12年改革の都区制度論議

　地方自治法改正が実現し，特別区を基礎的自治体として位置づけた新たな都区制度が2000年からスタートしたものの，いくつかの重要な点で都と特別区のあいだで見解の一致をみないままであった点で，見切り発車といわざるをえなかったことが指摘される。

　最も重要な争点は，法定化された都区財調についてであった。制度そのものは地方自治法で法定化されたが，配分方法をはじめとするその運用は当事者である都区間の協議によって決定されることになっており，両者の見解に大きな隔たりがあったため，都区間の協議は並行線をたどったのである。

　ところが，「東京富裕論」などのいわゆる東京バッシングが高まり，「東京ねらい撃ち」ともいえる税制改正が国により行われるようになり，また，道州制論議が盛んになると，たとえば，道州制の区割り構想で，東京都のみ，あるいは，特別区の存する区域のみを単独の州とする考え方が提示されるようになると，都区間で「コップのなかの争い」をしていてよいのかが問題提起され，都区制度，そして東京全体の将来をより広い視点から考えるべきだと指摘されるようになった。

4 多様化する指定都市

（1）指定都市制度の適用拡大

　指定都市は，人口50万以上の市を対象に政令により指定される。現在，政令指定都市は20市あり，全国民の2割余りが政令指定都市の市民である。

　1956年に廃止された特別市制度を受けて創設されたことから，当初，指定都

市として想定された都市は，旧五大市であった。しかし，その後の運用では，人口のみで形式的に判断するのではなく，人口以外の規模や行財政能力等がすでにある指定都市と同等の実態があるとみられる場合に指定されるようになった（松本 2015）。

人口規模のみに着目してみると，指定都市移行時の旧五大市の人口規模は，最小の神戸市が98万人であったのを除けば，いずれも100万人を超えていた。1963（昭和38）年に合併により人口100万人を超えた北九州市が旧五大市に続いて指定都市に移行するなど，以降，法定の50万人を大きく上回る人口100万人程度が，指定都市移行の目安となってきた。

2000年代に入り平成の市町村合併が推進されるようになると，合併市については人口70万程度を目安として政令指定する，特例的な運用が行われるようになった。その結果，指定都市は急膨張したのである。

（2）指定都市制度の特例

指定都市制度は一般の市に比べて次のような特例制度が政令により設けられている。

第1に，事務配分特例である。1956年法改正当初，児童福祉，生活保護，都市計画など16の都道府県事務の全部または一部，その管理・執行の権限が指定都市に移管された（現在は19事務）。

この他にも，近年の地方分権改革の取り組みの一環として，一括法によって都道府県から指定都市に段階的に事務権限が移譲されている。

第2に，関与の特例である。戦前来，大都市は国と府県による二重監督の弊害を訴えてきたが，指定都市制度では，都道府県による指定都市への関与の緩和が図られた。すなわち，指定都市が事務処理するにあたっては，法令の定めにより都道府県知事等の許可・認可・承認その他の処分，改善・停止・制限・禁止その他これらに類する指示，その他の命令を受けるとされる事項については，適用外とするか，それらに代えて主務大臣によるとされている。

生活保護に関する事務を例にみると，市に適用される都道府県知事の事務の監査等に関する規定（生活保護法第23条第1項および第2項），保護施設についての都道府県知事の報告の命令等に関する規定（同法第44条第1項および第48条第

3項)が適用外とされ，また，保護施設の設備・運営の改善，事業の停止および保護施設の廃止についての都道府県知事の命令（同法第45条第1項）は都道府県知事の命令に代えて厚生労働大臣の命令を受けるとされている。

　第3に，行政組織上の特例である。指定都市は，市長の事務権限を分掌させるために，条例で区を設置できる。区役所には区長と会計管理者を1名ずつ，市長の補助機関である職員から市長が任命することとされ，また，選挙管理委員会が設置される。

　2014年地方自治法改正では，現行の区に代えて総合区を設け，議会の同意を得て選任される総合区長を置くことができる仕組みが創設された。指定都市の区は，「都の区」（議会議員，区長（現在）ともに公選）とも，旧特別市の「行政区」（区長公選）とも異なるが，総合区は従来の区に比べて民主的統制の効いた仕組みである点に特徴がある。

　また，近年では，住民参加に積極的に取り組む動向がみられる。指定都市制度では，条例で区ごとに区地域協議会を置くことや，区の区域を分けて地域自治区を設けられるほか，総合区が執行する事務として，総合区の区域に住所を有する者（総合区住民）の意見を反映させて総合区の区域のまちづくりを推進する事務，総合区住民相互間の交流を促進するための事務などが地方自治法に明記されるなど，住民参加や都市内分権の考え方が制度面でも積極的に取り入れられた。

　他方，運用面をみると，指定都市ごとに区のあり方が大きく異なる実態がうかがわれる。区長の職制上の位置づけや委任事務の範囲，区役所の管轄区域の規模などから区分して，「大区役所制」「小区役所制」という慣用的な呼び方がある。必ずしも客観的な基準があるわけではないが，たとえば，横浜市のように区長ポストが重視され，その委任事務の範囲も広く，職員数も多く配置されているのは典型的な「大区役所制」といえるのに対して，旧五大市であっても大阪市は「小区役所制」といえる。平成の合併で指定都市となった新潟市と浜松市では，地方自治法にもとづく区地域協議会が設置されているが，その他多くの指定都市で何らかの区単位での住民参加のための協議組織が設けられるようになっており，指定都市における都市内分権は充実強化の傾向にある。

　さて，最後に，税財政上の特例である。地方税法上の特例のほか，地方交付

税の基準財政需要額の算定で大都市需要が加味される特例，起債に際して都道府県並みの扱いとされる特例，宝くじ収益金を財源にできる特例，道路特定財源等の財源付与などがある。

　その一方で，指定都市の市長で構成される指定都市市長会は，真の分権型社会の実現のための国・地方間の税源配分の是正を図るべきだとするほか，大都市特有の財政需要に対応した都市税源の拡充強化や事務配分の特例に対応した大都市特例税制の創設などを重点要望事項として政府に対応を求めている。

(3) 指定都市制度をめぐる改革論議の活発化

　指定都市制度はその発足から大きな制度変更を経ないまま現在に至るあいだにその適用対象は20市にまで膨張し，人口規模でみても，最大の横浜市約370万人強から最小の静岡市約70万人弱と大きな開きがみられる。たとえば，都市の中枢性などの指標を加味した，「大規模中枢型」「中枢型」「副都心型」「国土縮図型」の分類にもうかがわれるように（図2-2），指定都市は，かなり異なる実態を持つ都市の一団だといってよい。

　指定都市制度発足以来，指定都市は府県からより自律性を高める自治権拡充に向けた運動を展開してきたが，21世紀に入るとその様相は大きく変化した。道州制論議が盛り上がりをみせた際には，横浜市・大阪市・名古屋市の三市が共同で「都市州」の設置を提言したこともあったが，その後，注目されたのは，「都」構想と「特別自治市」構想である。

　「都」構想の代表例は，当時大阪府知事であった橋下徹が代表を務めていた地域政党である大阪維新の会が掲げたいわゆる「大阪都」構想である（朝日新聞大阪社会部 2015）。この構想は，二重行政を解消するために，大阪府と大阪市を統合して都を設けるとともに，大阪市（当初その隣接市を含む）を解体し，中核市相当の新たな特別自治区を設置する内容であった。大阪市解体と大阪都への権限集中を集権的ととらえるのか，大阪市よりも住民に身近な単位に新たな特別自治区を設置することを分権的ととらえるのかで，識者によっても議論が大きく分かれた。いずれにしても，「大阪都」構想は《特別型特例》である大都市地域における特別区の設置に関する法律の成立の直接的なきっかけとなった点で特筆される。

図2-2 中枢性・規模でみた指定都市の分類

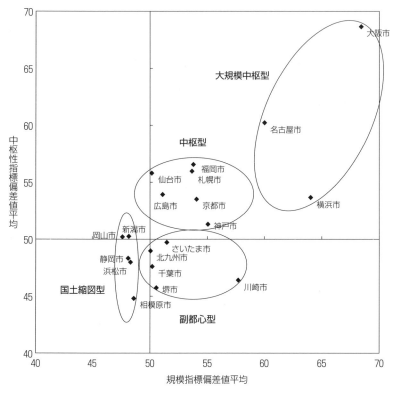

出所:"大都市"にふさわしい行財政制度のあり方についての懇話会「"大都市"にふさわしい行財政制度のあり方についての報告書」2009年3月, 8頁。

2015年5月17日,大阪市で行われた住民投票では,わずか1ポイントに満たない小差で反対多数となり,大阪都構想は一旦廃案となった。しかし,その後大阪都構想は再び提起され,地方自治法改正で新たに導入された総合区の実現をめざす勢力とのあいだで大都市大阪のあり方をめぐり政治的な争点となっている。

「特別自治市」構想は,広域自治体と同等の「特別自治市」(仮称)の創設を指定都市市長会が提案したものである(指定都市市長会「新たな大都市制度の創設に関する指定都市の提案(2010年5月)」)。すなわち,指定都市制度という《基本

型特例》から，かつて地方自治法で規定されていた特別市と同類型に属する《特別型一般》への変換をめざす構想だといえる。ただし，横浜市のように，府県から独立に近いかたちでの「特別自治市」構想を強力に推進する都市もあれば，誕生間もない指定都市ではまずは指定都市としての体制整備を優先させたいと考える都市もあり，また，大阪市のように都構想にコミットする都市もあるなど，指定都市間で対応に温度差があることは否めず，「特別自治市」構想が指定都市共通のめざすべき目標であるわけではない。

　政府の第30次地方制度調査会でも，「特別自治市」構想に相当する「特別市（仮称）」について，区における住民代表機能の強化や警察事務が分割されることにともなう組織犯罪等の広域犯罪への対応の懸念などの具体的な検討課題が指摘されている。また，当面の対応として，都道府県から指定都市への事務および税財源の移譲を可能な限り進めることで，「実質的に特別市（仮称）に近づけることをめざす」とし，急激な改革を避ける考えが示されており，すでに述べたとおり，こうした方針に即した法改正が近年段階的に実施されている。

5 人口減少時代における大都市の役割と展望

　本格的な人口減少，少子高齢社会を迎えたなかで，都市，なかでも大都市のあり方はあらためて問われている。

　直近の四半世紀にわたる地方分権改革期についていえば，過去の積み残し課題として都区制度改革が行われたことを除けば，大都市制度改革はつねに「最後尾に回されてきた改革課題」（大杉 2009b）であった。「都」構想や「特別自治市」構想が提起されたことで，半世紀ぶりに大都市制度が地方制度改革の表舞台に登場し，しかも，「仕切られた大都市制度」（大杉 2011）として交わることなく並存してきた都区制度と指定都市制度とが改革論議のなかでクロスされたことは，大都市制度の歴史にとっては画期的な意義が認められる（大杉 2016a）。

　その一方で，第1に，大都市の「かたち」を決める制度が大都市の市民にとってどのような意義を持つのかという視点は忘れられてはならないだろう。たとえば，子育てや高齢者問題をはじめ生活に密着した課題から，産業・観光など

大都市経営に関わる課題まで，それぞれの大都市の特性や地域の実情を活かしながらその直面する課題に適切に対応できているかが問われる。

　第2に，大都市が先導的な取り組みを展開するうえで，他自治体と連携・交流し，プラスアルファの効果を生みだすような役割を果たしているかという視点も重要である。道路・鉄道などの公共交通ネットワークや高度専門的な医療機関をはじめとして大都市を中心に集積された社会・文化的機能は近隣地域にとっても重要な役割を果たしている。新たな広域連携の仕組みが推進されるなかで，連携中枢都市圏の仕組みを活用するなど，圏域づくりで中枢的な役割を果たすことが大都市に期待されるだろう。

　近年では東日本大震災の復旧・復興過程での自治体間支援・受援関係を契機として，防災はもちろん，観光・教育・地域づくりなどより広い分野にわたり遠隔型自治体間連携が活発化してきた。なかでも東京23特別区で構成される特別区長会が全国各地の市長会や町村会と協定を締結し，地方創生のプロジェクトに連携・協力する活動等を多角的に展開している点は注目される（大杉 2017）。近隣型の広域連携のみならず，遠隔型自治体間連携で大都市が果たす役割に大きな期待が寄せられよう。

　また，指定都市についていえば，二重行政などの課題で関係性が問われる道府県との連携・協力も重要である。2014年地方自治法改正では，指定都市とその所在する都道府県（包括都道府県）との協議の場である指定都市都道府県調整会議が法定された。同会議は協議の調整のために必要と認めるときは総務大臣の勧告を求めることができる仕組みとなっている。こうした公式的な協議の場を含めて，指定都市と道府県とのあいだで密なコミュニケーションを図ることが今後より求められる。

　第3に，大都市でのローカル・デモクラシーという視点である（大杉 2016a）。たとえば，フランスでは「2002年身近な民主主義に関する法律」で都市自治体に地区評議会の設置が義務づけられ，パリ市・リヨン市・マルセイユ市の3大都市では区議会のもとに地区評議会が創設された例や，イギリスで2007年地方政府法改正まで禁止されていたロンドンでパリッシュが設置された例などにうかがえるように，大都市でのローカル・デモクラシーの拡充は世界共通の課題である。規模の大きさゆえに困難をともなうこの視点を意識し，ど

れだけ大都市がコミットし成果を得られるかは，文字どおり日本の市民自治の質量の拡充に直結する取り組みだといえよう。

📖 文献案内

① 大森彌監修，公益財団法人特別区協議会編，2010，『東京23区　自治権拡充運動と「首都行政制度の構想」』日本評論社．
② 北村亘，2013，『政令指定都市』中央公論新社．
③ 塚田博康，2002，『東京都の肖像』都政新報社．

［参考文献］
朝日新聞大阪社会部，2015，『ルポ　橋下徹』朝日新聞出版．
大杉覚，2009a，「都区制度改革と大都市東京」『都市問題研究』61（4）：46-60．
大杉覚，2009b，「分権一括法以降の分権改革の見取り図と今後の展望」『都市問題』100（8）：56-63．
大杉覚，2011，「大都市制度をめぐる改革論議の課題と展望」『地方自治』761：2-23．
大杉覚，2016a，「都市内分権と大都市ガバナンスの構想」『季刊行政管理研究』153：4-15．
大杉覚，2016b，「人口減少時代における地方創生と『都市と地方』」『都市社会研究』8：1-18．
大杉覚講演録，公益財団法人特別区協議会編，2017，『自治体間連携の可能性を探る』学陽書房．
スミス，P. D., 2013，中島由華訳『都市の誕生』河出書房新社．
西尾勝，1977，「過疎と過密の政治行政」日本政治学会編『年報政治学　55年体制の形成と崩壊』岩波書店，193-258．
松本英昭，2015，『要説地方自治法　第八次改訂版』ぎょうせい．

【大杉覚】

第3章　自治体の統治制度
――仕組みと運用

　わが国の地方自治体には，議決機関である民主的議会と執行機関としての長および行政委員会が規定されており，長と議会はそれぞれ住民の直接選挙で選ばれる二元代表制をとっている。地方自治体の組織機関の構造の特徴は，首長制と執行機関の多元主義であり，こうした組織構造の特徴は，全国のあらゆる規模の自治体の組織機関において画一的な制度として要請されている。
　長と議会は，ともにそれぞれ独立の立場において相互に牽制し，その均衡と調和によって地方自治の公正・適切な運営を実現しようとするもので，両者は制度上チェック・アンド・バランスの関係性が求められている。長は広範な権限を有するが，長の補助組織である内部組織については近年その編成などにおいて各自治体が自主性を発揮し，多様な組織づくりが模索されている。

1　自治体の組織機関の特徴

　わが国の地方自治体には，議決機関である議会と，そこで決定された意思にもとづいて事務を管理・執行する執行機関としての長および行政委員会が置かれている。これら地方自治体の組織機関の構造の特徴として，憲法に定める首長制（憲法93条）と，地方自治法上の原則である執行機関の多元主義（自治法138条の2以下）の2点があげられる。

（1）首長制
　憲法93条では，地方自治体の組織構成について一定の枠を設定し，直接公選による議事機関としての議会と長（その他の吏員）を置くこととしている。これにもとづき，自治体の長として，都道府県には知事が，市町村には市町村長が置かれるが（自治法139条），これらの長は住民が直接選挙によって選ぶもの

とされている（憲法93条Ⅱ，自治法17条）。

　地方自治体の組織が首長制を採用している理由としては，①議会の議員と長のいずれも直接公選であることにより住民の意思が直接反映され，民主的な政治・行政が実現できること，②議会と長がそれぞれ独立の立場において相互に牽制し，均衡と調和の関係を保持することで公正かつ円滑な自治の運営が図れること，③長を議会から独立させて一定期間の任期を保障することにより，計画的かつ効率的な行政運営が実現できることなどがあげられる（松本 2015）。国が議院内閣制を採用していることに比べれば，より一層直接的な民主的正統性を与えられているともいえる（藤田 2005）。

(2) 執行機関の多元主義

　首長制が憲法上の要請であるのに対し，執行機関の多元主義は地方自治法上の原則である。地方自治体の執行機関は，公選の長と，教育委員会，人事委員会などの行政委員会型の委員会および委員から構成される。それぞれの執行機関は独立した権限を持ち，自らの判断と責任において，それぞれの事務を誠実に管理，執行する義務を負うものとされている（自治法138条の2）。こうした執行機関の多元主義は，執行権限を分散させ，1つの機関への権限集中を避けることで，公正・妥当かつ民主的な行政執行の確保をねらいとしたものである。

　しかし，この仕組みは各執行機関がまったく同列に並立していることを意味するものではない。長の所轄の下に系統的に構成され，相互に連絡を図り，すべて一体として行政機能を発揮するようにしなければならない（自治法138条の3Ⅰ，Ⅱ）。また，長は，当該自治体の執行機関相互のあいだにその権限につき疑義が生じたときは，これを調整するように努めなければならない（自治法138条の3Ⅲ）。これは，行政の一体性や総合性の確保を図るために，これら執行機関全体の総合調整権が長に認められていることを表している。ただし，各執行機関はそれぞれ分立し，当該自治体の機能としての各事務を担当していることから，ここでいう一体性とは，各執行機関の事務の管理・執行が全体としての調和をもってその効果が発揮されているようにしなければならないという意味である。

　長以外の執行機関が特定事務のみを処理するのに対して，長は包括的な事務

処理権限を有しており，組織，予算，公有財産管理などを通じて，長が委員会および委員を間接的に統轄できるようになっている。すなわち予算の調製・執行，議案の提出，地方税の賦課・徴収，分担金・加入金の徴収，過料を科すこと，決算を議会の認定に付するといった権限については，委員会または委員の所管事項であっても，これを長の権限としている（自治法180条の6）。議会の権限が限定列挙的であることと対比すれば，地方自治体の長の権限の比重の大きさは明らかであるといえる（塩野 2001）。

　一方で，こうした多元主義は自治体における総合行政の妨げになるおそれがあることや，責任の所在が不明確になるという問題点も指摘されている（松本 2015）。たとえば教育委員会については，従前の制度は「責任者が，教育長なのか，教育委員長なのか，合議制の教育委員会なのか，責任の所在が不明確となっている」（中央教育審議会）と指摘されていたことから，地方公共団体における教育行政の責任体制を明確にするため，新しい教育委員会の組織および役割などが2013年12月，中教審によって答申された。その議論の結果として，2014年4月には地方教育行政の組織および運営に関する法律の改正案が成立している。本改正法の主な内容としては，従来の教育委員会の委員長と教育長を一本化した新たな責任者である常勤の教育長を置くこととされた。この新教育長は会務を総理し，教育委員会を代表するものであり，同委員会は教育長および4人の委員をもって組織するとされている。

　今般の改正は，教育委員会内の責任者を明らかにするという方向であったが，それと同時に首長に対して，教育に関する大綱策定権，教育委員会との調整・協議を図る総合教育会議の設置と招集に関する権限が付与されたことから，首長による教育行政への関与が強まったとして，地方教育行政についての政治的中立性を損なうおそれがあるとの批判もある（日弁連 2014）。各執行機関の独立性および多元主義と，自治体行政としての一体性確保については両立が難しい側面もあるといえるが，首長のリーダーシップの名のもとに総合行政が行われるとしても，他方では長の権限の濫用を防止する仕組みが必須であると考えられる。

（3）自治組織権の制約と組織の画一性

　憲法92条には「地方公共団体の組織及び運営に関する事項は，地方自治の本旨に基いて，法律でこれを定める」とあり，また憲法93条では，先にみたように，自治体に住民の直接公選にもとづく民主的議会および執行機関が規定されている。これにもとづき，全国のあらゆる規模の自治体の組織機関において，上述した首長制および執行機関の多元主義という原理のもとに統一的な制度が求められている。地方自治法では，この規定にもとづき，地方自治体の自治組織権のもとに，支庁および地方事務所，支所または出張所，行政機関の設置，補助機関としての局・部，分課，分掌事務，職員の定数など一定の範囲について条例で決定することを認めている。しかし，基本的な枠組みは法定されているため，各自治体がまったく独自の制度とすることはできない。

　こうした組織機関の画一性についての要請は，都道府県と市町村など規模の面でも格差の大きい自治体に対し一律に強制しているものと読み取れることから，憲法94条に規定される，地方自治体が有する権能としての自治組織権を制限するものとしての批判もある（塩野 2001；近藤 2004）。塩野は，類似した制度はアメリカなどにもみられるものの，それは憲法上，一律なかたちでこの仕組みが強制されているわけではなく，これ以外の組織構成原理に立つ地方自治体も存在することを指摘している。これに対し，わが国の憲法は文言上はなはだ「固い」制度となっているとし，その理由として，憲法制定当時の状況から，わが国において地方自治体レベルでの民主主義の定着を図るため，地方自治の確保よりも全国一律的な仕組みが優先されたと分析している。

　なお，地方自治法94条および95条では，町村においては議会に代え，選挙権を有する者の町村総会を条例で置くことが認められている。これは，組織の画一性を要請している憲法93条の例外ではなく，あくまでも「普通地方公共団体に議会を置く」とする地方自治法89条の例外としてとらえるべきである。したがって，町村総会も直接民主制による議事機関となるが，この町村総会について，近年自治体の人口減少および高齢化，議員の担い手不足などにより議会の維持が困難であるとして，検討を始める自治体も出てきている。

2 自治体の長の地位と権限

(1) 長の地位

　自治体の長は，住民による直接選挙によって選任される独任制の機関であり，特別職に属する地方公務員である。長の任期は4年であり，都道府県知事の場合は年齢満30歳以上の者，市町村長の場合は年齢満25歳以上の者について被選挙権がある。議会の議員と異なって，被選挙権の要件として当該自治体の住民である必要はない。

　選出された長は，衆議院議員または参議院議員，地方自治体の議会の議員ならびに常勤の職員等を兼ねることができない（自治法141条）。また，選挙管理委員や監査委員とも兼ねることはできない。さらに，長は，地方自治体に対し請負をする者およびその支配人または主として同一の行為をする法人の無限責任社員，取締役，執行役もしくは監査役などになることができない（自治法142条）。ただし，当該自治体が出資している法人であって政令で定めるものについては，この規定は適用除外とされる。具体的には，自治体が資本金等を2分の1以上出資している第三セクター等の取締役などは兼ねることができる。

　この兼業禁止規定に該当した場合または被選挙権を失った場合や，自らの意思で辞任した場合，議会で不信任議決を受けた場合，住民の直接請求により解散請求（リコール）が成立した場合には，長は任期途中であってもその地位を失う。

　なお，現行の地方自治法制定前，つまり明治期からの旧制度における長の設置に関する沿革からみれば，府県知事の身分は天皇の官吏であり，国の行政機関でもあった。1886（明治19）年7月公布の地方官官制において，知事は国の機関たる普通地方行政官庁として設置されると同時に，一定の行政区画を基礎とする自治団体たる府県の執行機関としての性格も有していた。知事が国の機関としてみなされていたことは，戦後も続いた機関委任事務遂行の考え方に引き継がれ，その流れは，地方分権一括法施行により同事務が廃止となった2000年まで連綿として受け継がれてきたということができる。

(2) 長の権限

①統轄・代表権： 長は，当該自治体を統轄し，これを代表するものである。ここでいう「統轄」とは，地方自治体の事務全般について，その長が総合的に調整し，相互に齟齬のないよう取り計らうことを意味する（今村・辻山編 2004）。長は他の執行機関，議会および住民のすべてを含めて，その自治体の事務について中心的位置にあって1つにまとめ，その最終的な一体性を保持する（松本 2015）とされるが，この統轄の権限については，長に具体的な管理・執行の権限を定めたものではなく，長は人事・予算の調製・執行，条例の提案等を通じてある程度自治体の総合的一体性を確保しうるにすぎないとする見方もある（杉村・室井編 1979）。

また，「代表」とは，外部に対しては，長が行った行為が法律上ただちにその自治体の行為となる権限を意味する。ただし，この長の代表権は，具体的には個別の規定にその根拠を持つものであり，自治体事務全般にわたって無条件に認められているわけではない。加えて，地方自治法には長の代表権のみが文言として規定されているが，このことは，議会や他の執行機関など長以外の一切のものに代表権がないということを示しているものではない。議会や各執行機関はそれぞれ所管の事務を持ち，それらについて明確な権限と誠実に管理し執行する義務を負っているため，例えば選挙事務については選挙管理委員会が，教育行政については教育委員会がそれぞれ当該自治体を代表することになる。

②事務の管理および執行権： 長は，当該自治体の事務について，包括的に管理執行権限を有する（自治法148条）。長の個別の担任事務は地方自治法149条において概括列挙されているが，このことは，長の担任する事務が広範であって，掲げられている事務がそのすべてではないということを表している。

地方自治法149条各号に定めのある長の担任事務は，議会に対する議案提出，予算調製および執行，地方税の賦課徴収，分担金・使用料・加入金等の徴収および過料を科すこと，会計の監督，財産の取得・管理および廃止，証書および公文書類の保管，その他当該地方公共団体の事務を執行することなどである。

③規則制定権： 長は，法令に違反しない限りにおいて，その権限に属する

事務に関して規則を制定することができる。また，その規則に違反した者に対し過料を科する規定を設けることができる（自治法15条）。委員会の定める規則その他の規定は，長の規則に違反することはできない。

　④その他：　上記のほか，補助機関である副知事または副市町村長，会計管理者，出納員その他の会計職員，職員等の任免権（自治法162，168条等），職員の指揮監督権（自治法154条），事務組織権（自治法155，156条），所管行政庁の処分の取消および停止権（自治法154条の2），公共的団体等の監督権（自治法157条Ⅰ）など，長は多くの権限を有している。

3 長と議会の関係

　先にみたように，憲法93条に規定される首長制にもとづいて，わが国の地方自治体では長と議会がそれぞれ住民の直接選挙で選ばれる二元代表制をとっている。長と議会は，ともにそれぞれ独立の立場において相互に牽制し，その均衡と調和によって地方自治の公正・適切かつ円滑な運営を実現しようとするものである。しかし，両者のあいだでいずれか一方がその権限の範囲を超えて活動したり，意見の対立が生じたりする場合が想定されることから，その際の調整方法について地方自治法に規定されている。したがって，両者は制度上，チェック・アンド・バランスの関係性が求められているといえる。

(1) 再議（または再選挙）に関する制度

　これは，議会が議決（または選挙）した事項について，長が再度の議決（または選挙）を求めることができる制度である。

　①一般的拒否権：　長が議会の議決について異議がある場合，自治法に特別の定めのあるものを除くほか，その議決の日から10日以内に理由を示して再議に付することができる（自治法176条）。2012年の自治法改正以前においては，長がこの付再議権を行使できるのは条例の制定・改廃または予算に関する議決に対してだけであったが，改正によって，議会のすべての議決について対象とすることとなった。再議に付された議決は，その議決の時に遡って効力を失う。

この再議に付されたとき，議会がさらに同一内容の議決をした場合には，その議決は確定するが，条例の制定もしくは改廃または予算に関するものについては，出席議員の3分の2以上の同意がなければならない(自治法176条Ⅱ，Ⅲ)。

②特別的拒否権： 議会の議決または選挙がその権限を超え，または法令もしくは会議規則に違反すると認められる場合は，長は理由を示してこれを再議に付しまたは再選挙を行わなければならない（自治法176条Ⅳ）。これは①の一般的拒否権において除外された，自治法に特別の定めがある場合に該当し，長の付再議権の行使が義務づけられている。

権限を超えるというのは，議会の権限外の事項について議決したり，権限内であってもその行使について限定がある場合に，その限定に反して行った場合である。また，法令もしくは会議規則に違反するというのは，議決の内容が違法である場合，議決または選挙の手続・要件に瑕疵がある場合など，権限を超える場合以外のあらゆる違法な場合を指すと考えられている（今村・辻山編2004）。

(2) 長の不信任に関する制度

自治体の長と議会の議員は，どちらも住民の直接選挙で選任され，それぞれ独立性を保ちながら相互に牽制し合い，その均衡と調和によって自治体が運営されるべきものとされている。しかし，両者のあいだに対立が生じ，その解決が難しい場合には，議会は長に対する不信任議決権により長を失職させることができる。一方，長にはこれに対抗する手段として議会解散権を認め，選挙を通して住民の判断に委ねることができる。

議会におけるこうした不信任議決権とは，もともと議院内閣制において発達してきたものである。なぜなら長が議会において選出され，議会に対して責任を負う執行機関であれば，その選出基盤である議会が長を不信任とすることはきわめて妥当であるからである。しかし，わが国においては長と議会はともに住民による直接選挙によって選出されているのであるから，長と議会とのあいだにどのような対立が生じようとも，本来は議会には長の責任を問う資格はないはずである（大山 2002）。ゆえに，このような仕組みは，首長制に議院内閣制の要素が加えられた折衷的な制度であるといえる。

長に対する不信任議決は，議員数の3分の2以上の者が出席し，その4分の3以上の者の同意を必要とする，いわゆる特別多数決による。これは，不信任議決の結果として議会の解散または長の失職をもたらすものであり，その重要性にかんがみて慎重を期するためである。

　議会において長の不信任議決が行われた場合には，議長はただちにその旨を長に通知しなければならず，この場合，長はこの通知を受理した日から10日以内に議会を解散することができる。もしくは，議会を解散しない場合には，10日の期間が経過した日において，長はその職を失う。議会を解散し，選挙を経て初めて招集された議会において再度不信任の議決があった場合には，長はその通知があった日においてその職を失う。この場合の議決については，議員数の3分の2以上の者が出席し，出席議員の過半数の者の同意がなければならない。

　このように，わが国の自治体における長と議会の関係性は首長制（大統領制）の構造を基礎としつつ，そこに議院内閣制的な要素を加えたものとなっており，純粋な大統領制とは異なるものである。最も異なる点としては，長は条例案その他議案を議会に提出することができるなど，長に政策実現のための権限が与えられている点である。議員にも議案提出権はあるものの，議員定数の要件があるため，単独で議案を提出することは実際には困難である。加えて，長には予算提出権，専決処分権もあることから，結果として議会よりも長のほうが優位的であるということができる。

　しかし，近年，この長の優位性を恣意的に運用する事例が発生したことから，2012年には地方自治法の改正が行われた。この改正における，長と議会の関係性にかかる部分の要旨としては，議長等の臨時会の招集請求に対して長が招集しないときは，議長に臨時会の招集権限を与えたこと，長の専決処分について副知事・副市町村長の選任を対象から除外したこと，条例・予算の専決処分について議会が不承認としたときは，長は必要と認める措置を講じ，議会に報告しなければならないこと等である。

4 長の補助機関と補助組織

　これまでみてきたように，地方自治体の長は多くの権限を有しているが，その権限に属する事務を単独で行うことは不可能である。したがって，長の権限に属する事務を管理執行するにあたっては，これを補助する機関が必要となる。これが長の補助機関であり，原則として副知事または副市町村長，会計管理者，出納員その他の会計職員，職員を置くことが地方自治法に規定されている。また，常設または臨時の専門員を置くこともできる。2014年の地方自治法改正により，指定都市の総合区長，事務所またはその出張所の職員も長の補助機関とされた。補助機関は長の内部的な機関であるため，権限の委任または代理の場合以外は，当該自治体の意思を決定し，外部に表示する権限を有するものではない。

(1) 副知事または副市町村長

　副知事および副市町村長の定数は条例で定めるが，条例によって置かないとすることもできる。任期は4年であり，長と同様に特別職の地方公務員である。ただし，長は，任期中においても副知事または副市町村長を解職することができるとともに，住民からも解職請求を行うことが可能である。

　長は，当該自治体の内外から自由に副知事または副市町村長を登用できるが，選任にあたっては議会の過半数の同意が必要である。したがって，地方議会において与党が少数の場合に同意が得られず，結果的に副知事または副市町村長の職が空席となって自治体の行政執行に支障をきたす場合も見受けられる。とはいえ，長の代理として職務を行うこれらの職が長のみによって選任されることは不適当であるとの趣旨から，2012年の地方自治法改正により，副知事および副市町村長の選任については長の専決処分の対象から除外された。

　副知事または副市町村長が任期中に退職しようとするときは，退職しようとする日の20日前までに，長に申し出なければならない。ただし，長の承認を得た場合は，その期日前に退職することができる。

　副知事および副市町村長の職務権限は，長を補佐すること，長の補助機関た

る職員の担任する事務を監督すること，長の職務を代理すること，長の委任を受け執行することである（自治法167条）。補佐の方法としては，内部的な補佐に加え，長の命を受けて政策および企画をつかさどることもできるほか，長を補佐する範疇で長の職務を臨時に代理することも含まれる。

（2）長の補助組織

　長が持つ多くの権限に属する事務を処理するため，それを分掌させるための組織として，内部組織と出先の組織がある。内部組織とはいわゆる本庁の組織であり，事務の種類にしたがって長の権限を分掌する組織であるのに対し，出先の組織は所管区域を定めて地域的に長の権限に属する事務の分掌をする組織である。

　職員の任免権は自治体の長に属し，任免にあたって議会の同意等は必要ないが，主として一般行政事務に従事する職員の任用，給与，勤務時間等については地方公務員法に定められている。

　①内部組織：　自治体の長は，長の直近下位の内部組織の設置およびその分掌する事務については条例で定めるものとされており，またその内部組織の編成にあたっては，自治体の事務および事業の運営が簡素かつ効率的なものとなるよう十分配慮しなければならない（自治法158条Ⅰ，Ⅱ）。2011年の地方自治法改正前には，内部組織の設置およびその分掌を定める条例を制定または改廃したときは，都道府県は総務大臣に，市町村は都道府県知事にそれぞれ遅滞なく届け出なければならないとされていたが，自治体の自主性および自立性を高めるという趣旨にもとづいた義務付け・枠付けの見直しの一環として，同年の改正により削除された。

　都道府県の内部組織について歴史的な経緯をたどると，地方自治法の施行当初（1947年），18条では都道府県における設置すべき局部の名称と分掌事務が規定（法定必置）されていた。これは，戦前の地方官官制，東京都官制などを継承したものであり，東京都では局制，道府県では部制をとることが法律で義務化されていた（「局部法定制」）。この規定は1952年に改正となり，すべて条例設置に切り替えられた。このとき，「標準的な局部」として都に10局，道に9部，人口250万人以上の府県に8部，人口100万人以上250万人未満の府県に6部，

人口100万人未満の府県に4部設置することとされた。また，都道府県知事は，条例で局部の名称または分掌事務の変更，局部数の増減が可能となったが，ただし，国の行政組織や他の都道府県の局部との権衡を失しないこととされ，変更にあたっては内閣総理大臣への届出が規定された。このような規制が存在した背景としては，戦後復興から高度経済成長期にかけては行政需要の著しい増大を受けて組織は肥大化傾向にあったものの，一方では行政の簡素化・合理化の要請から組織規制が求められてきたことが考えられる。

1956年には再度改正され，人口段階に応じて都道府県において標準的に設置すべき局部の法定数が示されるとともに，その局部の名称と分掌事務が例示される「標準局部制」となったが，依然として都道府県の内部組織編成には自治体の裁量および自由度は存在しなかった。

この流れが変わるのが，第2臨調の「国と地方の関係等に関する答申」を受けて1991年に制定された「行政事務に関する国と地方の関係等の整理及び合理化に関する法律」によってであり，都道府県局部の名称や分掌事務の例示が撤廃され，人口段階ごとに局部数のみを規定する「法定局部数制」となった。また，地方分権推進委員会第1次勧告において，都道府県が上記法定局部数を超えて局部を置く場合に必要とされていた自治大臣への事前協議の見直しが指摘されたことを受け，1997年にはこれが事前届出制へ改正された。

こうした動きを総括するかたちで，2003年の地方自治法改正において，ようやく「法定局部数制」の廃止をみることとなった。これは，前年の地方分権改革推進会議において，都道府県の自主組織権を尊重する観点から，組織編成に関する規制撤廃の指摘を受けたものである。ただし，都道府県が内部組織に関する条例を制定・改廃した場合には，総務大臣への届出が義務付けられることとなった。

このように，都道府県は戦後の地方自治法施行以降，近年まで内部組織に関しては法的規制が存在したため，組織編成に地方の自主性を反映することはできず，一律化されていたことから，これが自治組織権の侵害にあたるとして批判されていた。しかし2003年の改正以降，組織編成に関する自由度が高まったことから，組織名称，数などにおいて地域性等を反映し多様化することが可能となった。

一方，市町村については，こうした都道府県における法定局部制等の拘束は存在しなかった。この理由としては，明治以降のわが国における近代的地方自治制度の創設期において，都道府県と市町村は成り立ちの経緯が異なる点が遠因として作用していると考えられる。つまり都道府県においては戦後に首長公選制が導入されるまでは，知事はあくまでも国の行政官庁として位置づけられており，自治権が認められたのも市町村より遅かったことに比べ，市町村は市制町村制によって誕生した当初から一定程度の自治権を有していたことなどである。また，都道府県は国との連絡交渉を必要とする事項や機関委任事務が多いことから，部局の組織をある程度一定にすることは必要であるとされていたことからも（今村・辻山編 2004），市町村との位置づけの違いがあったことがわかる。

　②出先機関：　出先機関とは，自治体がその所掌事務を地域的に分掌させるために置く機関のことであり，長の権限に属する事務全般にわたって分掌する総合出先機関と，特定の事務のみを分掌する特別出先機関とがある。

　総合出先機関とは，都道府県の支庁および地方事務所，市町村の支所または出張所等を指し，それぞれ条例で必要な地域に設けることができるとともに，これらの位置，名称および所管区域についても条例で定めなければならない。これら総合出先機関の長は，特定の事務を分掌するのではなく，その所管区域について当該自治体の長の権限に属する事務全般に関して分掌するものであるため，当該自治体の長の補助機関である職員がその任に充てられる。

　特別出先機関とは，保健，徴税，河川管理等，特定の事務の分掌をするために設置される機関であり，保健所，警察署，税理事務所，福祉事務所などがこれにあたる。これらは法律または条例の定めるところによって設置され，その位置，名称および所管区域については条例で定めなければならない。なお，その位置および所管区域については，住民の利用に最も便利となるように，交通事情や他の官公署との関係等について考慮を払わなければならないとされている。

（3）これからの自治体組織管理への展望

　行政組織といえども，時代の流れのなかにあって不変の存在ではない。先述

したように，とりわけ2003年以降は地方自治体の組織編成に関する自由度が高まったことから，近年は各自治体において多様な組織づくりが模索されている。地方分権一括法施行以降，地方分権の要請に応えるべく知事直轄での企画部門を置くものや政策法務の担当部署を置くもの，既存の組織および所管する政策について住民の利便性という観点から統合するものなど，取り組みはさまざまである。また，NPMの影響を受けて，民間企業の事業部制組織を導入する例や，組織階層を低くし，意思決定の迅速化をねらいとするフラット型組織の試行なども見受けられる。

　なかでも，今後わが国全体として，自然減としても社会減としても，人口減少が将来的に避けられない与件であるとするならば，社会経済や地域社会の状況も大きく変容していくことが予想されるなか，自治体組織管理に多様性（ダイバーシティ）を取り込んで活用しようという動きもある。

　世界のなかでみても突出して高い高齢化率や単独世帯の増加，多世代世帯の減少などが予測されることから，とりわけ地域で展開する福祉に関するサービスについては，現在からは大幅に質・量とも変化することが予想される。また，世帯としても個人としても多様な背景・ニーズを持つ住民が増え，現在よりもさらにきめ細かな行政対応が必要になると考えられる。加えて，民間企業と行政組織とを問わず，組織における人材にかかる供給側の要因として，人口減少時代における採用難は避けて通れない。労働者人口の大幅な減少が見込まれるなか，従来どおりの組織管理を前提にして高い能力を持つ人材を採用することは困難になる。採用の全体数にしても長期雇用においてモデルとしてきた人材像にしても，従来どおりの組織管理や人事管理が成立しないことが予想される。つまり，これまでのようないわゆる「大卒男子正社員」モデルだけでは将来的に組織が立ち行かなくなるおそれがあるということができる。

　こうしたことから，組織において働く人材の属性や働く条件の多様性などを高め，組織管理における持続可能性を模索する試みの意義は，働く側にとっても組織の側にとっても小さくないと考えられる。すなわち，今後人口減少時代における自治体組織管理において必要になる視座としては，多様なバックグラウンドを持った職員が働く職場として，多様な働き方やキャリア形成を可能にするような制度構築と，それによって自律的に働き，多様な自己実現をなしう

るような人材育成であると推論される。

　組織で働く人材に関し，多様な属性の1つとして女性の雇用についてみてみると，1999年に男女共同参画社会基本法が施行されたことを契機として，わが国でも男女共同参画を実現するためのさまざまな取り組みがなされてきた。同法によって政府，都道府県には「男女共同参画基本計画」の策定が課されることとなり，2015年には同計画の第4次計画が閣議決定，施行されている。この計画では，国家公務員および地方公務員の女性登用に関し，管理職相当職に占める女性の割合についての2020年度末を期限とする目標値が示されている。

　さらに，2015年にはこの目標値を下支えする役割を持つ，女性の職業生活における活躍の推進に関する法律が公布，施行されている。この法律は，女性の職業生活における活躍を推進するため，女性に対する採用，昇進等の機会の積極的な提供およびその活用と，性別による固定的役割分担等を反映した職場慣行が及ぼす影響への配慮が行われること，職業生活と家庭生活との両立を図るために必要な環境の整備により，職業生活と家庭生活との円滑かつ継続的な両立を可能にすること，女性の職業生活と家庭生活との両立に関し，本人の意思が尊重されるべきことといった点を基本原則とするものである。これらにもとづき，政府には女性の職業生活における活躍の推進に関する基本方針の策定が義務付けられるとともに，都道府県および市町村においては上記基本方針等を勘案して当該区域内における女性の職業生活における活躍についての推進計画を策定する努力義務が課された。加えて，国（内閣総理大臣，厚生労働大臣および総務大臣）は，基本方針に即して，事業主行動計画の策定に関する指針を策定するとともに，国や地方自治体，民間事業主については女性の活躍に関する状況の把握および改善すべき事情についての分析と，これら状況把握・分析をふまえ，定量的目標や取り組み内容などを主旨とする「事業主行動計画」の策定・公表等が求められている。

　こうした流れを受け，地方自治体のなかには女性の登用と活躍推進を通じた多様性ある組織づくりを積極的にめざすところも出てきている。千葉県鎌ケ谷市では，「鎌ケ谷市特定事業主行動計画」において，男女双方の職員を対象とした職場環境の向上の取り組みや，採用から登用までのあらゆる段階における女性の活躍のための取り組みを掲げるとともに，その指標となる数値目標を設

定している。具体的には，子育て支援にかかる各種支援制度の周知や活用，超過勤務の縮減などの次世代育成のための職場環境の整備や，積極的な採用活動による多様な人材の確保，研修を通じた人材育成，性別にかかわらない公正な人事評価による女性職員の登用を図ることなどを定めている。また，仕事と家庭生活を両立し，ワーク・ライフ・バランスを実現するにあたっては，長時間勤務の是正や働き方改革が喫緊の課題であるとの認識から，育児や介護等で時間に制約のある職員を含むすべての職員が十分な能力を発揮するために効率的な業務運営や意識改革を推進するよう，同市では一斉定時退庁日の徹底や，年次有給休暇の取得の促進にも継続的に取り組んでいる（千葉県鎌ケ谷市総務課人事室 2016）。

　女性職員の管理職への登用については，公正な人事評価制度のもと，当事者の能力および業績，昇進意欲等が基礎となるのはもちろんのことだが，ややもすると当事者の「頑張り」だけに議論が集約されることがある。また，同様の観点から，管理職に占める女性の割合などの数値の達成だけが追求される場合もあるが，労働に関する周辺状況の改善なくしてこれらの数値目標だけを追い求めても，さほど効果はあがらないと考えられる。これは，女性に関する問題だけでなく，働く属性の多様性としての障害者や，介護等さまざまな状況を抱える職員などにも共通するが，たとえば短時間勤務や突発的有給の取得など，職場での働き方について十分な柔軟性が確保されていることや，それらについての職場での理解があることなどがまず前提となる。そのうえで，ワーク・ライフ・バランスがある程度自律的に決定できる状況が整備される必要があると考えられる。

　組織の多様性は女性の雇用だけにかかるものではなく，その他にも働く人材の属性という点からは障害者や外国人等の雇用問題や，また，働く条件の多様性という点からはテレワークや短時間勤務といった働き方の多様性と，臨時・非常勤職員や任期付職員といった雇用形態の多様性等の論点が含まれる。全地方公共団体における臨時・非常勤職員の総数は，総務省の2005年通知である「地方公共団体における行政改革の推進のための新たな指針」（新地方行革指針）以降，増加の一途であり，また，2002年に創設された任期付職員制度にもとづいて，専門的知識や経験を有する多様な職員の採用が各地で拡大してきているこ

と，障害者の雇用については民間企業よりも高い法定雇用率が行政には求められていることなどからすれば，すでに自治体組織は多様性を内包しつつあるといえよう。

　自治体行政が抱える政策的課題のなかには，たとえば近年増加している空き家対策や，児童虐待などを含むケースが多く見受けられる生活困窮者の問題などをはじめ，課題が複合的でその解決に高度の専門的能力を要するものがある。その際，弁護士や福祉専門職など，専門的な能力を持つ者を任期付職員として採用し，短期集中的に問題解決にあたることも有効であろう。このような観点からすれば，組織・人材の多様性が政策の多様性を生み出す要因の１つになる可能性があると考えられる。

　組織における人材に対する需要側からみれば，市民自体が多様化している今般において，多様なライフスタイルの相互承認をめぐる政治・行政が求められてきている。宮本はこれを「ライフ・ポリティクス」，生活のあり方に関わる政治として位置づけているが（宮本 2008），行政がこうした多様なニーズをどのように汲み取り，きめ細かに対応していくのかが課題となる。すなわち，もはや集権的行政には限界が生じており，多様性の社会的包摂を政策展開に活かすためには，多様性を自らの組織にも取り込むことで，新たな価値が創出できる仕組みを構築することが必要になるのではないかと考えられる。画一的な組織管理から育成される画一的な人材では，前例にとらわれない柔軟な仕組みや多様性を包摂するような政策展開は難しいのではないだろうか。

　職場の多様化は，組織にとっては多様な人々を取り込み，既存の枠組みにとらわれない新しい知見を得ることで組織力が向上する可能性がある。一方，働く側にしてみれば，自らの職業観，ワーク・ライフ・バランスに合致した働き方を組織が提供してくれることになり，働き方の柔軟性が高まる。つまり，職場における多様化は，組織にとっても働く側にとっても有効なものとなりうる可能性を含んでいると考えられる。これからの自治体組織管理においては，たとえば女性や障害者などマイノリティへの単なる優遇策という観点ではなく，人口減少時代における組織体としての持続可能性を模索する管理方策の選択として，組織の多様性（ダイバーシティ）が組織内外に理解され，取り組まれていくべきであろう。

📖 文献案内

① 西尾勝, 2013, 『自治・分権再考――地方自治を志す人たちへ』ぎょうせい.
② 真山達志編, 2012, 『ローカル・ガバメント論』ミネルヴァ書房.

[参考文献]

石原俊彦・山之内稔, 2011, 『地方自治体組織論』関西学院大学出版会.
大杉覚, 2014, 「人口減少時代の自治体職員に求められる姿勢・能力と人事管理のあり方」『地方公務員月報』617: 2-15.
大山礼子, 2002, 「首長・議会・行政委員会」松下圭一・西尾勝・新藤宗幸編『自治体の構想4 機構』岩波書店.
近藤哲雄, 2004, 『自治体法』学陽書房.
公益財団法人地方自治総合研究所監修, 今村都南雄・辻山幸宣編, 2004, 『逐条研究地方自治法Ⅲ 執行機関――給与その他の給付』敬文堂.
塩野宏, 1990, 『国と地方公共団体』有斐閣.
塩野宏, 2001, 『行政法Ⅲ 第2版』有斐閣.
杉村敏正・室井力編, 1979, 『コンメンタール地方自治法』勁草書房.
谷口真美, 2005, 『ダイバシティ・マネジメント――多様性をいかす組織』白桃書房.
千葉県鎌ケ谷市総務課人事室, 2016, 「女性の登用と活躍推進を通じた多様性ある組織づくりを目指して」『地方公務員月報』640: 3.
西村孝史, 2015, 「ダイバーシティ・マネジメントに求められる3つのバランス」『地方自治職員研修』48 (6): 20-22.
日本弁護士連合会, 2014, 「教育委員会制度改革に関する意見書」.
早川征一郎・松尾孝一, 2012, 『国・地方自治体の非正規職員』旬報社.
藤田宙靖, 2005, 『行政組織法』有斐閣.
松本英昭, 2015, 『要説地方自治法 新地方自治制度の全容 第九次改訂版』ぎょうせい.
宮本太郎, 2008, 『福祉政治――日本の生活保障とデモクラシー』有斐閣.
宮本太郎, 2013, 『社会的包摂の政治学――自立と承認をめぐる政治対抗』ミネルヴァ書房.
室井力・兼子仁編, 1978, 『別冊法学セミナー36 基本法コンメンタール地方自治法』日本評論社.

【入江容子】

第4章 地方議会の役割
──住民・議会・首長の新たな関係

　本章では政務活動費の不正受給など（チューリップテレビ取材班 2017），批判的に取り上げられることの多い議会について，「住民自治の根幹」という本来の役割を確認する。

　従来の地方行政を担ってきた首長だけではなく，住民，および議会が重要な役割を担うようになる。そもそも，議会は「住民自治の根幹」（多様な民意の反映の場）である。それゆえに，「団体自治の根幹」（自治体の意思決定）でもある。いわば地方自治の結節点といわれる。

　今日，議会は大きく変化している。閉鎖的な議会から住民と歩む議会，質問の場から討議する場へ，そして追認機関から首長等と政策競争する議会への転換である。こうした新たな議会は，そもそも地方自治の原理に由来している。しかし，中央集権制の存続により開花しなかった。ようやく環境の変化とともに，それぞれの議会の努力によってこうした議会が登場している。それは，議会基本条例に刻み込まれており，「議会改革の本史」への突入として位置づけられる。

　これらの動向を確認するとともに，今後の課題を模索する。自治体の二層制の変容（市町村合併）への活用，議会活動の条件整備といった喫緊の課題とともに，地方選挙制度や地方政府形態の多様性など中・長期的な課題も考えたい。

1 地方自治の原則と住民・議会・首長等との関係

（1）国政と異なる地方自治

　まず，国政とは異なる二元制（議員と同時に首長を有権者が直接選挙，一般に二元代表制）について確認しておこう（図4-1）。地方議会と国会とは，議会という用語が同様であるにもかかわらず，期待されている役割は異なっている。しかし，マスコミなどからの情報のほとんどは，国会をひな形にした地方議会をイメージしている。議場の多くが国会の議場の縮小コピーであること，議会が

第4章　地方議会の役割——住民・議会・首長の新たな関係

図4-1　国政と地方政治の相違

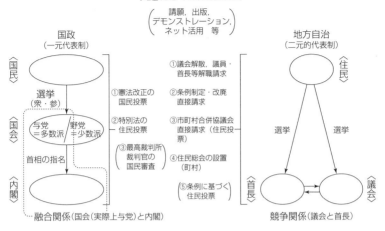

出所：筆者作成。

その運営にあたって準拠しているのは国会の規則をふまえてつくられた標準議会会議規則（全国の3議長会が策定）であることは、この誤解を促進させている。そもそも、住民自治では住民が自治体の政策決定に中央政府以上に積極的に関わることが想定されている。こうした原理によって、議会での討議の様相も異なっている。以下の原理にもとづく地方政府の作動は、二元制を超えて二元的代表制と呼ぶにふさわしい。

①中央政府の議院内閣制とは異なった自治体の二元制〔第1原理〕：　国政の議院内閣制の場合、首相を選出する与党とそれに対抗する野党といった政党政治が存在している。しかし、自治体の首長は議会の多数派が選出するわけではない。議会とともに、首長も住民が選出するという二元制にもとづいている。議会と首長等が協力しつつも緊張関係を保ちながら政策を決定し実施することである。地方政治において、議会・議員の首長を支援する与党的立場、逆に反対する野党的立場は存在する。しかし、全体としての議会は、首長等の執行機関と政策競争をする別の機関であることを再確認することが必要である。地方分権改革により首長の役割は、大きく変化すると同様に、議会の役割も大

きく変わる。

　②国会の二院制に対する地方議会の一院制の採用〔第2原理〕：　国会は，衆議院と参議院によるチェック・アンド・バランスを想定している。世界の国会では，一院制のほうが多いが，連邦制を導入している国や，民主主義制度を早めに導入したいわゆる先進諸国（北欧などを除いて）は，二院制を採用している国が多い。二院制なのは，それぞれの院が異なった利害を代表し，それぞれが他の院を牽制することが期待されているからである。それに対して，地方議会は一院制である。日本などのように二元制を採用しているところで，議会と首長のチェック・アンド・バランスが可能であることが考えられる。より重要なことは，自治体が住民に身近であり，住民がその活動をチェックできるからである。

　それだからこそ，直接民主制の系列のさまざまな制度が自治体に導入されている。もちろん，国政でも直接民主制の系列の制度はある。国会が発議する憲法改正の国民投票である。

　自治体レベルでは，住民は多様でしかも立法（条例制定）に関わったり（条例制定・改廃の直接請求），議員・首長の解職，議会の解散など（リコール）の多様な直接請求が制度化されている。それは，議会内部ではなく，首長とともに住民が議会をチェックすべきだと考えていることの表れであろう。なお，今日脚光を浴びている住民投票も条例にもとづいて行うことができる。

　そもそも，日本国憲法第95条（特別法の住民投票）は，地域の重要事項の決定を議会に委ねてはいない。首長にはなおさらである。1つの自治体に関する法律を国会が制定したければ，両院を通過させるだけではできない。当該地域の住民による投票で過半数を獲得しなければならない。1949（昭和24）年から1952（昭和26）年まで16本の法律（改正を含む）が制定された（18都市）。広島平和記念都市建設法，長崎平和記念都市建設法などがあるが，そのなかには反対が約4割という住民投票結果だったものもある（首都建設法，1950（昭和25）年）。今日では死文化されているこの条文は，国政とは異なり地方自治は直接民主主義を重視していることを示している。

　③議員間討議，および住民・議員・首長間討議を重視する地方議会〔第3原理〕：　第1原理から，議会が首長とは異なるもう1つの機関として登場しな

ければならない。そのためには議員間の討議空間が必要になる。国会のような，内閣に対しての与党からの賛同，野党からの批判に終始する場ではまったくない。地方議会において議員間討議の重要性が指摘されるのは，この文脈で理解できる。同時に，第2原理からその討議空間は，議会だけではなく，住民の提言をふまえたもの，さらには住民，議員，首長等との討議空間となることも想定される。議員だけの討議空間から，首長等・住民も討議に参加するフォーラムとしての議会の登場である。この場は議場外（新城市のまちづくり集会等），議場内のどちらも想定している。一方での首長等への反問権付与，他方での請願・陳情の代表者の意見陳述参考人・公聴会制度の充実，委員会でも傍聴者に発言の機会を提供することは，議場でのフォーラムとしての議会の原型の1つである。

以上のことから，地方自治の3つの原則は二元制を超えて二元的代表制と考えるべきである。それは，議院内閣制の要素（議会の首長に対する不信任議決，それにもとづく首長による議会解散権）が含まれるだけではなく，議会と首長双方への住民参加の重視，議会と首長の激しい対立の日常化や癒着ではなく協力と緊張関係が想定されるからである。

（2）二元的代表制（機関競争主義）の意味

地方自治の3つの原理を考慮すれば，地方自治の運営も大きく変わる必要がある。いわば，地方自治の3原理にもとづく議会運営の3原則である。住民参加・協働が重視され，住民と議員や首長等との討議空間，議員間の討議空間が創出され，それをふまえて，議会と首長との政策競争が行われる。つまり，議会は閉鎖的ではなく住民に開かれ住民参加を促進する議会に（議会報告会や参考人・公聴会の充実），質問・質疑の場だけではなく，議会の存在意義である議員どうしの討議と議決を重視する議会に（機関としての作動），そして追認機関から脱し首長とも切磋琢磨する議会に（与党野党関係は存在せず，監視と政策立案の役割を発揮しつつ，議員の質問に対する執行機関からの反問権も認める），大きく転換する。

二元的代表制は，機関競争主義（議事機関（議会）と執行機関（首長等）の競争）として理解できる。その要素は次のものである。

① [第1要素]: 議会も首長も住民から直接選挙されるという意味で,正統性は対等であり,議会＝合議制,首長＝独任制といった特性をいかして切磋琢磨する（正統性の対等性,両者の特性の相違をふまえた競争）。
② [第2要素]: 政策過程において,議会や首長は権限が分有されていることにより,一方的な優位はありえず,相互作用によって地域経営は行われる（政策過程全体にわたって,両者の競争）。
③ [第3要素]: 住民は行政の客体以前に「自治の主体」であることを考慮すれば,住民は議会と首長の「統制」を行わなければならない。政策過程全体での住民による統制,いわば住民参加・市民参加を行う。

これら地方自治の3つの原理に由来する議会運営の3原則は,二元的代表制＝機関競争主義に適合的である。しかし,中央集権制のもとでは開花しなかった。地方政治の台頭にともなって,これに向けたさまざまな実践によって徐々に作動するようになった。

現行制度では,議員とともに首長も直接住民が選挙する。この制度では,一方の極に議会と首長が癒着することで議会が追認機関化し,議会の役割を果たせない経営がある。他方の極に,議会と首長とが不毛な激しい対立を繰り返す経営がある。前者は監視が効かず,後者は不毛な対立が日常化し,どちらも住民福祉に逆行する。そこで,この両極とは異なるもうひとつの方向が本章で強調する二元的代表制＝機関競争主義である。それは,広がっている議会基本条例のなかに刻み込まれている。

つまり,現行制度は議会と首長の癒着,あるいは日常的な激しい対立の両極で揺れる可能性がある。これを回避するには,二元的代表制を意識的に選択し,難しくともその視点での地域経営を行うことである。それぞれの自治体には最初から自動調整機能が組み込まれているわけではなく,それぞれが二元的代表制を選択する強い意思が必要である（図4-2）。それを示すのが後述する議会基本条例でもある。

2 地域経営を担う議会の役割

(1) 第一級の権限を有する議会

このように,新たな議会像は地方自治の原理に由来している。とはいえ,中

図4-2 二元制の揺れ（癒着と対立，それとも……）

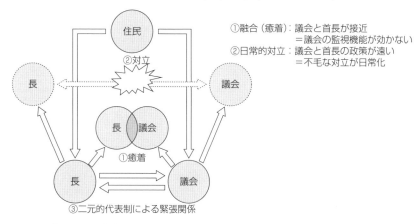

出所：筆者作成。

央集権制にもとづく地域経営にとってはそれが開花せず，ようやく地方分権時代に地域経営の自由度が高まることで開花した。

　なお，地方自治の原理は新たな議会像を要請するが，同様に議会が有する議決責任の自覚は新たな議会運営を求めている。議会には地域経営における重要権限がほとんどすべて付与されている。ほとんどの議会において会期の最終日に議決されている事件（事項）を考慮すればよい。条例，予算・決算，市町村合併などの重要事項，そして契約や財産の取得処分（以上，自治法96①），そして地域経営の軸である総合計画（自治法96②の活用）等にまでに及んでいる（表4-1）。

　このような「驚くべき権限」が付与されているのは，議会には次のような特徴があるからである。すべて合議制＝議事機関に由来している。①多様性（さまざまな角度から事象に関わり，課題を発見できる），②討議（議会の本質の1つ：論点の明確化，合意の形成），③世論形成（公開で討議する議員をみることによる住民の意見の確信・修正・発見），といった特徴を議会は持つ。

表4-1 主要な地域経営手法（条例・財政・総合計画）への議会の関わり

	従　来	新たな動向と課題（矢印は課題）	もう一歩
条例	政策条例のほとんどすべてが首長提案。議決時の審議のみ	議員提案による条例の検証（三重県議会）→首長提案条例（かなり前の条例を含めて）については検証対象外	議会での検証を充実させるために首長に数年ごとの検証を義務づけ（重要な条例については時限立法とする（大津市））
財政	決算は終了した事項とみなし，予算を重視（増大思考）	行政評価・決算認定の充実・予算要望・予算審議といった連続→総合計画との連動の弱さ	①決算案が提出される前に決算審議において議論すべき論点を明確化 ②総合計画との連動（改正を含めて）
総合計画	抽象的な基本構想のみを審議・議決	総合計画策定時に議会から提案（多治見市議会等）→事業の拡大志向・他の行政計画との連動ができていない	①総合計画策定時に実施されている総合計画の検証をふまえて新たな総合計画審議の論点の明確化 ②他の行政計画との連動

出所：筆者作成。

　だからこそ，議会は「住民自治の根幹」といわれる（第26次・第29次地方制度調査会答申）。つまり，これらの特徴によって万国共通，議会に地域経営の権限が付与されている。したがって，「団体自治の根幹」でもある。これらにより議会は，「住民自治と団体自治の結節点」（今村都南雄）と呼んでよい。

　逆にいえば，この議会権限を全うすることに議会の真骨頂はある。この責任の自覚が議会改革を進める。議決責任は，説明責任をともなう。単に「可決しました」「否決しました」ということを示すことは，報告であって説明ではない。この責任を全うするためには，質疑だけではなく議員間討議が不可欠である。それを効果的に作動させるには，独善性を排除しなければならず，そのためには一方で調査研究が必要であり，他方では住民との懇談が必要である。ここに，新たな議会運営の3つの原則がすべて結実している。つまり，議決責任の自覚は，新たな議会を創り出す。

(2) 議会改革の進展

　北海道栗山町（2006年制定）をはじめそれにつづく自治体の議会基本条例制定の最も大きな意義は，新たな議会像を宣言したことである。閉鎖的な議会から，住民に開かれ住民参加を促進する住民と歩む議会，質問・質疑だけの場から議員間討議を重視する議会，それらをふまえながら追認機関ではなく執行機

関と政策競争をする議会，という3つの原則である。まさに，従来の議会運営とは一線を画すものである。新たな議会運営の宣言について，筆者は議会運営のコペルニクス的転換，あるいは議会改革は本史に突入したと特徴づけている。栗山町議会の議会基本条例はたしかに，新たな議会像の金字塔ではあるが，普遍的な議会像であるために多くの議会もそれに続くことになる。

　その制定によって，議会改革の本史に突入したと断言したが，それ以前は議会活性化という名称が多く用いられていた。具体的にいえば一問一答方式，対面式議場の導入，委員会の公開・要点筆記の公開等を想定するとよい。いまでは「これが改革……」と思われるものまで活性化として，20年も30年も同じようなことが提案され，徐々にではあれ実践されてきた。こうしたことは，議会改革（議会活性化）の前史である。それは，中央集権体制下で議会の役割が位置づけられず，そうであっても頑張ろうとする議会が改革の道筋をつけた。それが前史の改革である。

　時代が変わり，地方分権改革のなかで議会の役割が問われてきた。それに真摯に対応したのが栗山町議会を先駆とする議会である。したがって，議会改革の本史は，地方分権改革の申し子であって，栗山町議会に限定されるものではない。より正確にいえば，栗山町の場合や，その他の自治体は，平成の大合併の嵐のなかで新たな住民自治，新たな議会運営を考えざるをえない状況があった。こうして議会基本条例は全国に広がる要因があった。

　議会運営の3つの原則の進化・深化（展開）については，すぐ次に確認する。議会基本条例は，新たな議会運営だけではなく，議会運営の最高規範性，法令の解釈基準も明言していることは，地域経営のルールを意識したものである。その意味でも，議会基本条例制定は地方分権改革の申し子である。

　この議会基本条例は住民に対するマニフェストとして，住民による議会不信に抗して，その条例制定を起点に議会の「見える化」を進めることでも重要であった。

　この間，それぞれの議会は先人の努力に学びつつ，独創的な条例を制定している。議会運営の最高規範性，法令の解釈基準ということを前提にしつつ，またすでに指摘した議会運営の3つの原則を豊富化する方向は共通でありながら，個性ある条文を規定している。議会基本条例で規定された前文も同様であ

る。なお，自治体を明確に「政府」と規定している議会基本条例もある（福岡県田川市，宮城県蔵王町，福島県南会津町，福岡県豊前市：なお，東京都三鷹市は自治基本条例に明記）。議会基本条例の進化を確認しておこう（基本的な条文の項目に，今後普遍化するであろう個性ある条文内容，および自治体名を明記）。

①住民に開かれ住民参加を促進する住民と歩む議会： 会議の原則公開，議員の賛否公開，参考人・公聴会の充実，議会報告会や住民との意見交換会の開催，陳情・請願を住民からの政策提言として位置づけ，代表者の陳述（茨城県取手市，栃木県大田原市），委員会での傍聴者の発言機会の保障（大田原市），議会モニター，住民投票（北海道栗山町，愛知県高浜市），など。

②議員間討議を重視する議会： 監視や政策提言としての一般質問・代表者質問，議員間討議の重視（論点の明確化や合意形成の可能性），会派の合意形成の努力，など。

③執行機関と政策競争する議会： 一問一答方式，首長等への反問権付与，議員・委員会による条例制定・改廃の提案への首長の意見表明権（滋賀県大津市），議決事件の追加（自治法96②），専決処分基準（自治法180（長崎県壱岐市）），首長等への説明義務（提案のコスト，総合計画における位置づけ，検討した他の政策等），議決責任（会津若松市），議会活動サイクル（大牟田市），文書質問，など。

④3つの原則を作動させる： 通年議会・通年期制（北海道白老町，同福島町，新潟県柏崎市），定例回数（神奈川県横須賀市），委員会（同），広報広聴委員会・政策討論会，災害時における対策本部・議会版BCP策定（大津市），など。

⑤新たな議会を作動させる条件整備： 議会事務局の行政からの独立した機関の位置づけ（北海道名寄市，同和寒町），議会事務局の充実・役割（調査政策機能を含む（出水市））・採用の手法（議長との調整（北海道芽室町，山梨県都留市））・専門家の任期付き採用（高知県四万十町），図書室の充実，定数（横須賀市），議員定数・報酬・政務活動費の決め方，専門的知見の活用，議会サポーター・アドバイザー，附属・調査機関の設置，議員・事務局職員研修，予算の確保（滋賀県米原市），など。

⑥住民が議員となる環境づくり： 誰もが議員となり活動できる条件整備の明確化（神奈川県秦野市，長野県上松町）。

議会基本条例は，制定から12年を経過し，約4割の自治体で制定された。こ

の間それぞれの議会の努力によりその内容は豊富になっている。

(3) 地方政治・地方議会の「発見」——先行研究と本章の立場

　本章では，二元的代表制（機関競争主義）を強調している。とはいえ，日本の地方自治制度では，議会と首長との融合（癒着）と激しい対立のあいだで大きく揺れる。制度改革（議会基本条例制定等）や議員・会派の強い意思（議会権限の再確認）が不可欠である（選挙制度改革等を含める）。従来の日本の地方自治研究では，地方議会は登場しないか，機関としての議会が作動しない。そこで，今日の地方自治研究を簡単に振り返った後に，本章の立場を確認しておこう。

　「地方自治研究は地方『行政』研究が大勢を占め，地方『政治』研究を対象にした研究は極めて少ない」（馬渡 2010：15）という現状認識を有した地方政治論・地方議会論が2000年に入ると登場している。政府間関係，政治行政関係をふまえて，議会と首長の直接選挙という制度をふまえた，地方政治・地方議会研究である。もちろん，それ以前にこのテーマでの研究がないわけではない（江藤 2004：26-37）。

　たとえば，一方で高度経済成長期の政策形成過程において議会の役割低下を主張する議論がある。中央集権的な政府関係を念頭に置きつつ，高度経済成長のもとで議会と首長が一体となっている環境を主題化させることで，地方議会は「上からのリーダーシップ」のもとでその独自な活動は軽視される（井出 1972）。他方で，7割以上の議員は，行政当局に比べて，議会に影響力があると考えていることを紹介して，強力な議会像が描かれる（黒田編 1984）。議員意識は重要であるとしても地方政府における実際の影響力を検証しているわけではない。

　2000年代に入って明確に登場した分析手法は，議会や首長の党派的な相違といった政治的特徴が自治体の政策選択に与える影響を解明するものである。中央集権構造や中央政府による政策（高度経済成長）に還元することも，また議員の意識を根拠とすることもない。

　首長は自治体全体の有権者から，議員は自治体内の特定の地域の有権者から選出されるという地方自治制度を前提とする。また，地方財政制度のような中

央集権制度は，政策過程にあたって大きな制度的な制約要因であることも同時に視野に入れる。地方政府の歳出は首長が，開発や福祉といった個別政策は議会が主に関心を示し，地方税や地方債については両者ともに関心を示しにくいことは，その制度から推測できる。こうした，制度に着目して，時系列で，社会経済環境や政府間関係を視野に入れながら，議会と首長との政治的関係（党派間対立等）を分析して地方政府の政策選択を解明しようとした研究が登場した（曽我・待鳥 2007）。

この視点での研究は活発化している。砂原（2011），辻（2015）などの著作は，それぞれの特徴を持ちながらも，基本的に同じ問題意識である。地方自治における，まさに地方政治が抽出されている。こうした問題意識と研究方法は，政治学の重要な潮流といえよう。

広い意味においてこの系譜に属する馬渡（2010）は，**表4-2**のような仮説を提示し結論づける。従来議論されてきたテーゼを仮説として，その検証が行われる。馬渡（2010）は，これらの検証を通じて従来の研究との相違を強調している。「これまで看過されてきた都道府県議会のフォーマルな影響力を修正・否決事例の生起という形で検出したこと」，および「地方議会や地方議員に対するネガテイブな見解に対し，地方議会や地方議員をもっと積極的に評価しようという点」，これらがあげられている（馬渡 2010：187-188）。たしかに，従来の研究を大きく超える曽我・待鳥（2007）と同様の方向である。画期的な視点といえよう。

こうした分析は，従来の地方自治論の水準を一気に高めた。本章との差異を確認しておこう。地方議会が研究対象になっているものの，その検証には会派や議員が活用される。従来たしかに議会運営は，議会とはいえない会派や議員に分断化されていた。議会は，代表者質問や一般質問の場と化していた。議会は，議会としてまとまって力を発揮する。執行機関との緊張関係をめざしている「人格を持った議会」（岡本光雄，機関としての地方議会）として登場する議会も増加してきている。こうした新しい議会全体の動向は，新たな研究対象からは排除される。

本章の立場である二元代的表制における地方議会論は，議会全体の動向にまずもって着目している（江藤 2010）。その意味で，今後は〈首長−議会（正確に

表4-2　馬渡（2010）の仮説と検証結果

仮説Ⅰ：数的基盤仮説
議会で過半数を占める政党が知事与党である場合，ないし知事選での複数の推薦政党が合わせて過半数を占め潜在的知事与党とみなせる場合，知事は議会の選好と異なる条例案を議会に提出することはせず，結果として議案はすべて成立する。しかし，過半数を占める第一党が知事野党であれば知事提出議案に対する否決・修正事例が比較的多く生じる可能性が高い。 　＊完全には支持されない。しかし，有効な要因の1つであることは確かである。
第一党が過半数以上である場合，議会内の役職人事は第一党によって独占される。他方で，議会内に過半数政党が存在しないケースでは，役職人事は有意な党派間で分配される。 　＊過半数を得ていても党派間で分配している議会では，役職人事には隣接県の複数の議会によって形作られる地域性，すなわち共通の議会文化が存在する。したがって，数的基盤仮説は完全にあてはまるわけではない。
仮説Ⅱ：知事属性仮説
保守・革新・非自民という知事の属性は，議会における党派との友好関係に影響を及ぼし，知事提出議案に対する議決結果に影響を及ぼす。 　＊知事の属性が一義的に議決結果に必ずしも影響を及ぼすとはいえない。
知事の前職という属性が，知事提出議案の議決結果や知事与党の形成に影響を及ぼす可能性がある。 　＊支持するには，明らかに留保が必要となる。
仮説Ⅲ：議案内容仮説
議案の内容は，議案の議決結果に強く関係する。住民への負担増議案や選挙区・定数是正の議員関連議案は，議員にとって再選の妨げとなることから修正・否決される可能性が総体的に高くなる。 　＊議会による修正・否決事例は，住民の負担増に関連する議案と議員の再選や利害に直結する議案において，傾斜的に生起しており，仮説Ⅲは妥当といえよう。
仮説Ⅳ：選挙時期相関仮説
議案の議決結果には，選挙時期との相関が考えられる。知事選直後の時期よりも知事選直前のほうが，修正・否決事例が少なくなるであろう。 　＊支持されない。
議員の4年任期のうち，初期よりも最終期のほうが，議案の修正・否決の事例は多くなる。 　＊必ずしも妥当するとはいえない。
仮説Ⅴ：知事学習・熟練仮説
通算で3回以上当選した知事については，任期を重ねるごとに行政経験を積み円熟していくので，修正・否決事例が生じないよう議会対策を立ててくるであろう。よって，これらベテラン知事の下では，最終任期に近くなればなるほど修正・否決事例も件数は少なくなる。 　＊強く支持される。

出所：馬渡（2010）の仮説と検証結果をまとめた。ここでの仮説は中分類のみ，また検証結果は結論のみ記している（江藤 2010）。

は会派や議員)〉関係を念頭に置きつつ、議会を含み込んだ〈首長－議会－会派・議員〉関係として議論されるべきであろう。そのためには、議会を議員や会派に分解することだけではなく、議会の役割や権限を活かした現状とは異なる活動を指し示すことも重要だと考えている。これを作動させる制度改革は必要である。議会基本条例の制定や選挙制度改革などである。

なお、紹介した新たな地方政治研究は議会が機関として作動しにくい、つまり中央政府の会派が根づいている都道府県を対象として分析していることに留意していただきたい。

このほか、こうした新しい分析枠組みに対して筆者は、政治の舞台として「地方」(地方政府)という場を想定することは重要ではあるが、広域行政や自治体内分権の政治も重要だと考えている。つまり、地方政府だけではなくその遠心や求心も考慮したい。また、地域政治・地方政治を考えるうえで、コミュニティ・パワー・ストラクチャー(CPS)論争で提起された「だれが統治しているか」という視点、制度をつくり出しそれを活用している公職者以外のアクターも視野に入れる必要がある。もちろん、CPS論争はプルーラリズムの隆盛によって決着したように思われるかもしれないとしても、である。さらに、ガバナンス論の展開は、まさに議会・議員と首長だけを視野に入れた地方政治を超える必要を示唆しているといってよい。地方政治にとって、議会と首長といった公選される公職者だけではなく、住民、企業、NPO、自治体職員を視野に入れる必要がある。

3 議会改革を「住民福祉の向上」につなげる

(1) 住民福祉の向上につなげる議会改革

この間の議会改革は重要であろうとも、あくまで運営という形式の変更である。住民の福祉の向上に結合させることこそが必要である。議会改革の本史のさらなるバージョンアップ(第2ステージ)の最も重要な1つが議会からの政策サイクルの構築と実践である(江藤 2016)。

議会からの政策サイクルを回さない限り、つまりプツンプツンと定例会で切られると追認機関にならざるをえず、住民福祉の向上につながらない。議会活

動の連続性が必要である。従来の議会を想定してほしい。定例会4回で（3月，6月，9月，12月），閉会中の審議（委員会）は限定された付託事項（多くは議案），といった状況がつづいていた。定例会も期間が限られ（せいぜい3週間），議案は定例会が開催されてから行うことにより（招集前に説明会が行われようとも）十分な審議ができなかった。結局，議会は質問が重視され，議案審査は不十分で追認機関にならざるをえない。

連続した議会運営によって追認機関からの離脱による住民福祉の向上がめざされる。それが議会からの政策サイクルである。

議会はそれを行ううえでのさまざまな道具を持っている。議決（自治法96①②，付帯決議を含む），条例案提案，要望・意見書・提言・報告書（決議を含むものがある），質疑・質問（会派・一般），委員会からの提言等である。これらを駆使して議会は住民福祉の向上をめざす。体系的な議会からの政策サイクル（大文字）を提示することになる。

それの構成要素となる各層（個別）の議会からの政策サイクル（小文字）は着実に実践されている。追跡質問・調査（それをふまえて議会の課題として所管事務調査項目に加える），予算・決算の審議（議決）の連動，条例の検証等はすでに行われている。議会は，多様な層を意識して関わっている（表4-3）。

（2）議会からの政策サイクル

議会からの政策サイクルは，議会基本条例において宣言された新たな議会（共時的）を通時的に，したがって過程として作動させるものである。議会からの政策サイクルの要素は次のようなものである。

①起点としての住民との意見交換会（議会報告会）。前の期の議会からの申し送りとともに，住民の意見を参考にして議会として取り組む課題・調査研究事項を抽出する。住民との意見交換会はこの起点だけではなく，政策過程全体にわたって張りめぐらされている（参考人・公聴会制度等も含む）。

②一方では，それをふまえた決算・予算審議。住民の意見をふまえた審査を行ううえでその論点を明確にしておく。議会独自の行政評価の実施はこの文脈で理解できる。それによって決算審議・認定は充実し，それを予算要望につなげる。

表4-3 地域経営手法に関わる議会の道具

	従　来	新たな動向	もう一歩
質問 (一般・会派)	個々の議員の想いによるバラバラな質問	追跡質問(青森県佐井村)・追跡調査(山梨県昭和町)	委員会の所管事務調査に連動(北海道芽室町)
委員会	閉会中にはほとんど活動しない	閉会中審査の充実	委員会の所管事務調査の充実
通年的議会・通任期制	(閉会中は開議ができない)	通年議会にすれば,議会側で開議可能	委員会とともに,本体も継続的に活動可能

出所：筆者作成。

③他方では，住民の意見をふまえて政策課題の抽出と調査研究，政策提言。委員会等の所管事務調査として行われる。

④これらの2つの流れを束ねる総合計画。総合計画を意識した活動を行う。議会は総合計画を所与のものではなく，変更可能なものとして考える。

この議会からの政策サイクルを作動させるためには，通年的とともに通任期的な（任期4年間）発想と実践が不可欠である。定例会を1回とした通年議会や，地方自治法において新たに規定され通年期制（条例で開催日を明記），さらに定例会は4回としながらも閉会中にも委員会を中心に充実した活動する議会も含めて，通年的な発想で活動する議会は広がっている。そして，議員任期は4年間であるがゆえに，その4年間の議会の目標を決めてそれを意識して活動し首長等と政策競争をする。こうした通任期的な発想や実践も生まれている。

(3) 地域経営における「PDDDCAサイクル」

政策サイクルといえば，「PDCAサイクル」を思い浮かべる（P 計画，D 実践，C 評価・検証，A 改善）。それは，人間行動でも組織行動でも当然意識されるべき手法である。行政改革と同様に，議会改革でも活用できる。議会基本条例の条文を基準に毎年その改革を評価する発想はその1つである。議会という機関としてだけではなく，機関内，たとえば委員会，議会事務局等々での評価もできる。つまり，PDCAサイクルはさまざまな実践において活用できる手法である。

ただし，住民自治を進めるうえで，また地域経営を行ううえで，議会からの

政策サイクルという視点からその活用の範囲を確定しない安易な活用は中央集権時代の行政主導に引きずられる。PDCA サイクルは重要だとしても，地域経営全体にこの PDCA サイクルを位置づけ実践すると，議会が排除・軽視される可能性がある。PDCA サイクルには，地域経営にとって重要な討議と議決・決定が含まれていないからである。

　地域経営においては，そのサイクルで軽視されていた討議（deliberation, debate, discussion）と議決（decision）という2つの D を組み込むことが必要である。それをふまえない PDCA サイクルの活用には，知らず知らずのうちに行政の論理が浸透する。多くの議会に留意してほしい論点である。逆にいえば，新たに付け加えた2つの D（討議と議決）を担うのは議会であり，それを無視する発想は議会を行政改革に包含させる。そろそろ，従来の PDCA サイクルの発想と手法を超えた「PDDDCA サイクル」という地域経営における新たな発想と手法の開発が必要である。

　そのうえで，議会からの政策サイクルの独自性を確立したい。行政による政策サイクルと議会からの政策サイクルは同じことをやっては意味がない。したがって，執行機関の論理と実践に絡め取られないために，また議会・議員が息切れしないために，つねに考慮すべきことである。

　まず，執行機関の執行重視に対する議会の住民目線重視である。執行機関は数値目標や首長のマニフェストを優先する。それに対して，議会はそれらを無視するわけではないが，住民の目線を重視する。次に，執行機関の縦割りの組織運営に対する議会の合議制（多様性）の組織運営である。執行機関は，組織原則として官僚制を採用し縦割り行政となる。合議体である議会は，さまざまな角度から地域を観察し提言できる。そして，執行機関の補助機関（職員組織）の膨大さや財源の多さに対する議会の資源の少なさである。議会の資源は，執行機関のそれと比べた場合，大幅に劣っている。

　こうした3つの特徴を考慮すれば，議会は「包括的ではなく総合的な視点」を有したその実践が必要となる。したがって，議会は行政が関われない隙間（ニッチ）の課題，および総合計画策定・評価を集中的に担う。すべてに関わることはできないし，その必要はない。

　議会からの政策サイクルは，PDCA サイクルを活用した三重県行政と政策競

争するために，それとは異なる「新しい政策サイクル」を議会が創造したことに始まる。飯田市市議会や会津若松市議会は，これをさらに豊富化した。会津若松市議会は「議会からの政策形成サイクル」である。注意してほしいのは，住民の意見をふまえて議会として提案することに主眼があったために，「政策形成」が強調された。今日，これにとどまらない。政策過程全体にわたって議会が関わることを重視して「政策サイクル」を議会から回す。決定はもとより，評価をふまえた提言の重要性である。

4 議会改革の今後の課題

(1) 二元的代表制を地方自治の二層制の活性化につなげる

この間の住民自治の変容は，二元的代表制の覚醒だけではない。自治体の二層制も大きく変動してきた。平成の市町村合併によって，大規模化した自治体も多くみられる。折しも，中央政府の政策は市町村合併から自治体間連携・補完へと転換している。二元的代表制と二層制の変容は無関係ではない。

地方分権改革は，地方自治の2つの特徴である二元的代表制と自治体の二層制を大きく変動させた。一方で，地域経営の自由度を高め，それは地域政治を台頭させ，そのことで二元的代表制を覚醒させた。それは住民自治の成果であるとともにさらなる住民自治を進展させる。他方で，その受け皿整備と効率性をめざした平成の大合併を推進した。規模が大きくなることで，自治体間連携・補完とともに，住民と地方政府との距離が遠くなることを是正するために自治体内分権が模索され，制度化されている。そこで，住民統制・参加の制度と実践が必要となっている（江藤編 2015）。この作動には，第1の系である住民自治の展開＝二元代表制の覚醒を活用する（図4-3）。

自治体間連携・補完への住民統制・参加は弱い。それを充実・強化させる必要がある。市町村議会の改革が自治体間連携・補完への住民統制・参加の充実・強化にとっても有用である。二元的代表制の覚醒は，自治体間連携・補完への住民統制・参加に連動している。そもそも，住民にとって身近な二元的代表制さえも作動していなければ，自治体間連携・補完は当然ながら住民は関心を持たない。ようやく二元的代表制は覚醒している。自治体間連携・補完を含めて

図4-3 住民統制・参加から考える二元的代表制と自治体の二層制

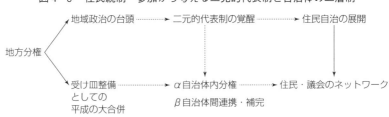

出所：筆者作成。

　住民に対する公共サービスが拡散していけば，住民に対する視野も広がらなければならない。それが自治体間連携・補完への住民統制・参加の前提となる。この広がりは，住民間ネットワークの構築を必要とする。公共サービスの広がりは住民のネットワーク（そして議会・議員ネットワーク）を要請する。このネットワークにもとづいて広がりのある公共サービスが提供される。まさに，公共サービス提供の単位をどこにするかといった行政の論理にもとづく議論ではない。それをどのように統制・管理し政策提言・監視を行うかといった政治の論理にもとづく議論が必要となっている。

　同様に，自治体内分権の制度化は重要であるとしても，地域協議会にみられるように首長の附属機関として設置されている。討議空間としての議会との関わりは弱い。自治体内分権を活性化させるには，そうした住民組織と議会との新たな関係，たとえば定期的な懇談会の設置，あるいは議会の附属機関の設置などを模索する必要がある。

（2）地方議会の条件整備──議員報酬・定数を考える視点

　新たな議会を作動させるには，それを支援する条件が整備されていなければならない。議員報酬・定数・政務活動費にとどまらず，議会事務局，議会図書室にまで議論はおよぶ。ここでは，報酬・定数を中心に議会の条件整備を考えていきたい。

　まず，議会事務局，議会図書室を含めた議会条件整備に関する2つの視点を確認したい。

　①〔第1の視点：行政改革の論理と議会改革の論理の相違〕：「議会改革を

やっています。まず定数の削減からはじめました」。最近では少なくなったが，数年前に時々聞かれた議員の声である。愕然とすることがよくあった。行政改革は削減を優先させる効率性を重視する。それに対して，議会改革は地域民主主義の実現である。住民自治をどのように創り出すかということから出発しなければならない。定数・報酬を考える場合も，住民自治を充実させるための条件として議論しなければならない。また，この議会改革が執行機関の行政改革を促進することを再認識すべきである。

②〔第2の視点：持続的民主主義の条件の確立の必要性〕：　現在の議員のためだけではなく，多くの人が将来立候補し議員活動がしやすい条件として考える。定数・報酬を考えることは，新しい議会を創り出すために必要である。同時に，これは現在の議会のためだけではなく，多くの多様な住民が将来議員になりやすく，また活動しやすくする条件である。持続的な地域民主主義の条件として考える必要がある。「住民の声の実現」として削減に邁進する議会・議員は，将来をみすえれば住民に対する背信行為となる場合があることは自覚すべきである。

こうした議会の条件整備を考えるうえでの2つの視点を前提に，報酬・定数の考え方を確認しておきたい（江藤 2012；江藤編 2015）。

① 答えのないテーマであり，自治体がそのポリシーを示す。議員定数は，従来自治体の人口規模で決まっていた。その後法定上限数に改正され，今日ではそれも撤廃され，それぞれの自治体が自らの責任で決めることになった。また，そもそも報酬は（一般的には特別職報酬等議会の答申を経て）条例で定めることになっている。したがって，それぞれの自治体，とりわけ議会がそのポリシーを示さなければならない。
② 議員報酬と定数は別の論理。「議員定数を半分にして，報酬を増額する（たとえば，2倍）。そうすれば，若い人も議員になれる」。議会費を一定とした想定からこうした提起が行われる。気持ちはわからなくはないが，また一時的に住民の納得を得ることも可能かもしれないが，「そもそも報酬や定数の根拠は何か」，という問いが発せられる。それぞれを独自に説明しなければならない。
③ 増加できないあるいは削減の場合は，住民による支援が不可欠。財政的問題から本来定数・報酬を考えるべきではないが，どうしても危機的状況から考えなければならないこともある。増加させたくともできない，あるいは削減せざるをえない場合もないわけではない。この場合には，議会力をダウンさせないために，議会事務局の充実や，住民と議員とが一緒になって地域課題について調査研究するなど（長野県飯綱町など），住民による政策提言・監視の支援を制度化すべきである。

④ 住民と考える定数・報酬。これが必要なのは、住民からの批判が多いテーマへの説明責任という意味がある。それ以上に重要なことは、定数・報酬は新しい議会運営の条件であり、さらにその議会運営は住民自治に不可欠なものである。つまり、住民自治の問題であるがゆえに、定数・報酬を住民とともに考えなければならない。議会は住民自治を進める視点で住民と語る必要がある。専門家などを含めた第三者機関による提案を素材とすることも有効である。
⑤ 「後出し」ではなく周知する充分な期間の必要性。定数・報酬は、住民が議員に立候補する際に考慮する重要な条件である。それを、選挙半年前に削減を行うことは、現職議員の都合で決める、じゃんけんの「後出し」のようなものである。2年前、遅くとも1年前には周知できるように準備を進めるべきである。

　以上、議会の条件整備を考える2つの視点と、報酬・定数の定める際の考える基準を明示した。ここでは、こうした条件整備は議員だけの問題ではなく、住民の問題であり、住民それぞれが立候補し活動するための条件として考える必要がある。

(3)「二元的代表制」のゆくえ——地方政府形態の改革

　二元的代表制は、現行地方自治制度ではベターな選択肢であるとしても、すでに指摘した両極で揺れる可能性は残されている。そこで、制度改革もそろそろ考えたい。1つは選挙制度であり、もう1つは地方政府形態（二元制）である。

　①議員の制度改革：　新たな議会は、個別に動く議員の集合体ではなく、議会と執行機関とが競争する機関として作動する議会である。定数が20であれ30であれ、有権者は1票だけを有する大選挙区単記非移譲式という世界的にみてきわめて稀な選挙制度な改革も必要である。この制度には、少数派が薄く広く、あるいは特定の地域や層から獲得すれば議席にあずかることができる（少数代表法）。ただし、有権者にしろ候補者にしろ、思考が断片化される。地区別、あるいは業界別といった特定の層から票を得ればいいという候補者の思考は断片化される。他方で有権者のほうも、当選後の議会全体を考えた投票はできなくなる。

　もちろん、この制度を変えなくても、機関としての議会の作動の可能性はある。たとえば、議会報告会の開催は機関としての議会を議員に植えつける。同時にそれによって、住民からの情報を共有し議会として監視や政策提言に活か

す手法である。また，選挙時に超党派で市民と一緒に政策をつくっていくという試みは（埼玉県越谷市），議会で活動するのは個々人ではなく会派ということを強調していることであり，断片化を抑える役割がある。

　新たな選挙制度を考えるにあたって，留意すべき論点がある。政党選挙の可能性である（江藤 2011b）。政党選挙（比例代表制，小選挙区制）は大都市あるいは都道府県ならともかく，一般市町村の場合は難しい。そうした非政党選挙の文化を考慮しなければならない。

　そこで，大選挙区の設計の仕方は完全連記が構想できる。たとえば5議席あったら5票持っているという選挙制度である。日本の場合，定数が多い。とりあえず，2票とか3票のような不完全（制限）連記から出発して，断片的思考を少しずれさせることから出発すべきことも考えたい。

　また，選挙区選挙を中選挙区にするという議論もないわけではない。今は政令市のなかで行政区ごとに選挙区がある。一応顔がみえる選挙になっている。他の市町村でも，選挙区選挙は条例によって可能である。もちろん，選挙区（地域）代表や女性議員が少なくなる問題は避けて通れない。

　そして，大都市や都道府県において政党名を明確にする選挙が行われている。そこで，比例代表制などの導入も想定できる。とはいえ，比例代表制としても政党自体が分権化しなければ実質的な中央集権制は継続する。

　②地方政府形態の改革：　議員を選出するとともに，首長を直接選挙するという現行憲法に規定された地方政府形態の再検討である。すでに指摘したように，現行制度は両極で揺れる。二元的代表制は難しい選択である。

　そこで，「いわゆる二元代表制〔二元的代表制も——引用者注〕という自治体の現在の政府形態を前提にして，首長主導の計画が進み始めたのだから，議会も本来の二元代表制に相応しい議会へと自己改革すべきだという問題設定自体の妥当性を問い直す必要があるのではないか」，さらに積極的には「日本において二元代表制という政府形態そのものがうまく機能しえない構造的理由があるのではないか」という問題提起がある。二元代表制以外の政府形態（何らかのかたちの議会一元制）への転換も本格的に検討の俎上に載せて議論すべき，という提起である（後 2007）。

　今後の議会改革にあたって，視野に入れるべきテーマである。憲法改正をと

もなう議院内閣制か，それとも現憲法内でも可能な制度（議員の兼職禁止を改正し，首長と議員とで内閣を設置（議会内閣制））を考慮すべきか，議論も分かれる。現行制度も含めてベターな地方政府形態を意識的に選択すべきである。

どちらにせよ，最善の地方自治制度はなくベターな制度を意識的に選択する意思の必要性である。どの制度でも問題を内包しているという自覚が必要である。そして，市民社会に政党が根づいているかどうかを考慮し，選挙制度や政党制と連動させる制度設計の必要性である。都道府県において議院内閣制（議会内閣制）が可能となり議員選挙を比例代表制としても，すでに指摘したように政党自体が分権化しなければ実質的な中央集権制は継続する。一般市町村では現時点では政党選挙は馴染まない。これらの論点に対応できない制度設計を選択することは困難である（江藤 2011a, b）。

なお，ここでは一元代表制の文脈で地方政府形態の改革を考えたが，それ以外の改革構想も提起されている。執行をシティ・マネージャに委ねるシティ・マネージャ制度，現行の議院内閣制の要素（首長の不信任議決）を取り去るなどの純粋分離型（二元制の維持），多数議会（住民総会を含む）と少数議会を区分し，後者が日常的に活動する多人数議会と少数議会型，といった地方政府形態も想定できる。ベターな地方政府形態を選択するしかない。ともかく，中長期的には自治憲章・市憲章などで地方政府形態（自治体の基本構造）を住民が選択できる抜本改革も視野に入れたい。

議会改革は本史に突入し，その第2ステージに向かっている。議会は「住民自治の根幹」であり，当然地方自治の充実強化のなかで議会改革は考えなければならない。効率性だけを求めるのではなく，地域民主主義の充実の視点から地方自治制度を作動させる熱き意欲とともに，そこで浮上した課題を明確にして短期と中長期の解決策を切り分ける冷静な目を養う時期に来ている。

📖 文献案内

① 江藤俊昭，2011a，『地方議会改革――自治を進化させる新たな動き』学陽書房．
② 江藤俊昭，2016，『議会改革の第2ステージ――信頼される議会づくりへ』ぎょうせい．
③ 廣瀬克哉・自治体議会改革フォーラム編，2009～2017，『議会改革白書』生活社（各年度版）．

[参考文献]

井出嘉憲，1972，『地方自治の政治学』東京大学出版会．
今井照，2017，『地方自治講義』筑摩書房．
後房雄，2007，「ローカル・マニフェストと二元代表制——自治体再生の胎動と制度の矛盾」『法政論集』217．
江藤俊昭，2004，『協働型議会の構想——ローカル・ガバナンス構築のための一手法』信山社．
江藤俊昭，2009，『討議する議会——自治体議会学の構築を目指して』公人の友社．
江藤俊昭，2010，「書評 馬渡剛著『戦後日本の地方議会——1955〜2008』」『季刊行政管理研究』132．
江藤俊昭，2011b，「地方政府形態と地方選挙制度」『法学論集』68．
江藤俊昭，2012，『自治体議会学——議会改革の実践手法』ぎょうせい．
江藤俊昭編，2015，『Q&A 地方議会改革の最前線』学陽書房．
黒田展之編，1984，『現代日本の地方政治家——議員の背景と行動』法律文化社．
砂原庸介，2011，『地方政府の民主主義——財政資源の制約と地方政府の政策選択』有斐閣．
全国市議会議長会（議会のあり方研究会），2015，「地方分権時代における議事機関としての役割を果たす議会のあり方について［報告・提言］」．
全国町村議会議長会（第2次地方（町村）議会活性化研究会），2006，「分権時代に対応した新たな町村議会の活性化方策——新たな議会像を求めて」．
全国都道府県議会議長会（第3次都道府県議会制度研究会），2006，「改革・地方議会」．
全国都道府県議会議長会，2007，「自治体議会議員の新たな位置付け」．
総務省（地方議会に関する研究会），2014，「地方議会に関する研究会報告書」．
総務省（地方議会・議員に関する研究会），2017，「選挙地方議会・議員に関する研究会報告書」．
曽我謙悟・待鳥聡史，2007，『日本の地方政治——二元代表制政府の政策選択』名古屋大学出版会．
チューリップテレビ取材班，2017，『富山市議はなぜ14人も辞めたのか——政務活動費の闇を追う』岩波書店．
辻陽，2015，『戦後日本の地方政治史論——二元代表制の立体分析』木鐸社．
西尾勝，2007，『地方分権改革』東京大学出版会．
西尾勝，2013，『自治・分権再考』ぎょうせい．
馬渡剛，2010，『戦後日本の地方議会——1955〜2008』ミネルヴァ書房．

【江藤俊昭】

第5章 自治立法権
―― 機能と実践

　国家法に対して，自治体が自分たちに通用するルールである条例を自分たちで決めるという自治立法権は，「自治」の理念の核心である。条例は，国の最高法規である憲法のほか，国会が制定した法律（および政省令）に違反してはならない。徳島市公安条例判決によってかつての法律先占論は否定され，法令と条例が矛盾・抵触しているか否かは，法令の趣旨，目的，内容，効果を読み取って決められることが示された。

　分権改革によって機関委任事務が廃止され，「義務付け・枠付け」が見直されるなど，条例を制定しうる範囲は拡大している。各自治体が「地方の実情」に応じた政策を実現するためにも，条例が積極的に活用されていくことが望ましい。将来的には，こうした地方からの動きが，国の政策を動かす原動力となっていくことが期待される。

1 条例の役割

　2010（平成22）年に所沢市で「空き家等の適正管理に関する条例」が制定されてから数年余りのあいだに，全国400の自治体で空き家条例が次々と制定され，「空家等対策の推進に関する特別措置法」（平成26年法律第127号。以下，「空家法」）が制定されるに至った。こうした動きは，いまに始まったことではない。1979（昭和54）年，滋賀県が「琵琶湖富栄養化防止条例」にもとづき，工場排水中の窒素・リンの規制だけではなく，リンを含む合成洗剤の使用・販売を禁止したことの影響は全国に波及し，家庭用洗剤の無リン化が急速に進んだ。まちづくりや環境対策は，昔もいまも，自治体の条例が先行し，国の法律がこれを追いかけるかたちをとる。これは，住民の暮らしに密着した自治体のほうが，住民のニーズを把握してただちに動くことに長けていることの何より

の証明である（さまざまな創意工夫について，阿部 2006；北村 2015）。

　憲法94条および地方自治法14条1項は，地方公共団体が「法律の範囲内」で条例を制定することを認めている。これを自治立法権（自主立法権とも）と呼ぶ（宇賀 2017：216-242；斎藤 2014：206-209；塩野 2012：182-193）。条例は，自治立法権にもとづいて自治体が制定する自主法であり，この点で，法律，政令，省令など（あわせて「法令」と呼ばれることがある）の国家法と対置される。自分たちのことは自分たちで決めるという「自治」の理念からすれば，自分たちに通用するルールを自分たちで決めるという自治立法権は，その核心にあるといっても過言ではない。

　多くの場合，条例は，長が議会に提案して議決・制定される。ただし，議会の議員にも，議員定数の12分の1以上の賛成があれば，条例案を議会に提案することが認められる（自治112条2項）。住民も，選挙権者総数の50分の1以上の者の連署を集めることで，長に対して条例の制定・改廃を請求することができる（自治12条，74条）。いわゆる直接請求である（ただし，地方税や分担金，使用料，手数料の徴収に関わる条例を除く）。

　議会に提案された条例案は，議会の議決を経て制定・改廃される。議決があったときは，議長は，3日以内に議決書を長に送付し，長は送付を受けた日から20日以内に公布しなければならない。特別の定めがなければ，条例は公布から10日を経過した日から施行される（自治16条）。条例の制定について，長が議会の議決に異議がある場合，その送付を受けた日から10日以内に理由を示して，これを再議に付することができる（自治176条1項）。再議の結果，出席議員の3分の2以上の者の同意が得られれば，条例は議会の議決どおりに制定されるのであるが（同条3項），長に条例制定について一種の拒否権が与えられていることには留意すべきである。法律の制定権限が国会にのみ付与されているのとは異なり（憲法41条），条例の制定は，議会と長の共同作業なのである。

　条例に対して，長のみで制定することのできる自主法のことを，規則という（自治15条1項）。長だけではなく，教育委員会，人事委員会などの委員会も，自身の権限に属する事項に関して規則を制定することができる（自治138条の4第2項）。しかし，住民に義務を課したりその権利を制限したりするには，規則ではなく，条例によらなければならない（自治14条2項）。放置自転車撤去条

例などは，持ち主の財産権を制限・剥奪するので，条例の根拠が不可欠である。自治立法権には，規則や行政内部の規範である要綱などの制定権も含まれるが（憲法94条の「条例」は，条例と規則のことを意味する），本章では条例制定権に焦点をあてる。

　自治立法権をめぐる「変化」として重要なのは，次の2点である。1つめは，徳島市公安条例判決（最大判1975（昭和50）年9月10日刑集29巻8号489頁）によって法律先占論が過去のものとなり，法律の目的と効果を阻害しない限りにおいて条例を制定することが可能となったこと。2つめは，分権改革（1999年）によって機関委任事務が廃止され，基本的に自治体が関係する事務のすべてにおいて条例を制定することが可能になったこと。本章では，この2点の「変化」について説明しながら，条例をめぐる「未来」について展望を描くこととする。

2 憲法と条例の関係

　憲法は国の最高法規であるから，これに違反する条例を制定することは許されない（優先順位は，憲法＞法律＞政省令＞条例の順になる）。ここで問題となるのが，憲法が「法律」で定めよと規定している事項について，「条例」で定めることは可能かという論点である。これまで争いがあったのは，①憲法29条2項の財産権制限，②憲法31条の罪刑法定主義，③憲法84条の租税法律主義との関係である。現在は，学説によって理由づけは異なるものの，いずれも可能であると考えられている（学説史として，成田 2011：169-208）。

　①については，建築規制や屋外広告物の規制などは地域の実情に応じてさまざまであるから，条例による財産権規制も許容されるべきである。この点が争われた奈良県ため池条例事件（最大判1963（昭和38）年6月26日刑集17巻5号521頁）では，最高裁が所有権の内在的制約論を持ち出して解決を図ったため，この問題への回答は示されなかった。

　②については，地方自治法14条3項が明文で条例による刑罰規定を設けることを認めているため，条例に罰則を置くことの可否自体が争われることはない。ただし，福岡県青少年保護育成条例事件（最大判1985（昭和60）年10月23日刑集39巻6号413頁）における「淫行」概念のように，しばしば条例による構成

要件の定め方が曖昧・不明確であることについて批判が向けられる。これは，検察協議などを活用して条例制定技術の練度を高めることによって解決していくべき課題である。

　③は，自主課税権の問題である。地方税法に税目が定められている法定税は，その「枠組み」のなかで課税が認められているのに対し（神奈川県臨時企業特例税事件にかかる最判2013（平成25）年3月21日民集67巻3号438頁），地方税法に税目の定めがない法定外税は，総務大臣との協議のうえでその同意が得られた場合に限り，条例で課すことが認められる（地方税法259条，669条）。国の関与が強力に認められている領域であるため，横浜市勝馬投票券発売税事件（国地方係争処理委員会平成13年7月24日勧告判時1765号26頁）のように，国と地方とのあいだで争いになることが少なくない（税財政条例の詳細は，**第7章**にゆずる）。

3 法律と条例の関係——徳島市公安条例判決

　自治体は，法令に違反しない限り，地域における事務に関し，条例を制定することができる（憲法94条，自治14条1項）。「地域における事務」とは，自治事務（自治2条8項）と法定受託事務（自治2条9項）のことを指す。分権改革以前は，機関委任事務に関する条例の制定が許されていなかったことを考えると，大きな進歩である。

　法令に違反しているか否かを決める基準について，かつては，法令が規制を定める場合には，それが当該領域における必要かつ十分な規制とみるべきであるから，法令が規制を置いた領域について条例でこれと同一目的の規制を加えることは違法であるとされていた。この考え方を，法律先占論と呼ぶ（法令が後から制定されても優先するので，法律専占論という用語法が正確である）。しかし，高度経済成長期になると，とくに環境・まちづくりの領域では全国一律の基準に服しなければならないことは不合理であり，法律先占論が大きな足かせとなっていると認識されるようになった。

　そのようななか，法律先占論を否定し，自治立法権に関するきわめて重要な判示を行ったのが，徳島市公安条例判決（最大判1975（昭和50）年9月10日刑集29巻8号489頁）である。ただし，環境・まちづくりの事案ではなく，約300人の

集団示威行進を行ったＸが，道路交通法と条例への違反で起訴されたため，条例の無効を主張したという，デモ行進の規制についての事案である。道路交通法77条1項4号は，一般交通に著しい影響を及ぼすような行為で，都道府県の公安委員会が道路における危険防止その他交通の安全と円滑を図るために必要と認めるものについては，警察署長の事前許可を受けなければならないと定めていた。この許可には条件を付すことができ，条件に違反した者は処罰される。これに対して，徳島市公安条例は，道路その他公共の場所における集団行進を行う際の県公安委員会への届出義務（同条例1条，2条），および集団行動をする際の遵守事項を定め（同条例3条），これに違反した集団行動の主催者，指導者，煽動者について処罰規定を置いていた（同条例5条）。Ｘは，徳島市公安条例は法令が規制を置いた領域についてこれと同一目的の規制を加えるものであり，違法・無効であると主張したところ，最高裁は，次のように述べて，Ｘの主張を退けた。

「条例が国の法令に違反するかどうかは，両者の対象事項と規定文言を対比するのみでなく，それぞれの趣旨，目的，内容及び効果を比較し，両者の間に矛盾抵触があるかどうかによってこれを決しなければならない」。例えば，❶「ある事項について国の法令中にこれを規律する明文の規定がない場合でも，当該法令全体からみて，右規定の欠如が特に当該事項についていかなる規制をも施すことなく放置すべきものとする趣旨であると解されるときは，これについて規律を設ける条例の規定は国の法令に違反することになりうる」し，逆に，特定事項について規律する国の法令と条例とが併存する場合でも，❷「後者〔条例〕が前者〔法令〕とは別の目的に基づく規律を意図するものであり，その適用によって前者の規定の意図する目的と効果をなんら阻害することがないとき」や，❸「両者が同一の目的に出たものであっても，国の法令が必ずしもその規定によって全国的に一律に同一内容の規制を施す趣旨ではなく，それぞれの普通地方公共団体において，その地方の実情に応じて，別段の規制を施すことを容認する趣旨であると解されるときは，条例が国の法令に違反する問題は生じえない」。

続いて，最高裁は具体的なあてはめを行っている。まず，道交法の目的は道路交通秩序の維持にあるのに対して，徳島市公安条例の目的は地方公共の安寧と秩序の維持にあり，両者の目的はまったく同じではないが，一部，重なり合っている。となると，❸の基準から，道交法が「その地方の実情に応じて，別段の規制を施すことを容認する趣旨である」か否かが決め手となる。ここで手がかりとなるのが，道交法77条1項4号が，許可が必要となる行為につい

て，各都道府県の公安委員会の設定するところに委ねていることである。いわば法律自身が，「地方の実情」に沿った取り扱いを積極的に認めているわけで，こうした論理から，最高裁は，徳島市公安条例は道交法に違反しないと結論づけた。

徳島市公安条例判決を一言でまとめると，法令と条例の矛盾・抵触の有無は，法令の趣旨，目的，内容，効果を読み取って決められるということである。法令が関心を有している事項については，条例での別段の定めは許されないが，そうでない場合には，別段の定めが許容される。徳島市公安条例判決には，結局法令に依存しているだけで，何も具体的なことを述べていないという批判も根強いが，裏を返せば，相当に応用可能な判断枠組みであるともいえる。法律先占論が実務で力を持っていた40年前に，この判決が自治立法権の拡充に果たした役割は十分に評価すべきであろう。

4 委任条例

一旦法律を定めてしまうと，後から改正するのは難しい。そこで，機動性を高めるために，実務上，幅広く行われているのが，委任立法の手法である。すなわち，法律の規定は簡略なものにとどめて，基準などの細目については行政機関の制定する政省令の定めに委ねるという手法である。これと同様に，基準などの細目については自治体の制定する条例の定めに委ねている例も数多く，一般には委任条例と呼ばれている。委任条例は，法律自身が「地方の実情」に応じた別異の取り扱いを明文で規定したものと理解することも可能であり，環境・まちづくり条例の領域でとくに顕著である（まちづくり条例については，**第9章にゆずる**）。

高度経済成長期から，国の法令がある事項につき一定限度の規制を定めている場合に，同一目的で条例でより厳しい規制を定めること（上乗せ規制）や，法令で規制されていない対象について条例で規制すること（横出し規制）は可能かという問題が争われるようになった。上乗せ規制とは，具体的には，法令で工場設置の届出制をとっている場合に条例で許可制を採用することや，法令である汚染物質の排出量が3ppm以下とされている場合に，条例で2ppm以

下まで規制を厳しくすることなどをいう。横出し規制とは，具体的には，法律で二酸化窒素（NO_2）のみを規制している場合に，条例で二酸化硫黄（SO_2）をも規制対象に加えることなどをいう。

　法律で全国一律の最低限度の基準（ナショナル・ミニマム）を設定する場合，きれいな空気や水を今までどおり維持したい農村地域と，産業への影響に配慮する工業地域とで，どうしても主張は食い違う。ナショナル・ミニマムとしては，規制の緩やかな工業地域の実情に合わせざるをえない。農村地域としては，条例による上乗せ・横出し規制を行うニーズが生まれる。しかし，法律が上乗せ・横出し規制を認めているか否かが明らかではない場合，徳島市公安条例判決の❸の基準により，相当厳格に適法性が判断されるため，条例の効力はしばしば否定される。阿南市水道水源保護条例事件（徳島地判2002（平成14）年9月13日判自240号64頁）では，都道府県知事の許可制とする以上に規制を加重することは法令の想定しているものとは考えがたいとして，条例は違法・無効であるとされた。

　しかし，法律のなかで規制の範囲の大枠が定められているような場合には，明文の規定がある以上，その定められた範囲内で，規制の上乗せ・横出しは許容される。現在，多くの環境立法では，法律は規制の範囲の大枠を定めるにとどめ，具体的な基準は，各自治体が「地方の実情」に合わせて条例で設定するという立法技術が盛んに採用されている。たとえば，水質汚濁防止法3条3項は，都道府県に対して，法令の排水基準によって人の健康を保護し，生活環境を保全するために十分でないと認めるときは，条例で，法令の排水基準よりも厳しい許容限度を定めることができるとする。地方税法のように，法律が一定の枠を決めて，そのなかから条例が規制の水準を選ぶという枠組み法も，この発想である（岩橋 2001：357-380；小早川 2001：381-400）。

　屋外広告物法3条1項は，良好な景観・風致を維持するために必要があるときは，都道府県条例によって広告物の表示などを禁止することができると定める。条例ではないが，景観法8条は景観計画の策定を景観行政団体に委ねている。これらについて条例の自由度が高いのは，景観規制は，まさに地域の実情によって決めるべき事項だからである。墓地埋葬法などは，昔から条例制定の自由度が高い（参照，さいたま地判2009（平成21）年12月16日判自343号33頁）。風俗

習慣，宗教，地理的条件は，地域によってさまざまだからである。

委任条例一般についてみると，以前は法律の厳しい縛りが及んでいたが，とりわけ自治事務の領域では，分権改革による「義務付け・枠付け」の見直しにともない，施設・公物設置管理の基準，協議，同意，許可・認可・承認，計画等の策定およびその手続などにおいて，条例で定めることのできる範囲が広げられている。たとえば，横浜市営住宅条例7条3号は，公営住宅の入居者選定における裁量階層（各事業主体の裁量により収入基準を引き上げることができる階層）の対象範囲を，「未就学児童がいる世帯」から「中学生以下の子どもがいる世帯」へと拡大している。

5 自主条例

(1) 規定の欠如がとくに当該事項についていかなる規制をも施すことなく放置すべきものとする趣旨であるとき（上記❶）

委任条例とは異なり，国の法令からの委任にもとづかず，自治体独自の方針で制定される条例のことを，自主条例と呼ぶ。徳島市公安条例判決が呈示した枠組みにしたがい，局面ごとに検討してみよう。国の法令がまったく規制を行っていない未規制領域では，自由に条例を制定することができそうに思われる。しかし，厄介なことに，法令が規制を置いていない理由は，(a) 青少年保護育成条例や空家法が制定される前の空き家条例のように，法令はその領域の規制に無関心であり（手が及ばず，といったほうが正確かもしれない），規制を条例に任せている場合と，(b) 出版物の検閲を定める条例（岐阜県青少年保護育成条例にもとづく有害図書指定の合憲性が争われた事件として，最判1989（平成元）年9月19日刑集43巻8号785頁）のように，法令はその領域について実は関心を有しており，規制すべきでないと考えたからあえて規制を置かず放置している場合（上記❶）とに分かれるのである。(a)の場合には条例の法令違反は起こらないが，(b)であったりすると，条例は違法無効となる。

河川区域内の工作物設置を許可制にしている河川法は，一級河川と二級河川のみを対象としており，それらの指定を受けていない普通河川の工作物は，一見すると放置されているようにみえる。そこで高知市は普通河川等管理条例を

制定し，普通河川の工作物を設置するときは市長の許可を要すると定めた。ところが，最判1978（昭和53）年12月21日民集32巻9号1723頁は，この条例を違法無効とした。つまり河川法は，普通河川であっても河川法の適用・準用の対象とする必要が生じたときは，いつでも適用河川・準用河川に指定することが可能な仕組みをとっており（同法100条），「普通河川については，適用河川又は準用河川に対する管理以上に強力な河川管理は施さない趣旨」だというのである。法律が放置している領域であっても，(a) 条例で何を定めてもよいという趣旨で放置しているのか，(b) 何も手を触れるなという趣旨で放置しているのかによって結論は大きく異なるため，注意しなければならない。

（2）法令と条例の目的が異なるとき（上記❷）

　ある対象についてすでに法令が規制している場合であっても，法令の規制とは別の目的で条例を制定することは，法律の目的と効果を阻害しない限り許される（上記❷）。少々わかりにくいのだが，法令とは規制の目的が異なる条例が「法律の目的と効果を阻害する」などと認定されることはまずないので，❸と比較したとき，❷は，鷹揚に条例の有効性を導く基準である。

　よくあげられるのが，狂犬病予防法と飼犬取締条例の例である。狂犬病予防法10条は，公衆衛生の目的から，狂犬病の発生した区域内のすべての犬を知事の命令により係留するように義務付けている。これに対して，各自治体の飼犬取締条例は，住民や来訪者への危害防止という目的から犬の係留を義務付けている。この2つ，同じ犬の係留についての規定にもかかわらず，適用される局面はだいぶ異なる。狂犬病は発症すると致死率100%のおそろしい感染症だが，もう60年近く国内で感染は報告されておらず，狂犬病予防法にもとづき犬が係留されるというのは，よほどの非常事態（エピデミック）であると思わなければならない。いま現在，この平和な日本で犬が放し飼いされていないのは，各都道府県で飼犬取締条例が制定されているからである。犬嫌いのみなさんは，飼犬取締条例に感謝する必要があるだろう。

（3）法令と条例の目的が異なるとみせかけて……

　それにしても，法令とは別の目的で条例を制定することは基本的に許容され

るとなると，条例で正面から法令と同じ目的を掲げることなど滅多にない。自治体としては，この条例は法令とは別の目的なんですよと説明して，❷の鷹揚な基準をねらいにいくことになる。わざわざ虎の尾をふむ者はいない。

　よく知られる例が，市町村の制定する水道水源保護条例である。水道水源保護条例とは，産業廃棄物処理施設に起因する水質の汚濁が人の生命・健康への被害を招くことを防止するために，処理施設の設置について市町村長の規制に服させるというものである。しかし，すでに廃棄物処理法15条1項が処理施設の設置について都道府県知事の許可制をとっているため，両者の関係が問題となる。ここで廃棄物処理法の目的は，生活環境の保全と公衆衛生の向上にあるから（同法1条），字句からみれば，条例と目的が重ならなさそうである。しかし，裁判所も甘くはない。水源保護が目的とはいっているけれども，その心は廃棄物処理法の上乗せ規制だろうと見抜かれて，上記❸の厳格な基準で適法性が審査されることになる。前掲阿南市水道水源保護条例事件では，「都道府県知事と市町村長が同一事項について二重に審査をする制度を設けることは，申請者に過度の負担をかける結果となり相当ではない上，廃棄物処理法が一般廃棄物処理業の許可については市町村長に委ねつつ，産業廃棄物処理業の許可並びに一般廃棄物処理施設及び産業廃棄物処理施設の設置等の許可については都道府県知事の権限として，市町村長と都道府県知事の役割分担を明確に規定していることにかんがみても，およそ同法が想定しているものとは考えがたい事態である」として，条例は違法・無効であるとされた（福岡高判1983（昭和58）年3月7日判時1083号58頁も，飯盛町旅館建築の規制に関する条例は旅館業法よりも高次の規制を行うものであり，法の許容するところではないとして，違法・無効とした）。

6 実践例——ごみ屋敷条例

（1）空き家条例・空家法

　以上を前提に，特に自主条例について，実践例を説明する。ただし，条例と結びついて行われる自治体ごとの特色ある取り組みは，本書の各章で触れられている。自治体の組織に関する条例（第3章），議会基本条例（第4章），税財政条例（第7章），協働条例（第8章），まちづくり条例（第9章），住民参加条例（第

10章）などである。そこで本章では，これらとの重複を避けて，ごみ屋敷条例について取り上げる（以下では，「足立区生活環境の保全に関する条例」を「足立区条例」，「京都市不良な生活環境を解消するための支援及び措置に関する条例」を「京都市条例」，「横浜市建築物等における不良な生活環境の解消及び発生の防止を図るための支援及び措置に関する条例」を「横浜市条例」とする）。

　ごみ屋敷条例というと，まず思い浮かぶのは，各自治体で制定された空き家条例と「空家対策の推進に関する特別措置法」だろう。空き家条例は，所沢市が制定した「所沢市空き家等の適正管理に関する条例」（平成22年10月1日施行。以下，「所沢市条例」）を契機に，瞬く間に全国400以上の自治体へと広がった。その主な内容は，(a) 空き家等の適正管理など，所有者の責務の定め（所沢市条例3条），(b) 実態調査および適正管理措置（同条例5条），(c) 助言，指導，勧告（同条例6条）から，命令（同条例7条），そして公表（同条例8条）へと至る実効性確保の仕組み，(d) 警察その他関係機関との連携など（条例10条）に分かれる。

　国の空家法では，(a) 国による基本方針の策定（同法5条），市町村による計画の策定，協議会（同法6条，7条），都道府県による技術的助言，連絡調整などの援助（同法8条），(b) 空家等の情報収集（同法9条），(c)「特定空家」に対する措置などが定められている。(b)については，誰が空き家の責任者であるのか突き止めるために，固定資産税情報の内部利用を認めた点が画期的である（同法10条）。また，空き家の利用を促すために，空家等に関するデータベースの整備（同法11条）も規定された。この法律の目玉は (c) であり，「特定空家」概念を設けて（法2条2項），①倒壊等，著しく保安上危険となるおそれのある状態，②著しく衛生上有害となるおそれのある状態，③適切な管理が行われないことにより著しく景観を損なっている状態，④その他周辺の生活環境の保全を図るために放置することが不適切である状態にある空家のことと定義した（法2条2項）。特定空家等に対しては，除却，修繕，立木竹の伐採等の措置の助言，指導，勧告をしたうえで，除却命令などを発することが認められ，それに従わない場合は，行政代執行を行うことも可能とされた（同法14条）。

　空き家条例は，空家法制定前はれっきとした自主条例であったのであるが，空家法の制定によって，この法律と目的が重なり合うこととなった。条例の制

定が先行していても，法律に違反する条例は効力を失うので，両者の関係が問題となる。この点，「防犯」に対応する規定などは，所沢市も含めた多くの空き家条例で規定されながら，法律の目的からは外されたために，条例独自の目的として，❷の基準により有効ということになる。しかし，規定が重複する部分については，徳島市公安条例判決の❸の基準により判断されることとなり，条例をどのように対応させるかが問題となる。典型的なのが，執行において，助言・指導→勧告→命令の3段階を必ず経ることと定めている空家法14条であり，助言・指導および勧告を経ずしてただちに命令を発することを認める所沢市条例7条のような規定との関係について，検討が必要になった（北村ほか編 2016：52）。

（2）空き家対策とごみ屋敷対策の異同

　いずれにせよ，空き家対策については条例と法律が出揃っており，これをコピー＆ペーストすれば，すぐにごみ屋敷条例もできあがりそうに感じられる。しかし，よく考えてみると，そう簡単には事は運ばない。というのも，ごみ屋敷対策は，空き家対策との共通点もあるが，重要な相違点も少なくないからである（板垣 2017：32-103）。空き家対策との共通点としてあげられるのは，①対象が住宅である点，②実効性確保措置として命令→代執行のシステムを用いることができる点，③義務者に対する質問・調査の仕組みなどである。

　これに対して，規制の対象者(義務を課する相手方。以下，「義務者」)の実情は，空き家対策とごみ屋敷対策とでかなり異なる。空き家対策の場合は，まさに誰も住んでいない「空き家」についてどうにかしなければならないわけで，いかにして義務者を捕捉するかが大きな課題であった。空家法10条が，行政機関個人情報保護法8条1項にいう法令にもとづく例外として固定資産情報の活用を定めたのは，このためである。しかし，ごみ屋敷については，多くの場合，ごみを堆積した者は「ごみ屋敷」に居住しており，義務者の捕捉にはさほどの支障がない。むしろ，ごみ屋敷を形成・放置する時点で，義務者には，収集癖や認知症など何らかの精神的・身体的疾患の疑いがあり，彼・彼女らを「要支援者」として，行政によるケアを行うことこそが，ごみ屋敷の抜本的な解決につながるのである（京都市条例2条3号，3条，4条，8～10条）。横浜市条例6条

は，当事者に寄り添い，福祉的な支援に重点を置くことを前面に押し出しており，社会福祉協議会，ケアプラザ，町内会，民生委員などが連携して継続的な支援・見守りを行い，ちょっと目を離した隙に再びごみ屋敷が形成されるような事態を防ぐことを重視している。

　空き家条例が家屋という建物を規制対象としていたのに対し，ごみ屋敷条例の場合，「不良な生活環境」が規制対象となる点も，重要な相違点である。京都市条例2条2号は，「不良な生活環境」を，「建築物等における物の堆積又は放置，多数の動物の飼育，これらへの給餌又は給水，雑草の繁茂等により，当該建築物等における生活環境又はその周囲の生活環境が衛生上，防災上又は防犯上支障が生じる程度に不良な状態」と定義する。中心的な概念が，「物の堆積」である。これについては，廃棄物処理法の「廃棄物」概念がすでにあるにもかかわらず，「堆積（物）」という概念を別途設けた点に工夫がある。実は，ごみ屋敷条例のなかでも比較的初期（2012年）に制定された足立区条例2条2号では，「廃棄物」概念を用いていた。しかし，「廃棄物」概念を用いると，義務者から「俺の大切な財物であり，廃棄物ではない」と財産権を主張されてしまうと扱いに困るという難点がある。足立区条例は，運用において総合判断により廃棄の可否を決めることにしているそうであるが（つまり，所有権を放棄していなくとも足立区条例では「廃棄物」として取り扱うことになる），解釈上のハードルは少ないほうがよいので，後発自治体のごみ屋敷条例では，「廃棄物」という概念を避けたとのことである。一般に法概念は統一したほうが混乱を避けるためには望ましく，たとえば「建築物等」については，京都市条例2条1号で，建築基準法の定義（建築基準法2条1号に規定する建築物およびその敷地をいう）に合わせている。先行する自治体の運用上の経験・ノウハウを後発自治体が上手に生かしたわけである。

　なお，「堆積（物）」概念については，物が堆積しなくとも，ペットの糞尿などで悪臭を生じ，生活環境が害される場合がある。これについても，「物の堆積」と並んで「多数の動物の飼育，これらへの給餌又は給水」について規定し，これによって「当該建築物等における生活環境又はその周囲の生活環境が衛生上……支障が生じる程度に不良な状態」と定めるといった立法上の工夫がなされている。こうした多頭飼育については，京都市条例では規定されているが，

足立区条例や横浜市条例では，既存の動物愛護法や動物愛護条例でも対応できるとして規定されなかった。

「雑草の繁茂」は，家のなかの問題ではなく，財産権やプライバシー侵害の問題がそれほど重大ではないので，ごみ屋敷条例では規定を置かない自治体が多い。全般的に京都市条例はさまざまな局面を想定してフル装備の規定となっているので，検討の素材として役に立つ。

（3）命令・強制の措置

ごみ屋敷条例の中心的な内容である不良な生活環境の解消（要するに，ごみの廃棄）についてみると，まず，いずれの条例も，不良な生活環境の解消は堆積者が自ら行うことを原則としている。自分の出したごみは自分で処理するというのは，社会常識にも適う。問題は，先にも説明したように，ごみ屋敷を形成してしまうこと自体，堆積者が何らかの精神的・身体的疾患を抱えており，行政や地域社会の協力が不可欠なことである。

しかし，ごみ処理を自治体が手伝う場合であっても，財産権保障（憲法29条1項）との関係から，堆積者に説明して，その理解（京都市条例11条3項）や同意（横浜市条例6条4項）を得ることが原則である。自分ではごみ処理を行うことができず堆積して地域社会に迷惑をかけながら，原則として堆積者の理解や同意がなければごみ処理が進まないというのは，とても面倒に感じられるかもしれない。環境問題一般で，こうした財産権の偏重が大きな足かせとなっていることは，しばしば指摘される。だが，現代の取引社会は，私たち一人ひとりの財産権が保障されていることを基盤として成り立っている。財産権の保障は，環境問題では足かせになることがあっても，全体をみればメリットのほうがはるかに大きい制度なのである。

ただし，ごみ屋敷が放つ悪臭によって付近の生活環境が著しく害されても，堆積者の意向に絶対に従わなければいけないとするのはやはり不合理である。そこで，憲法29条2項が，財産権も「公共の福祉」による制約に服する旨を定めていることに注目してみたい。法律の規定があれば，個人の意思に反しても，その財産権を制約することが認められるのである。なぜ法律の規定があれば制約が認められるかというと，法律は国民の代表である国会が制定したもの

であるから，国民自身が，皆に迷惑がかかるような一定の場合には自分たちの財産権が制約されることを，自分たちの納得したルールによって合意したとみなされるからである。このことにかんがみれば，住民の代表である長と議会が制定した条例を通じても財産権の制約が認められることはみやすい（**2**）。

さて，個人の意思に反する財産権の制限の具体的手法が，行政処分としての命令（措置命令）である。命令の特徴は，相手方の意思に反してでも，その履行を強制できることにある。もし義務者が任意に義務を履行しないならば，罰金や過料といった行政罰を受けたり，義務に従わないという事実を社会に向けて公表されたりする。これらの制裁によって，義務者は間接的に義務を履行するよう強制されるのである。また，建物の除却のように，他人が代わりに行うことの可能な性質の義務（代替的作為義務）である場合には，自治体は代執行により，義務者に代わって自らその実現を図ることができる。

このような命令の発出，罰金や過料といった行政罰の定め，代執行は，義務者の権利を制限し，あるいは義務を課す性質の行為であるため，法律・条例に根拠規定がなければ行うことができない（自治14条2項）。政策的にみると，命令・強制が可能になるということが，条例の最大の機能である。

ごみ屋敷条例における命令・強制の仕組みを具体的にみてみよう（図5-1）。「指導」や「勧告」は，行政指導（参照，行手2条6号。実際には各自治体の行政手続条例に従う必要があるが，内容は行政手続法と同一であることがほとんどである。以下に同じ）であり，強制力はなく，これに従うか否かはあくまで相手方の任意である。まどろっこしいように感じられるかもしれないが，特別な事情がない場合には，まず任意の手段である指導や勧告を経なければ，強制手段である命令は出せない仕組みがとられるのが普通である。これは，強制手段は行政にとって最後の一手であるべきで，むやみに用いられてはならないと考えられているからである。

このほかにも，命令は相手方に不利益を与える処分であるので，命令を出す前に相手方の言い分を書面で聴かなければならないし（弁明の機会の付与。参照，行手13条1項2号，29条以下），処分の理由も相手方に示す必要がある（参照，行手14条1項）。さらに，ごみ屋敷条例の場合，慎重を期すために，命令を出す前に審議会の意見を聴くことを義務付けている点が特徴である。審議会は専門

図5-1　ごみ屋敷条例における命令・強制

指導（京都市条例11条1項）
⇩
勧告（同条2項）
⇩
学識経験者（同条例12条3項）への諮問
⇩
命令（京都市条例12条1項，2項）
⇩
代執行（同条5項）

出所：筆者作成。

的な知識を持つ学識者や住民の代表から構成されており，ごみ屋敷の住人の支援や地域の生活環境の改善など，さまざまな視点から自治体に意見を述べる。足立区条例の場合，さらに慎重を期して，命令（同条例7条2項）を出すときだけではなく，代執行（同条例9条2項）を行う際にも，審議会（同条例12条以下）の意見を聴くことを義務付けている（横浜市条例8条2項および9条2項も同様である）。

（4）費用徴収，緊急措置（即時強制），罰則・過料

　代執行を行う場合，義務者に対して事後的に処理手数料を徴収することが認められている（行政代執行法5条，6条）。横浜市条例では，一時多量ごみの収集，運搬，処分を行うものとして，同市の廃棄物処理条例の規定により，13円／kgの処理手数料を堆積者に対して請求する運用になっている。ごみ屋敷の整理においては，一度に数tにものぼるごみの排出も稀でないとされるが，計算するとそれでも数万円の自己負担で済むわけで，民間の清掃業者に依頼した場合の市場価格と比較すると，廉価に過ぎるように感じられる。なかには，福祉の観点を重視して，堆積者に費用を請求せず無料で整理を行う自治体もあると聞く。これらは「地方の実情」を勘案して政策によって決めるべき事柄であるが，無料というのはすべて税金で処理費用を賄うということである。ごみ屋敷の創出を許さないという観点からは，多少なりとも堆積者に自己負担を求めるべきと思われる。むろん，経済的に困窮している堆積者に対しては，審議会の意見を聴いたうえで処理手数料の徴収を免除するといった選択肢が設けられ

てよい。

　緊急を要する場合で相手方に義務を課している時間的な猶予がないとき，用いられるのが即時強制である。即時強制は，命令を発することなくただちにごみを撤去する仕組みと理解することができる。京都市条例では，「緊急安全措置」という名称で即時強制を規定しているが（京都市条例13条，14条），実務的には使いにくいおそれがある。即時強制の性質上，命令へと至る事前手続が置かれないので（当然，審議会への諮問も経ない），行政権の濫用が懸念されるほか，実務的にも，担当部局・職員の現場の判断が最優先となり，かえって現場に負荷がかかるためである。空き家対策の場合には，老朽化した空き家の崩壊により付近住民や通行者の生命・身体が危険に晒される場合がありうるから，即時強制の規定を置く必要性が認められるが（所沢市条例9条），ごみ屋敷対策の場合，事前手続のために多少の期間据え置いたところで，付近住民に（悪臭に苦しむことはあっても）生命・身体の危険があるとまではいえないと思われる。

　実効性確保のために，命令への違反，立入り調査への不協力に対して，罰則・過料を科すことになっている（京都市条例19～21条）。ただし，ごみ屋敷を放置する者に対して実効性があるか，罰則・過料を科すことで事態は改善されるか，罰則・過料を支払うだけの資力があるかといったことは考慮しなければならない。

7 自治立法権の未来

(1)「上書き」権？

　自治立法権の未来を描くうえで，やはり無視できないのは，法律との関係である。この点で，「特区」構想は大きな示唆を与えてくれる。税制優遇など規制緩和による産業の振興，物流の促進，まちづくりの多様化などをねらいとして，小泉政権による「構造改革特別区域」，民主党政権による「総合特別区域」，東日本大震災の「復興特別区域」，安倍政権による「国家戦略特別区域」など，さまざまな種類の「特区」が設けられてきた（それぞれの相違点については，宇賀 2017：248-250）。ただし，全国一律であった法律の規制を，「特区」と呼ばれる特定の地域に限定して，法律によって緩和しようという構想である点は変

わらない。法律の規制を，法律で認めた場合に限って撤廃・緩和するということが，「特区」構想のポイントであり，あくまでも——総合特別区域は若干勇み足であったが——法律の範囲内の話題なのである。

「特区」構想よりも，さらに地域の主張を取り込むべきであるとして，民主党政権下では，「地域主権」論が提唱された。具体的には，法律の規定に真っ向から反する条例について，その効力を認める「上書き」権の創設などを含む内容であり，波紋を呼んだ。しかし，「地域主権」論は憲法94条の明文に反するため，そのままのかたちで採用することは難しい。いくら地方分権が大切だからとはいえ，日本国憲法に背いた地方政治を行おうとしたり，日本の刑法（法律）に背いて罪を犯したり，日本の所得税法（法律）を無視して税金を納めないことが許されるわけはない。日本の憲法・法律に従うということは，暗黙の前提なのである。それぞれの自治体が創意工夫に富んだ発想を条例へと書き込んでいくことが期待される自治立法権の未来においても，この前提が変わることはない。

水道水源保護条例について，条例で廃棄物処理法よりも規制を厳格化して環境を守ることの何がいけないのか，疑問に思ったかもしれない。裁判所は法令との矛盾牴触にばかり気を配っていて，融通がきかないという印象も受けるだろう。しかし，規制の厳格化が許されないのは，廃棄物処理業者の経済活動の自由（憲法22条1項）に対して，法律が許容する以上の過度の制約になるためである。廃棄物処理施設の操業といった事業者の活動を規制する各種の規制法は，憲法が保障する事業者の経済活動の自由と，公共の福祉とを勘案した結果，いかなる規制が妥当であるのかについて，国会で慎重な審議が行われ，調整が行われた——経済活動の自由と公共の利益とを比較衡量して「落としどころ」を探った——成果物なのである。むろん，これまで日本では経済活動の自由ばかり尊重されて，環境保護がなおざりにされてきたという声にも，謙虚に耳を傾ける必要はある。政策決定では，多様な立場について考慮をめぐらせなければならないことを，心にとどめ置かなければならない。

（2）実効性確保手段の確立

自治立法権の未来を描くうえで，実効性確保のための手段が確立されていな

いことは，大きな障壁となりうる。これは，第1に立法上の課題，第2に司法上の課題である。第1に，立法上の課題として，戦前には，実効性確保のための措置について，通則法である行政執行法が定められており，直接強制，代執行，執行罰，強制徴収がフルセットで規定されていた。しかし，戦後改革の際，行政の実効性確保は裁判所による刑罰の賦課によってなされるべきである（司法的執行）という思考のもとに，行政執行法は廃止された（塩野 1989：202）。このとき，代執行に関する通則法として制定されたのが，行政代執行法である。それ以外には，国税徴収法が強制徴収についての実質的な通則法として機能している。ところが，行政代執行法が冒頭で次のような規定を置いたために，実に厄介な問題が生じているのである。

§　行政代執行法（昭和23年法律第43号）
第1条　行政上の義務の履行確保に関しては，別に法律で定めるものを除いては，この法律の定めるところによる。
第2条　法律（法律の委任に基く命令，規則及び条例を含む。以下同じ。）により直接に命ぜられ，又は法律に基き行政庁により命ぜられた行為（他人が代つてなすことのできる行為に限る。）について義務者がこれを履行しない場合，他の手段によつてその履行を確保することが困難であり，且つその不履行を放置することが著しく公益に反すると認められるときは，当該行政庁は，自ら義務者のなすべき行為をなし，又は第三者をしてこれをなさしめ，その費用を義務者から徴収することができる。

一言でいえば，行政代執行法1条の解釈から，法律で規定がない義務の履行確保の措置を条例で規定することは否定される。同法1条の「別に法律で定めるものを除いては」でいう「法律」は，同法2条の冒頭で「法律（法律の委任に基く命令，規則及び条例を含む。以下同じ。）」と書いてある以上，命令，規則，条例を含まない純然たる「法律」を指すと解釈する以外にないからである。純然たる「法律」のなかに規定されていない行政上の義務の履行確保手段を，条例で創設することは許されない。したがって，条例で課した義務の履行を確保するために，直接強制や執行罰を用いることは，現行法上，認められないと解されている。

かねてより，この規定が不合理であることは広く認識されており，学説でも，この規定の間隙を縫って，新たな解釈が提示されてきた。とくに有力なのは，同法1条が定める「義務の履行確保の措置」とは，行政代執行法が制定さ

れた1948（昭和23）年当時に想定されていた「義務の履行確保の措置」に限られるのであって（代執行のほか、直接強制、執行罰、強制徴収のことを指す）、それ以降に開発された新たな「義務の履行確保の措置」は、条例でも創設することが可能であるという解釈である（黒川 2008：117）。実際、違反事実の公表や行政サービスの停止など、近年になって開発された「義務の履行確保の措置」は、法律に根拠がなくとも、各地の条例で続々と採用されており、自治体実務はこの有力説の解釈にもとづいて行われている。

　第2に、司法上の課題として、違法建築物の建築中止命令のような行政上の義務の履行を求めるために、裁判所の行う民事執行手続を利用することはできるかという問題がある。学説の多数はこれを認めてきたのに対して、最高裁は、兵庫県宝塚市パチンコ条例判決（最判2002（平成14）年7月9日民集56巻6号1134頁）において、財産権の主体としてではなくもっぱら行政権の主体として権利実現を求める場合は、法規の適用ないし一般公益の保護を目的とするものであって、自己の権利利益の保護救済を目的とするものではないから「法律上の争訟」（裁判所法3条）とはいえないとして、法律に特別の定めがなければ裁判所を利用することは認められないとした。しかし、裁判所に求めている内容は民事差止請求としての工事中止の場合と何も変わらないのに、行政権の主体として権利実現を図る場合にはなぜ民事執行手続の利用が認められないのか、違法建築物の放置を裁判所が助長するに等しい結論であるとして、学説・行政実務から強い批判を浴びている。

　他方で、最高裁は、自治体が工場事業者などと個別に締結する公害防止協定の遵守を求める場合には、民事執行手続を利用することを認めた。最判2009（平成21）年7月10日判時2058号53頁は、公害防止協定で約束した期間を過ぎても、産業廃棄物最終処分場が操業を停止しなかった場合に、民事執行手続で操業差止めを強制できるとした。しかし、この場合の自治体は、財産権の主体として公害防止協定の履行を求めているのではなく、それこそ行政権の主体として、公益実現のために公害防止協定の履行を求めているのであり、宝塚市パチンコ条例判決と矛盾した判断である。実効性確保に関する立法が行われるか、最高裁が判例変更に踏み出さない限り、この問題の解決の糸口はみえない。

　司法的課題としては、行政刑罰の機能不全という問題にも言及する必要があ

るだろう。先述のとおり，戦後改革の背景には，裁判所が関与する行政刑罰を，義務履行確保の中核的手段とする意図があったとされる。しかし，実際のところは，刑事処罰が過酷な印象を与えることや，警察・検察においても軽微な行政犯に割くことのできる人員が少ないといった理由から，行政による刑事告発はほとんど行われておらず，機能不全に陥っているといわれている。こうした司法実務を改めることが要請されるほか，立法論として，行政上の秩序罰法制の手続的整備およびその拡充が提唱されている。

(3) 法の生成過程へ

　法社会学の始祖であるドイツのオイゲン・エールリッヒは，法の生成過程を，「生ける法」→「裁判規範」→「国家（制定）法」へと整理した（エールリッヒ 1984：382）。制定法があふれる現代，不文の「生ける法」が活躍する余地は少なくなっており，むしろ，本章の冒頭で引いた無リン化条例や空き家条例のように，住民に身近なところにある自治体が住民のニーズを満たすために制定した条例が国家法へと取り込まれていくという「条例」→「国家法」の過程こそが，法の生成過程の主流を占めていくのではないかと予想される。むろん，青少年健全育成条例（淫行条例）のように規律は都道府県ごとの条例に委ねられ，国家法は様子見にとどまることもありえよう。しかし，たとえば外からわが国の法制を概観する場合，国家法だけでは十分とはいえないようになっていることは確かである。こうした傾向は連邦制国家では当たり前のことであり，「アメリカには51の法制（連邦法と50の州法）がある」などといわれる。日本はあくまで中央集権の国家体制を前提に地方分権が推進されているのであって，そこまで極端ではないにせよ，国家法だけでなく，自治体ごとの条例をみなければ，全体を把握したとはいえない時代はそう遠くない将来にやってくることと思われる。国家法と条例が相互に補完し合いながら，公共利益の維持・増進という役割を果たしていくことを大いに期待したい。

📖 文献案内

① 阿部泰隆，2006，『やわらか頭の法戦略 続・政策法学講座』第一法規.
② 板垣勝彦，2017，『「ごみ屋敷条例」に学ぶ 条例づくり教室』ぎょうせい.

③ 斎藤誠，2014，「条例制定権の限界」髙木光・宇賀克也編『行政法の争点』有斐閣.

［参考文献］
岩橋健定，2001，「条例制定権の限界」塩野宏先生古稀記念『行政法の発展と変革 下』有斐閣.
宇賀克也，2017，『地方自治法概説 第7版』有斐閣.
エールリッヒ，1984，河上倫逸ほか訳『法社会学の基礎理論』みすず書房.
北村喜宣，2015，『自治体環境行政法』第一法規.
北村喜宣・米山秀隆・岡田博史編，2016，『空き家対策の実務』有斐閣.
黒川哲志，2008，「行政強制・実力行使」磯部力・小早川光郎・芝池義一編『行政法の新構想Ⅱ』有斐閣.
小早川光郎，2001，「基準・法律・条例」塩野宏先生古稀記念『行政法の発展と変革 下』有斐閣.
塩野宏，1989，『行政過程とその統制』有斐閣.
塩野宏，2012，『行政法Ⅲ 第4版』有斐閣.
成田頼明，2011，『地方自治の保障』第一法規.

【板垣勝彦】

自治体行政計画
──仕組みとプロセス

　地方分権改革のなかにおいても，自治体行政計画の策定に対して，国からの法による義務付けや交付金等の誘導策は引き続き増加しており，その「複雑性と冗長性」は変わらない姿であり続けている。一方，行政計画の進捗管理は国の政策動向に加え，行政評価制度整備などの自治体側の経営改革により，一定の進展をみてきた。このなかで1970年代以降，さまざまな取り組みが行われてきた計画策定への住民参加は，2000年代では進捗管理への参加も焦点とするようになってきた。ただし，行政計画のアウトカム（プログラム）評価は資源・制度的障壁から十分にできているわけではない。人口減少社会にあっては，自治体行政計画は「不利益（負担）配分」の要素をより強く持たざるをえない。計画策定・運営・評価・見直しの一連の工程において，時に矛盾する技術合理性と政治的代表性の調整に加えて，プロセス自体の信頼性と協働性の担保が一層求められるといえよう。

1 自治体行政計画をめぐる環境の変化と継続性

(1) 自治体行政計画の複雑性と冗長性

　自治体行政は数多くの行政計画が複雑に織り合って運営されている。1990年代半ばの時点で新川（1995）は，「『計画のインフレ』と呼びうる状況が出現している」としたが，今日でも，たとえば，政令市のさいたま市では，内陸部のため，港湾法令にもとづく港湾・埋め立て地関係の計画を持たないにもかかわらず，定員管理計画のような総務系から福祉・環境・土木等の各政策分野別での計画まで（法定・任意のものを合わせて）110本以上の計画を動かして行政運営がなされている（平成29年度さいたま市総合計画の在り方検討委員会資料）。

　こうした状況を市町村における都市計画の領域を取り出し，ごく簡単にみただけでも，空間整備のビジョンを定める「都市計画マスタープラン」（都市計画

法）を中心として，転居誘導による市街地のコンパクト化を図る「立地適正化計画」（都市再生特別措置法），空き家の発生抑止への「空き家等対策計画」（空家等対策特措法），良好な景観を守るための「景観計画」（景観法）と緑地保全・整備への「緑地の保全及び緑化の推進に関する基本計画」（都市緑地法），街区単位での整備に「中心市街地活性化基本計画」（中心市街地活性化法）や「歴史的風致維持向上計画」（地域における歴史的風致の維持及び向上に関する法律），そして，交通体系へは道路整備への「道路整備計画」や「地域公共交通網形成計画」（地域公共交通活性化再生法）の下で事業を進めていくが，そうしたインフラ整備（維持・更新）全体へは「公共施設等総合管理計画」（総務省通知）を定めてコストの制御を図っていく，という具体である（図6-1）。

　以上にみられる複雑性は計画目標や実施事業，そして，市域単位と地区単位という計画単位のあいだでの「計画の冗長性」も生み出している。上記の都市計画マスタープランへは市域単位での産業振興や，地区単位での地域商業活性化への取り組みも書き込まれることがあるが，中心市街地エリアであれば，「中心市街地活性化計画」での記載内容と重複する。産業振興は経済政策系の計画だけで進められるわけではない。

　こうした自治体行政計画の「複雑性・冗長性」問題へは，関連する計画を統合することで合理化を図ることがまずもっての方策である。「介護保険事業計画」（介護保険法）には「老人福祉計画」（老人福祉法）と「一体のものとして作成されなければならない」（介護保険法第117条6項）と計画の統合を定める法規定が存在するが，自治体の裁量として，上述の「都市計画マスタープラン」と「立地適正化計画」をひとつの計画として策定する事例もみられる。ただし，現在の主たる方法は，以下にみる「総合計画」体系の下に統合し，公選独任制首長の下でマネジメントすることで各種の計画が設定する事業とその所管組織に「遠心力」が働くのを防ぐというものである。

(2)「総合計画」にもとづく自治体行政計画の基本体系

　「総合計画」体系は，多くの場合，「基本構想（10〜20年程度）」「基本計画（5〜10年程度。10年以上の場合は5年程度の前（中）後期に分割して管理）」「実施計画（3年程度）」，そして「予算（単年度）」という時間軸で設定されている。「基本構想」

第6章　自治体行政計画——仕組みとプロセス

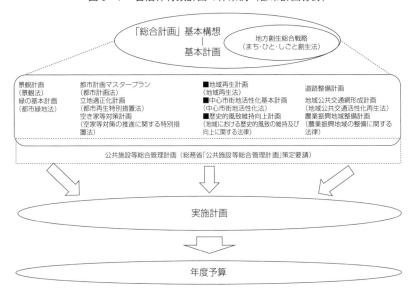

図6-1　自治体行政計画の体系例（都市計画分野）

注：①「■」は国からの交付金交付の前提に策定が位置づけられている計画を，「（　）」は根拠法令・通達を示す。
②「地方創生総合戦略」（まち・ひと・しごと創生法）も，分野横断の包括的な計画であることが期されている。「総合計画」の「部分集合」として作成されている自治体が大半である。
出所：筆者作成。

で自治体としてめざす大まかな政策ビジョンを定め，「基本計画」で現状分析をふまえた各分野別の施策目標と実施事業の一覧，そして，進捗管理のための指標を設定する。なお，「実施計画」では，各年度の事業予定額のみを記載するものから，工程管理のために各年度の実施内容や財源も詳細に記載するものまで多様である。また，その見直し（改訂）を毎年度行う自治体から計画期間内では行わない自治体まで幅がある。

中核となる「基本計画」は各分野別計画の上位計画として位置づけられるが，そこでの目標・工程は分野別計画の改訂を受けて改められるパターンも一般的にみられる。「総合計画」の分野別計画への"拘束力のなさ"は，計画にもとづく強制性を根拠とした空間管理の機能がないとする批判（金井 2014）となら

んで指摘されてきた問題点である。

　こうした「総合計画」体系は自治省（当時）が1966年に設置した「市町村計画策定方法研究会」からの報告をふまえた地方自治法改正（1969年）での「市町村は，その事務を処理するに当たつては，議会の議決を経てその地域における総合的かつ計画的な行政の運営を図るための基本構想を定め，これに即して行うようにしなければならない」とする"基本構想の策定・議決義務化"と，同年に同省から「市町村の基本構想策定要領」が通達されたことが大半の自治体では出発点となっている（今井 2010）。

　「基本構想」議決化は分野別計画を民主的正統性を付与された「基本構想」の下で体系化することを志向するものである。これについて，所管の自治省行政局（長野士郎局長）の政策意図はアメリカの都市自治体のように自治体の政策規範となる議決を経た"憲章（チャーター）"を日本の市町村が持つことであったと，後に自治事務次官を務める松本英昭は当時を振り返り報告している（松本 2010）。

　もちろん，自治省主導での「総合計画」体系整備には例外もあり，総合計画策定への住民参加で先駆けとなった東京都武蔵野市では，1966年に「武蔵野市長期計画」試案が作成され，本格的な策定作業が1970年から始まっている（『武蔵野市長期計画　昭和46年→55年』）。武蔵野市長期計画では「地域環境指標」の策定により近隣自治体や市内各地区間の比較情報を提示していくことや，首長任期と連動した計画期間とすることで計画行政と選挙デモクラシーとに"折り合いをつける"といった2000年代の総合計画策定で一般化する内容に先駆的に挑戦したのであった（西尾 2013）。

　以上でみた市町村「基本構想」の議決義務は「義務付け・枠付け廃止」の分権改革のなか，2011年の地方自治法改正で廃止された。しかし，自治体議会改革へのアドボカシー活動を行っている「自治体議会改革フォーラム」が全自治体を対象に2016年1月に実施した調査では，"「基本構想」の議決を経る「総合計画」方式を廃止"と回答した市区町村は3％未満であった（表6-1）。「総合計画」体系での自治体運営には，その脱却を図るべきとする主張（片山 2010）もあるが，基本的には継続されているのである。

表6-1　「基本構想」策定義務廃止を受けての対応（2015年末時点）

「基本構想」策定義務廃止（2011年）を受けての自治体（議会または執行機関）での取り組み（単数回答）	回答市区町村	
全体	1506	100.0%
1．「基本構想」を策定し，議決することを定める条例（※）の新規制定または既存の条例の改正を実施した	652	43.3%
2．既存の条例（※）のなかで「基本構想」の策定・議決を定める条項があったため，新たな条例・条項の制定・改廃は行わなかった	109	7.2%
3．議決を経る「基本構想」（「総合計画」）方式を廃止し，新たな運営枠組みへ移行した	41	2.7%
4．取り組まれた内容は「1」～「3」には該当しない	78	5.2%
5．現在，特段の取り組みは行われていない	621	41.2%
6．その他（または無回答）	5	0.3%

注：※は「基本構想」を策定・議決することを直接の目的とした条例に加えて，自治基本条例，議会基本条例，総合計画条例，議決事件条例などで「基本構想」を策定・議決することを定めている場合を含める。
出所：長野（2016a）および同資料編より筆者作成。

（3）自治体が行政計画を持つ意味

　自治体行政計画の多くは国法で策定が義務付けられるか，法文で明確な義務付けはないが，策定へ交付（補助）金での誘因が設定されているものである。自治体行政計画は，一面において，国がめざす政策の実現に自治体を動員する手段でもある。地方分権改革で国からの義務付け緩和（自由化）が進んだにもかかわらず，また，計画を担保する行政職員の人員削減が進んだにもかかわらず，国が基本方針を定め，その実行のための自治体に計画策定を求める立法措置（松井 2017）は追加され続けている。

　では，行政計画は自治体にとってはどのような機能を持つのか。もちろん，第一義には自治体が実現を期す政策目標達成の手段であるが，その前提として，①組織経営，②市場，③ローカル・ガバナンス，④政府間関係のキーワードがあげられる。

　第1は合理的な資源配分を図り行政組織を制御する役割である。到達目標とそれへの取り組みを定めるなかで，複数年次にわたる投入予算・人員を算定し，庁内の各部門の役割を調整する。また，この副次的効果として策定作業を通じた政策体系への学習とモラールの高揚（打越 2004）を行政職員に促す。

第2は行政外アクターの行動を引き起こす（または抑制する）シグナルとしての役割である。計画実施を"チャンス"ととらえた事業者・個人からの資源投資を呼び起こす（あるいは逆に投資抑制を促す）ことを期す。マーケットでのヒト・モノ・カネの流れを計画で制御しようとするのである（西尾 1990）。

　第3の役割は計画による「政治的統合・合意形成」である。2000年代に一般化した首長マニフェストにもとづく総合計画策定（またはマニフェストを反映しての改訂）は，公選政治家たる首長と公務員組織との"政官関係"調整作業である。また，計画が議決事件である場合はその可決に向けて，議決事件でない場合でも計画にもとづく事業への予算議決を得るために行政部側は議会からの合意調達を図る。首長・官僚組織と議会との計画を媒介にした調整である。そして，計画策定に広く一般市民が参加できる手段を講じることは計画への理解と支持を調達するためであり，後述のワークショップ等の共同作業を組み入れることは，民間セクター間の信頼醸成を含めたアクター間連携促進を期待してのことでもある。

　第4の政府間関係の領域では，まずは，国・都道府県からの資源調達手段としての役割がある。「地方公共団体が，地域再生計画を作成し，内閣総理大臣の認定を受けた場合に，当該計画に記載された事業について，『まち・ひと・しごと創生交付金』（地方創生推進交付金）を交付することができる」（首相官邸・地方創生戦略本部ウェブサイト）という例が示すように，国・都道府県から交付（補助）金を受けるには計画策定が前提となるのである。

　そして，もうひとつは政府（機関）間調整の手段としての役割である。「市町村は，市町村障害福祉計画を定め，又は変更しようとするときは，第二項に規定する事項について，あらかじめ，都道府県の意見を聴かなければならない」（障害者総合支法第88条第10項）のように都道府県・市町村間の調整が法定化されている場合は所管部局間の行政ルートで，また，市町村国民保護協議会への県職員・自衛隊員の参加が法定化されている国民保護計画（国民保護法）の場合には，法にもとづく協議組織のチャンネルを通じて，形式的であれ，自治体ならびに政府機関（自衛隊）との機関間調整がなされるのである。

2 自治体行政計画の策定プロセス

　計画策定へは多様なアクターが関与する。中核は当該計画を所管する事業部局（総合計画の場合は企画部局）と首長だが，各種の支援業務に従事するコンサルタント，学識者や域内の各種団体代表，そして公募委員——近年では住民基本台帳から性別・年令等の属性にもとづき人口比例的となるよう無作為に抽出された名簿に従っての招聘に応えた住民が参加する場合も増えている——によって編成される審議会組織，さらには，審議会委員として参加する場合も含めた議会（議員）も重要な存在である（図6-2）。

(1) 予算編成

　行政庁内の作業では，計画検討のための予算措置と態勢整備が前提となる。計画の検討にどのような調査を行うか，どのような市民参加手続を行うか，そうした事柄はいずれも予算措置をともなう。また，特別職（非常勤）職員の報酬・費用弁償を定める条例にもとづき，審議会委員へは報酬等が支払われるため，会議回数も予算と連動する。場合によっては補正予算での対応もあるが，計画検討手順は基本的には計画策定前年度での予算編成のなかで決まる。

　計画策定経費をめぐっては，交付（補助）金として国から措置される場合がある。先述の公共施設等総合管理計画では，特別交付税交付金として経費の半額が国から交付される（総務省「公共施設等の総合的かつ計画的な管理による老朽化対策等の推進（平成26年1月24日）」）。財政措置が全額交付ではない場合は自治体の自己負担があるため，この負担分も策定前度の予算調製または当該年度の補正予算で対応される。

　次に，多くの場合，年度後半に計画案が成文化され，パブリック・コメント手続や議会の議決を経て，年度末に自治体として計画が決定され，新年度から新計画の下で事業が行われる。これは当該計画の策定作業と並行して，新年度予算の枠組みたる「実施計画」編成（見直し）と具体の予算調製が進むことを意味する。予算編成スケジュールは自治体にとって最も動かし難いもののひとつであり，予算編成が終わる時期になって予算がともなう計画案の大幅な変更

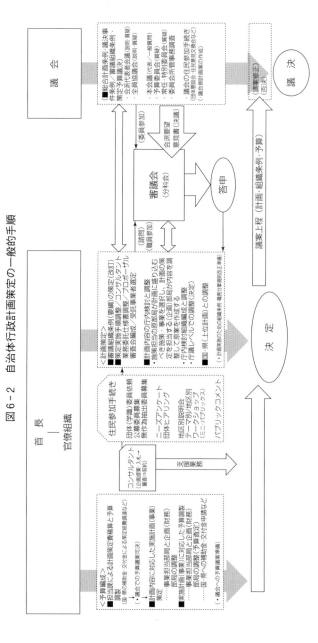

図6-2 自治体行政計画策定の一般的手順

注：審議会に「分科会」が付記されているのは、総合計画ではテーマ別に議論する下部組織が設けられる場合があること、および、市町村都市計画マスタープランでは法定の審議会に専門部会が設けられて当該計画が検討される場合があるからである。

出所：筆者作成。

はほぼ不可能である。また，議会との関係でみれば，議決事件とされている場合は，議案として計画案と，その実施経費を含む予算案が併せて議決されなければ計画の実施は担保されないのである。

（2）行政庁内での計画検討

　計画策定には予算に加えて検討組織も必要である。検討のために審議会組織を設ける場合には設置条例（あるいは要綱）を要するため，その案文作成と議会への議案上程が必要となる。「空き家等対策計画策定協議会」（空き家対策特別措置法）など，法律で策定組織設置が定められている場合にも，そのための設計が同様に行われる。

　計画内容の具体の検討にあたって，分野別計画では所管部局が中心となるが，総合計画など，分野別計画をまたぐ計画では，企画部門を中核にした部局横断での体制が組織される。その内容は部長級組織，課長級組織に加えて，係長・主査級の作業グループを設置するなど，自治体規模等に応じてのバリエーションがある。

　庁内の態勢整備に加えて，実施予定手順・予算内容に応じて策定支援業務に従事するコンサルタント事業者の組織化も図られる。入札への業務仕様書が検討され，議会から予算の議決を得たのち，事業者公募が行われ，価格や企画提案内容の充実度等の審査をふまえて契約となる。コンサルタント事業者は各種ニーズ調査実施，計画内容立案の助言やドラフト・図面作成，住民参加企画の運営（ワークショップの設計・ファシリテーション等），計画書編集・印刷などを契約にもとづき計画担当部署の指示のもとに担う。なお，コンサルタントを利用せず，行政職員で直接運営する自治体もあるが，ここには財政力が乏しく委託費を捻出できないケースから，十分にノウハウを持つ職員体制があるため，わざわざ委託する必要がないというケースまでが含まれる。

　次に，具体の計画内容の検討において，その主たる項目は計画がめざす政策ビジョン，施策・事業目標——進行管理のための目標値（測定指標）を含む——およびそれを実現するための事業量と工程表，そして，庁内部門間連携や住民参画・協働を含む計画の推進体制，進捗評価組織の設計などである。これらの設定にあたっては，前提作業として，政策需要を規定する人口推計，地方

税・交付金歳入等の財政フレームの推定，各種統計などを利用した現状分析があり，具体の事業選択においては，法令制定（改正）の動向は当然として，所管部署が培ってきた専門知識に依拠する指向性や各事業単位での行政コスト，首長の選挙公約の内容，議会側（とりわけ多数会派）の意向，そして，各種団体からの要望や後述の住民参加手続での意見など，さまざまな要素が担当課や庁内委員会で検討され，最終的には首長レベルからの指示をふまえて庁内調整手続のなかで計画案が生成されていく。

なお，国の政策にもとづく自治体行政計画の場合，総務省「公共施設等総合管理計画の策定にあたっての指針」（2014（平成26）年4月22日）のように，地方自治法第245条の4第1項（技術的な助言）の「通知」の形式をとって所管省庁側が意図する内容が示される。これは「参酌基準」ではないため，法的には順守義務はないわけであるが，多くの自治体においては，実務上，まさにガイドラインとして参照される。

そして，「市町村自殺対策計画」（自殺対策基本法・2006年）のようなまったくの新規で計画が立案されるものは行政計画全体のなかでは少数派であり，多くの場合，5か年程度の計画の終了を見越しての改訂作業となる。現行計画で実施される事業の大半は次期計画のもとでも（計画のなかでの位置づけを変える場合を含め）事業としては継続されていく。新規計画の下で新たに始められる事業はあるものの，計画の改訂にともない完全に廃止される事業は工事完了をもって終了する土木・建設系を除けば，ごく少数である。こうした事業の継続性，すなわち，「この事業を実施（継続）するために計画のどこに位置づけるか」という"事業から計画を考える組織慣性"も自治体行政計画のひとつの特徴である。

以上のような行政庁内での作業を経て作成される計画素案は，次にみる審議会での検討手続との往復のなかで練られ——計画の"ほぼ完成形"となる審議会からの答申案も基本的には計画所管部署またはコンサルタント側が"下書き"する——，最終的には庁議決定を経て確定する。

なお，計画事業費予算要求・査定の予算調製プロセスに加えて，計画実施のための新部署創設や業務分担変更の必要性に応じて，組織条例や職務分掌規則の改正準備も計画策定と並行して行う。条例改定の場合には議会側からの承認を得るための調整作業も計画実施の準備作業である。

(3) 住民参加手続

　住民参加手続の中心となるのは審議会組織である。どのような委員構成で，どのように審議を進めるのかを行政担当部局は慎重に選択しなければならない。公募で集った住民を組織化し，首長と「パートナーシップ協定」を締結して計画策定への提言組織と位置づけ，当該組織が計画への提言書を取りまとめる事例（1999年から2001年に東京都三鷹市で取り組まれた「みたか市民プラン21」（内仲 2004）など）もあるが，策定に携わる審議会の標準的な委員構成は，当該分野の学識者，町内会連合会や商工会議所等の有力団体や障害者団体等の当事者団体からの選出者，そして，作文によって審査を受けた公募住民である。計画によっては副首長・部長級等の行政職員を委員として含める場合もある。基本的な視点は専門家と利害関係者の参与による専門的知識調達と決定過程への正統性調達である（長野 2009）。

　このようなメンバー選定と審議進行での委員長発言の"台本"作成——「演出と振付」（森田 2006）——は審議会組織の政策選好を当局の政策選好とあらかじめ近いものにする「事前のコントロール」（建林 2005）としての側面を持つ。この点で，公募委員に住民基本台帳からの無作為抽出・招聘により委員を募る取り組みは，当局側の政策選好と大きく離れるメンバーが参加する可能性も持つが，にもかかわらず，それが行われるのは，市民生活に密着した具体的な「知識」が検討過程に投入されることで計画の質を向上させ，場合によっては利害関係者へのある意味での"抑制"となることも期待されてのことといえよう。

　ここで重要となるのは審議会会長の役割である。多くの場合，学識者が担当する委員長の選定では，その候補者を首長との調整もふまえて担当部局が選び，その人物に"頼み込む"ところから始まる。そのため，審議会設置条例では会長を互選とすることが一般的だが，実態は担当部局が各委員に"根回し"をして予定者が会長に就任できるようにする。そして，具体の審議では，会長は「プロセス設計者」として，当局側担当者が用意する原案をもとに協議しながら一連の手順を設定し，「ファシリテーター」として各委員が持つ知見を共有化し，議論を熟成させる役割を担うが，場合によっては「政策専門家」として議論の見落としがないようガイドしていく役割（長野 2012）に加えて，議会

側(多数会派)や利害当事者の要望を計画案にどのように取り入れるか,の利害調整・政策的判断も担う。

　次に,審議会以外での住民参加では,無作為抽出アンケートにもとづく住民意識調査,地区別あるいはテーマ別に参加者を募っての説明会や意見表出のためのワークショップ,そして,中間段階および素案段階でのパブリック・コメントが主たるものである。開発事業を含む計画であれば,誰でもが立ち寄れる駅前公共施設等にオープンハウスを設けての情報提供も行われる。

　このなかで近年では,熟議民主主義論での「ミニ・パブリックス」(篠原編2012)に位置づけられる「市民討議会」の活用が普及しつつある(佐藤 2012)。住民基本台帳からの無作為抽出・招聘による参加者に対して,行政担当者や専門家が情報提供を行い,それをふまえた(ファシリテーターを含まない)5名程度の小集団での討議とそこからの報告・提言への投票(シール等を用いた複数投票制)あるいは評価票の記入を通じた意思表明を繰り返すなかで,意見表出や事業審査が行われる(長野 2014)。また,無作為抽出された参加者による少人数での討議と全体での討議,その前後での質問紙調査を組み合わせて個々人の選好の変化を測定する「討論型世論調査」も,市町村の総合計画策定へは神奈川県藤沢市にて実施されている(2010年1月・8月(曽根 2011))。

　なお,災害対策基本法にもとづく「地域防災計画」では,「市町村内の一定の地区内の居住者及び当該地区に事業所を有する事業者」に「地区防災計画」の提案権が法的に付与されている(災害対策基本法第42条の2)。こうした法制度上で設定されている狭域単位での計画提案をどのように全体の計画と整合させていくかは,プランニング上の重要な課題である。

(4) 行政計画策定における議会の役割

　行政計画策定への議会の関与について,その中心は①計画策定のガバナンス枠組みの設定,②内容への質問・質疑を通じた政策的意思の表示,③議決による決定である。

　第1の計画策定のガバナンス枠組みの設定とは,どれくらいの予算を投入(予算議案)し,どのような組織で検討(審議会設置条例)し,そして,最終的な決定方式として議会の議決対象とするか(議決事件条例),の決定である。既述

のように調査経費を含む予算議案の議決は計画策定作業の前提である。行政側が想定している計画内容や計画策定手順に議会内多数派が反対であるならば，予算議案から当該策定関係経費を減額修正して議決となろう。

次に，策定組織の構成について，当該計画のための審議会の設置条例で委員に議員を含めるか否かが決定される。策定組織への議員参加が法律で定められている場合（空き家等対策計画策定協議会など）も含め，審議会に参加する議員メンバーの選定は議会側の裁量となる。会派代表者会議や議会運営委員会での調整事項である。

第2の議員側から行政側（首長・担当部局）への質問・質疑を通じた政策的意思の表示は，本会議で会派を代表して行われる代表質問や議員個人からの一般質問，各種政策分野別に組織される常任委員会や中心市街地活性化等の争点別に設定される特別委員会，そして，予算（決算）審議が行われる予算（決算）特別委員会での質疑が主な場面となる。また，重要案件であれば，当該計画を扱う委員会の所管事務調査として検討を行う場合もある。

この質問・質疑は，直接的には行政部局側に議会側の意思を示すものだが，行政部局側を通じて間接的に計画策定審議会に伝えられ，なかには審議会側と議会側が直接にコミュニケーションをとる事例もある。総合計画策定委員会の代表者が全員協議会の場で議員からの質問に答弁する東京都武蔵野市の取り組みは1970年代から続く代表例である（西尾 2013）。

第3の計画の議決による決定は，地方自治法第96条第2項（任意的な議決事件追加）にもとづく議決事件条例で議決対象とするか，自治基本条例や総合計画策定条例で議決を定めた場合に該当する（表6-2）。また，**1**（2）でみたように，2011年に市区町村「基本構想」の議決義務は廃止されたが，市町村都市計画マスタープラン（都市計画法），立地適正化計画（都市再生特別措置法），景観計画（景観法），緑地の保全及び緑化の推進に関する基本計画（都市緑地法），農村地域工業等導入実施計画（農村地域工業等導入促進法），農業振興地域整備計画（農業振興地域の整備に関する法律）は個別法で「議会の議決を経て定められた市町村の建設に関する基本構想」に即するものとされたままに置かれた（廣瀬 2015）。限定された領域だが，議会が上位規範を議決することによる分野別計画の方向づけも議会によるガバナンスの営為となる。

表6-2 計画に関わる議決事件の追加状況（2012年→2016年）

議決項目	市議会		町村議会	
基本構想	22.7%	66.0%	14.4%	32.3%
市町村の基本計画	19.7% ⇒	31.9%	12.6% ⇒	26.0%
基本計画以外の重要な計画（各種施策のマスタープラン）	7.4%	13.9%	3.3%	5.8%

注：複数回答。
出所：全国市議会議長会「平成25年度市議会の活動に関する実態調査結果（平成24年1月1日～12月31日）」，全国市議会議長会「平成29年度市議会の活動に関する実態調査結果（平成28年1月1日～12月31日）」，全国町村議会議長会「第58回町村議会実態調査結果の概要（平成24年7月1日現在）」，全国町村議会議長会「第62回町村議会実態調査結果の概要（平成28年7月1日現在）」。

　ここで，計画案が議案上程されて審議されることは，議会内多数派の意思にもとづき，議会が否決だけではなく，修正する権限も持つことを意味する。議会が計画案を否決した場合の行政側の対応は，まずもって議会側が同意するであろう内容を予測して修正し，議案として再上程することである。ただし，内容が大きく変わる場合，策定組織参加者からの反発も生じうるため慎重な政治的判断を要する。また，修正議決に対しては首長側には再議請求を行う選択肢も存在する。これは2012年の地方自治法改正で条例・予算以外の議決事件も首長の再議請求の対象になったことで可能となったものである。

　この再議請求後の再議決を経てもなお議会側と首長側の合意が成立しない場合，市町村であれば，自治紛争処理委員会をふまえての知事裁定，さらには裁判へ進むこととなる。議会による計画の修正がどの範囲まで可能であるのかが争われた訴訟としては名古屋市長対市議会での名古屋市議会議決取消請求事件がある。名古屋地裁判決（2012（平成24）年1月29日）では，首長側（X）「から提案された総合計画に定める施策の基本的な方向性を変更するような修正を行うことは，総合計画の策定に係る議案の提出権をXに専属させた趣旨を損なうものとして許されないというべきである」として，一定の制約があることが示された（駒林 2013）が，名古屋市長側の請求は棄却されている。

　こうしたなかにあって，議会による計画案修正として注目されるものに北海道栗山町の総合計画策定（2008年）があげられる。ここでは，行政側素案との方向性の違いから，議会側が対案を作成し，行政側が組織する策定委員会住民

メンバーを議会改革のなかで設けられた「一般会議」に招聘して議会側案を説明し，住民メンバーの議会案への賛同を受けて，行政側が議会側案に沿って計画案を修正し，最終的には議会が議決するに至っている（神原 2009）。議会の政策立案を支える議会事務局職員数は町村議会では1議会あたり平均2.5人（全国町村議長会「第62回町村議会実態調査結果の概要」）であり，計画対案を議会側が練り上げることは人員面からも難しいといえるが，そうした制約のなかにあって，議会への住民参加と議会による計画策定の営為が，行政部局での計画策定に"合流"したという意味で栗山町議会の取り組みは貴重な事例といえる。

3 自治体行政計画の評価の仕組みとプロセス

(1) 自治体行政計画への外部主体による評価

　自治体行政計画は自治体の政策選択の結果物でもある。そのため，特定の思想・イデオロギー的立場に立脚した「評価」の対象となる。議会議員（会派），NGO，マスコミ，研究者が社会的アドボカシーとして行う「評価」である。この文脈では2015年の国連「SDGs採択サミット」で採択された「持続可能な開発目標（SDGs）」の価値・理念に共鳴する主体からの「評価」——「まち・ひと・しごと創生基本方針2017」（2017（平成29）年6月9日閣議決定）では「地方公共団体における持続可能な開発目標（SDGs）の推進」が定められているため，政府全体での取り組み（蟹江 2018）に協応するものともいえる——も含まれよう。

　また，議会が，決算特別委員会または計画の分野に対応した委員会の活動の一環として，自治体行政計画の「評価」に取り組む事例も存在する。**1**でも参照した自治体議会改革フォーラムの全国調査によれば，2015年末時点で全国の自治体議会の1％強ほどではあるが，議会として自治体計画の進捗評価が実施されている（表6-3）。

　こうした「外部主体」による自治体行政計画の「評価」は自治体ガバナンスのうえで重要な営為であるが，本節では首長部局による計画の評価活動に焦点を絞り，そこでの仕組みとプロセスを「5W1H」——「いつ」（評価の実施時期の選択），「どこで」（評価実施あるいは評価審議の場の選択），「誰が」（評価の実施

表6-3 議会による計画進捗評価の実施

2015年1月1日～12月31日での議会が委員会等の特別な場を設置して行った行政の事務・施策・計画の評価・点検（複数回答）	回答市区町村	
全体	1506	100.0%
1．事務事業評価を行った	49	3.3%
2．施策評価を行った	11	0.7%
3．政策評価を行った	5	0.3%
4．自治体計画（※）の進捗評価を行った	20	1.3%
5．まち・ひと・しごと創生法に基づく地方人口ビジョン策定を受けて，既存の「基本構想」の評価・点検を行った	14	0.9%
6．「1」～「5」には該当しない方式での評価・点検を行った	29	1.9%
7．議会が評価・点検主体となる行政の評価・点検は行っていない	1391	92.4%
8．その他（または無回答）	2	0.1%

注：①※は「総合計画」に加えて「まち・ひと・しごと創生法」にもとづく「都道府県／市町村まち・ひと・しごと 創生総合戦略」，そして環境や福祉，行政改革など「分野別計画・個別計画」等を指す。
　　②行政が行った評価・点検結果を質疑等の資料として使うことだけでは，議会が評価・点検主体となる取り組みには含まないものとして設問を設定している。
出所：長野（2016a）および同資料編より筆者作成。

主体の選択），「何を」（どの側面の評価を実施するかの選択），「どのようにして」（評価手法の技術的選択），「なぜ（誰のために）」（評価の目的および評価情報の主たる提供先の選択）――の観点から考えていく。

（2）行政計画の事前評価

　計画の事前段階での評価は，①計画で想定するニーズの詳細なアセスメントから，②計画が予定する事業がどのように課題解決へ結びつくのか，その目的と手段の関係が想定する因果構造（ロジック・モデル）の妥当性の検証（セオリー評価），そして，③予定する実施費用と期待される便益（効果）とのバランスの計算（費用便益分析）が主たる構成要素である（ロッシほか 2005；山谷編 2010；Boulmetis and Dutwin 2011）。"主たる"とした理由は，「利害関係者の多様な意見を幅広く反映・調整できたか」という評価基準（打越 2004）も自治体行政計画の「政治的統合・合意形成」機能から重要となり，同時に計画内容の適法性（争訴回避性）確認も行政計画として必須だからである。

以上は計画所管部署における「プランニング」そのものであり，どのような計画においても検討されるべきものであるが，とくに③について，市街地再開発事業等の開発系計画では，その実施が国の補助（交付）金交付の前提条件となっている。しかも，費用対便益の比率が1以上（B／C≧1.0）となることを示さなければ，資金交付はなされない。

　費用便益分析の具体的な計算方法は各省庁が示すマニュアル（総務省ウェブサイト「公共事業に関する評価実施要領・費用対効果分析マニュアル等の策定状況一覧（平成29年4月現在）」参照）にて指定されているが，便益が直接の貨幣支出額で測れない，あるいは，計測対象の価値が市場価格に反映されていない場合（環境保護領域など）には，効用水準(環境の良さなど)を維持するために住民が支払ってもよいと考える金額，または元の水準を補償してもらうために支払われるべきと考える金額を質問紙調査で調べ，その結果にもとづいて費用・便益を算定する仮想市場評価手法（CVM）を用いることがある。

　以上で費用便益評価の実務は業務を受託したコンサルタントなどの専門事業者が中心となる。CVMの質問紙調査などでの住民参加もあるが，基本的には専門家による評価である。なお，計画を所管する審議会へも報告されるため，審議会を通じた住民の参加は可能である。

　行政計画の評価は最終的には納税者へのアカウンタビリティを果たすことが主たる目的のひとつであるが，事前評価としての費用便益分析が補助（交付）金交付要件にある場合には国に対する「バリューフォーマネー」を示すことが自治体にとっての実施目的といえよう。

(3) 行政計画の事中評価

　実施期間中の評価は計画の進捗管理を目的とする。計画策定時に設定した年次目標に対する未達度合い（または超過具合）の原因を分析し，それをふまえて，予算・人員等の資源投入量や実施手法・工程を点検し，実施内容の修正に反映させる。この点検は総合計画のような施策・事業数が多い計画であれば，分割して数年で一巡するよう段取りを組む場合もある。

　計画での年次目標には定点観測が可能な指標が設定されるが，国勢調査値のように一定の期間を経なければ変化がわからないものが主たる情報源となる場

合には，情報を補うため，受付件数等の日常業務から得られる業務統計の情報等を組み合わせる必要がある。また，目標値は社会的変化を示すアウトカム指標が望ましいが，後述のように社会的変化が顕在化するまでには一定の時間を要するため，代替として設置件数等のアウトプット指標を組み合わせて測定する等の工夫も必要となる。いずれにせよ，目標値設定にあたっては「測定しやすいから」という理由だけで選択されてはならず，ロジック・モデル（因果関係）にもとづく理論的裏づけが担保されなければならない（Dahler-Larsen 2005）。

　以上でみた象徴的な指標を設定して「公共政策や公共プログラムの成果と効率性を定期的に測定すること」（ハトリー 2004）は「業績測定法」と呼ばれるものであり，日本の自治体では事務事業（行政）評価の定着を媒介にして行政計画の評価に導入されてきた。また，2004年度創設の「まちづくり交付金」（2010年度から社会資本整備総合交付金に統合）とそれを活用する都市再生整備計画における評価指標設定（谷口・宮木 2011）など，国の動向からも自治体行政計画への標準装備化，すなわち「同型化」（Powell and DiMaggio 1991）が進んできた側面を持つ。2016年10月時点での総務省調査によれば，75.8％の市区町村で行政評価の結果が「総合計画等の進行管理」に活用されている（総務省自治行政局行政経営支援室『地方公共団体における行政評価の取組状況等に関する調査結果（平成29年6月）』）。

　「業績測定法」はシンプルで使いやすい手法であるが，RCT（ランダム化比較試験）による精緻なインパクト評価とは異なり，科学的厳密さで事業と成果の因果関係を明らかにすることを追究するものではない（今田・田中 2016）。持続的な内容改善に向けて，原因分析と改善案の検討が所管部署内だけでなく，ステークホルダーを交えた対話のなかで促されることに価値を持つのである。近隣あるいは類似自治体と比較可能な指標を選択して適切な水準を追求していく，という指標自体の工夫もさることながら，評価調書に"分析記入欄"という「ナッジ」（セイラー／サンスティーン 2009）を設定して所管部署による省察を促し，そして，その記述内容をふまえたオープンな議論の場を設けることが基本的な視点である。そうした検討は所管部署内，首長・企画財務部門との予算査定と連動した「実施計画」編成工程，そして，利害関係者・住民の参加を得る審議会組織での「外部評価」が主たる場面となる。

ここで注意しなければならないことは，計画の進捗管理には，事業部局が所管する当該計画の審議会での点検からのものと，企画（行政評価）部門が司る行政評価（行政職員による内部評価および審議会組織による外部評価）からのものの2系統の情報が提供される，ということである。計画策定の審議会では進捗評価を実施せず，もっぱら，行政評価系列で進捗評価を行うとするケースもあるが，少なくとも計画の見直しにあたっては，両方の系統での情報を総合しなければならない。そして，こうした点検・評価結果をどれだけ内容の修正に反映させるかは，まずもって所管部局の判断であるため，"フィードバックの成否"は所管部局長の問題となる。同時に，行政評価制度の運用としてみれば，企画（行政評価）部門がどれだけ事業部局側に"にらみを利かせるか"という庁内力学の問題でもある。もちろん，最終的には首長のスタンスに帰着する。

審議会組織での「外部評価」は，出納整理期間が終わり，決算が確定して行政内部での事務事業評価作業が終了したおおむね7月後半から作業が開始されるが，次年度予算に反映させるために11月中には大半の評価作業を終わらせなければならない。こうした時間制約の下で多様な立場の委員（無作為抽出にもとづく招聘の場合を含む）が担当職員との対話を通じた「参加型評価」（源編 2016）にて計画の進捗評価を行う場合には，計画検討の際と同じく審議会会長の役割が重要となる。「プロセス設計者・ファシリテーター・政策専門家」という多面的な役割（長野 2012）を引き受けなければならないのである。

(4) 行政計画の事後評価

計画実施終了に際して行われる評価は，①計画であらかじめ設定されたアウトカム指標にもとづく効果の測定，②計画実施過程で生じた問題点の分析，③計画実施に投入された費用と得られた各種便益（効果）との費用便益分析が基本要素である。上記は計画策定または評価のために設置された審議会組織に報告され，その検討結果は次期の計画策定で活用される。

計画のインパクトの分析として，先述の都市再生整備計画(まちづくり交付金)では，「without値（過去10～20年程度の傾向をふまえ，事業を実施しない場合の交付終了年度の推計値）」と「with値（事業を実施した場合の推計値）」との"差"から効果を算定することが推奨されていた（国土交通省『国土交通省 まちづくり交付

金指標活用マニュアル』)。近年では3年ごとの改訂が義務付けられている介護保険事業計画(介護保険法)でも要介護度の改善状況というアウトカムレベルの目標指標を設定することが定められ(介護保険法2017年改正)、これを含む「適切な指標による実績評価」が国からの財政的インセンティブ供与の前提として設定されている。また、立地適正化計画(都市再生特別措置法)では、おおむね5年ごとでの実施状況の評価が努力義務化されており、そのための評価指標(「平均住宅宅地価格」等)が国から例示されている(国土交通省『立地適正化計画作成の手引き(平成29年4月10日版)』)。

次に、費用便益分析の実施について、既述の市街地再開発事業計画等では、補助期間終了時に分析結果を国へ報告することが定められている。国に対する説明責任である。ここでの担い手も都市計画コンサルタントなど、自治体の委託を受けた専門業者が中核となる。

以上に共通する問題点として「計画のアウトカム」が実際に現れるには長い年月を要する場合があることがあげられる。たとえば、土地利用の誘導は住宅の建て替えを大きな要素とするため、30年程度の長期スパンとならざるをえない。一方、上述のように"数年単位で測定しなければならない"とする法的要請も存在する。また、効果分析は理論的には計画にもとづく事業の実施完了後に行われるべきともいえるが、実際には計画最終年度内に「見込み」で実施せざるをえない。計画の空白期間を生じさせないために効果分析と次期計画への改訂作業を同一年度内で進めなければならないからである。こうした「時間軸の矛盾」は行政計画の事後評価が抱える第1の課題である。

また、行政計画の効果測定に実施過程の点検を合わせた総括的な評価には、利害関係者への幅広いヒアリング調査等、科学的知見にもとづく「プログラム評価」(ロッシほか 2005)の実施が期待される(南島 2012)。しかし、市町村には外務省大臣官房ODA評価室のような専門家・コンサルタントを組織するプログラム評価専門部署は事実上、存在しない。また、繰り返しみたとおり、多数の計画が同時並行で策定と実施・評価に動いているのであり、なおかつ、それらは個別所管部署別に運営されているため、構造的に個々の計画の「評価」に専門的な人材を十分に配置することが難しい。「評価実施資源の欠乏性」は行政計画の事後評価が抱える第2の課題である。

なお，自治体行政計画には国民保護計画（国民保護法）や地域防災計画（災害対策基本法）のように物資・装備の導入・更新費，訓練実施費用では各年度の活動が把握できるが，真の意味での「計画の成果」は有事が発生しない限り判別できない計画群がある。こうした計画群への評価技術開発は上記の２課題とは別の次元における大きな課題である。

4 人口減少社会における自治体行政計画

　自治体行政計画策定への住民参加には1970年代以降，さまざまな営為が積み上げられてきた。それは経済成長・人口増を前提とした施策・事業の整備・拡大という資源配分局面から始まったといえる（長野 2016b）。一方，バブル経済崩壊後の1990年代後半から2000年代では，計画の進捗管理での参加・協働が必須の要素となった（新川 2003）。同時に首長マニフェストにもとづく計画策定と議会の議決事件化の進展という意味での「計画の政治化」も特徴といえよう。これらの背景にあるものは，経済低成長期であるがゆえの自治体の業務拡大と財政資源不拡大とのギャップであり，資源投入をめぐる競合の激化である。

　次に，高度経済成長期後半の1960年代末に成立した自治体「総合計画体制」は，地方分権改革（義務付け・枠付けの緩和）のなかで「基本構想」の策定・議決義務が2011年に廃止された。しかし，**表6-1**にみる限り，議決を経る「基本構想」を含む「総合計画体制」はほぼ定着している。また，個別法による策定義務付けや通知による事実上の義務付け，さらには交付金等の誘導策により自治体として策定しなければならない計画も引き続き追加されている。「総合計画体制」下での自治体行政計画をめぐる「複雑性と冗長性」は変わらない姿でありつづけている。

　しかしながら，「複雑・冗長」な自治体行政計画の立案・実施・点検を担保する行政職員体制は縮減し──「減らすための計画」を策定・実施している──，その原資は，マーケティング戦略の勝者となることで多額の「ふるさと納税」を獲得できている自治体は例外として，基本的に強い緊縮圧力のもとに置かれる。

　このことは，「総合計画」での統合をより実質化させるためにも，各年度の

部局長の活動方針（「部長マニフェスト」等）策定手順や，「実施計画」策定（見直し）・予算調製手順――各部局内では筆頭課と個別事業課とのあいだで，全庁では企画部門と実施部局間での折衝となる――において，財政規律を働かせつつ，どれだけ有機的に諸計画の調整を行うことができるのか，その「熟度」が一層問われることを意味しよう。その実現方策には，首長のトップダウン型マネジメントスタイルをとるか，部局管理職による調整機構（会議体に加えて調整専任職の設置を含む）を充実させるのか（松井 2015a），あるいは，財政規律条例による制度的制約を課すことを重視するのか（福田 2015），等の選択肢（組み合わせを含む）が存在する。

　"非常時"である災害復興計画立案の局面においても，"平常時"と同様の「標準作業手順（SOP）」（アリソン 1977）が作動している状況が東日本大震災被災自治体において観察されている（松井 2015b）。その意味からも"平常時"の計画策定において，どれだけ「熟度」を持ちうるのかが，重要となろう。

　次に，**2**でみたように「この事業を実施（継続）するために計画のどこに位置づけるか」という"事業から計画を考える組織慣性"も自治体行政計画の1つの特徴であり，「事業の集合体」として計画は運営者側に認知される側面を持つ。このなかで，該当事業に必要な各種資源（例：その活動が利用する公共施設そのものの建設・運営費用など）が別の独立した事業として扱われ，計画全体としての資源のフローが析出しづらい構造となっている状況は決して珍しくはない。公会計改革のなかで進められる事業別・セグメント別コストの"みえる化"をどのようにプランニングに接合させてゆくかが問われよう。

　加えて，総合計画上の事業は基本的に分野別計画による「統制」を受けているため，全項目が同じ時間のサイクルで動いているわけでないということには改めて留意を要しよう。総合計画の進捗管理として施策レベルの評価・点検作業が個別の分野別計画の策定直後に行われても，当該の分野別計画の見直しを行うことは原理的に難しいのである。「チェックからアクションへ」のフィードバックがストレスなく行われるよう，総合計画・分野別計画双方を見据えた評価の工程管理の工夫・効率化も重要といえる。

　一方，議会による自治体行政計画のモニタリングは**表6-3**でみたとおり，未開拓の領域が大きい。議会の活動である以上，モニタリングにおいても，計

画策定局面と同じく，当該計画に関心を持つ議員が代表質問・一般質問（あるいは委員会質疑）で取り上げ，行政部局側から情報（答弁）を引き出していくことが基本的なパターンである。この点において，各定例会で各議員から行われた質問（質疑）のなかから委員会の所管事務調査とするものを選択し，調査検討のうえ，その結果を「議決提言」として執行機関側へ示す取り組み（例：北海道芽室町「一般質問・質疑追跡システム」）は代表機関間での制御・抑制を機能させるうえで，たいへん重要なものといえよう（土山 2017）。

次に，議会が議決した計画に限定してのこととなるが，最終決定（議決）者としての議会と計画所管部局とのあいだは「本人・代理人関係」が成立する。合理的選択制度論の知見にもとづけば，議会による政策監視では，当該機関の財政負担にて人員を"常時巡回"，つまり，専属担当者に継続的に分析させる「ポリス・パトロール型」監視か，利益団体等からの"苦情申し立て"を受けて，問題が明らかになったときに機関としての行動をとる「火災報知器型」監視の選択（McCubbins and Schwarz 1984）となる。

議会局が100名以上の人員で構成され，調査部に政策調査担当課長職が設けられている東京都議会のような大規模議会であれば，政策（計画）評価担当職を設けることも可能かもしれないが，**2**(**4**)でみたように町村議会では議会事務局職員数は平均2.5人（全国町村議会議長会「第62回町村議会実態調査結果の概要（平成28年7月1日現在）」）である。こうした資源制約下では議会によるモニタリングは「火災報知器型」監視に依存せざるをえない。

では，どのような機会が「火災報知器」となるのか。2000年代半ばからの自治体議会改革の動向をふまえるならば，地方自治法上の公聴会・参考人制度以外では議会報告会の場がまずもって想定されよう。議員・政党が持つ後援会組織のルートと併存して住民・企業・NPOが持つ多様な知見を取り入れる手段を議会が運用するのである。また，首長部局側が持つ総合計画進捗評価委員会や行政評価外部評価委員会，そして政策分野別審議会による計画の進捗評価結果を議会の審議に活用することも資源節約の方策となる（長野 2017）。

既述のように自治体行政計画は，経路依存的にそれぞれ異なるタイミングで見直し時期を迎える。こうしたスケジュールを見据えて，議会による点検・評価が効果的に次期計画に反映されるよう所管委員会での審議や所管事務調査の

実施時期を設計することも重要であろう。

　最後に人口減少社会における自治体の利用可能資源の制約拡大は，ステークホルダーに対して計画策定過程で従来から行われてきた審議会参加による合意調達を超えて，計画実施上での役割分担を含め，より深いコミットメント調達に自治体を向かわせる。公私セクター間で政策ビジョンへの合意形成を図り，その基盤に立って，わかりやすく，合意可能な業績指標を設定し，合意された役割分担に即したモニタリングを実施することが計画推進力確保の方策である。この場合，計画推進組織としてセクター横断的なプラットフォーム組織の創設も付随することとなる（松井ほか 2009）。

　ここで留意しなければならないことは，自治体とステークホルダーとのあいだに大きなリソースの格差とその依存関係がある場合（例：補助金給付・受給関係），自治体側が結果として民間側に実施コストを"押しつける"ことが可能となることだ。参加・協力を求められたステークホルダー側からすれば，「しっぺ返し戦略」（アクセルロッド 1987）の存在が"仕方なく協力する"という状況を生み出しかねないのである。

　また，あらかじめ合意した役割分担のうち，民間側分担領域に起因して計画目標が未達成となった場合，行政評価外部評価委員会等の市民参加によるモニタリング機関から民間ステークホルダーへの「責任の追及」が行われる事態も想定される。こうなると，上記の資源依存関係の問題が深刻でない場合は，当該のステークホルダーは計画枠組みから「離脱する（exist）」（ハーシュマン 2005）ことで，実施負担と今後の批判を回避する選択もとりえる。こうした計画推進に機能不全が生じてしまう。事態を避けるステークホルダーマネジメントの技術が計画運営者に求められるのである。これは計画推進組織として創設されたセクター横断的なプラットフォーム組織の運営にも当てはまる。

　換言すれば，人口減少社会にあって，自治体行政計画が持つ配分機能は「不利益（負担）配分」の要素をより強く持たざるをえない。ステークホルダーからの協力調達に「資源配分・生産物（功績）顕示」での「期待充足」戦略が限界となる以上，自治体行政計画とその運営者が持つ「ソフトパワー」（ナイ 2008, 2011）をいかに高めるか，が問われるのである。

　この点では，統合計画による分野別計画間の統合での議論と一部重複する

が，公選公職者の「カリスマ」による「統合」を志向する選択肢がまずもって存在する。しかし，法律にもとづく行政計画がある以上，首長交代を経ても安定的に運営されなければならない，という矛盾にぶつかる。また，**1**でみたように，多数の行政計画すべてに公選公職者の強いコミットメントを要することは「時間」という資源の配分上，原理的に難しい。

そうなると，個別部局の自治体公務員に組織の境界を越えるリーダーシップを期待するということになる。自治体行政計画が機能してゆくには，数年単位での人事異動がある以上，機能別組織の境界を越えて協力関係を構築する能力を持つ職員を自治体として安定的に育成・供給していかなければならない（ケトル 2011）。

しかし，「ソフトパワー」の担保としての「人格的魅力」や「説得のスキル」は研修でどこまで獲得できるのか，も原理的にたいへん難しい問題である。さらにいえば，仮に「国士型官僚」から「調整型官僚」そして「吏員型官僚」への国の中央省庁キャリア官僚の変遷（真渕 2010）の枠組みが自治体職員にもあてはまるのであれば，リーダーシップを発揮する人材の獲得はより困難となる。新卒一括採用・40年程度の長期雇用を基本とする「閉鎖型システム」である日本の自治体の人事管理では，まさに"半世紀"かかる職員採用の問題まで遡る課題となる。

したがって，自治体職員の採用・育成という長期的な問題に加えて，計画の策定から運用，評価の各工程で分裂を回避し，協力関係を高める営為が欠かせない。計画をめぐる一連のプロセスにおいて，時に矛盾する技術合理性と政治的代表性の調整に加えて，プロセス自体の信頼性と協働性の担保が一層求められるといえよう。

📖 文献案内

① 金井利之，2010，『実践 自治体行政学』第一法規．
② 源由理子編，2016，『参加型評価——改善と変革のための評価の実践』晃洋書房．

[参考文献]

アクセルロッド，ロバート，1987，『つきあい方の科学——バクテリアから国際関係まで』CBS出版．

アリソン，グレアム・T，1977，『決定の本質——キューバ・ミサイル危機の分析』中央公論新社．
今井照，2010，「『総合計画』の意義と陥穽」『ガバナンス』108: 18-20．
今田克司・田中弥生，2016，「評価の国際的潮流と市民社会組織の役割」『ノンプロフィット・レビュー』16（1）: 27-37．
打越綾子，2004，『自治体における企画と調整——事業部局と政策分野別基本計画』日本評論社．
内仲英輔，2004，「市民がつくる自治体総合計画」西尾隆編『自治体改革 9 住民・コミュニティとの協働』ぎょうせい，130-149．
金井利之，2014，「基礎自治体における総合計画を通じた政策形成」『政策と調査』6: 38-55．
片山善博，2010，「『総合計画』に頼らない『計画』」『ガバナンス』108: 14-17．
蟹江憲史，2018，「SDGs（持続可能な開発目標）とは何か——地方創生×SDG」『月刊自治研』700: 20-30．
神原勝，2009，「議会と総合計画——議会は総合計画にどうかかわるか」廣瀬克哉・自治体議会改革フォーラム編『議会改革白書 2009年版』生活社，32-35．
ケトル，ドナルド，2011，『なぜ政府は動けないのか——アメリカの失敗と次世代型政府の構想』勁草書房．
駒林良則，2013，「総合計画をめぐる議会と長の紛争（名古屋市会議決取消請求事件名古屋地裁平成24年1月29日判決（判例集未登載，LEX/DB25480180））」『立命館法學』3: 1498-1512．
佐藤徹，2012，「市民討議会の広がりとその動向」『地域開発』574: 7-11．
篠原一編，2012，『討議デモクラシーの挑戦——ミニ・パブリックスが拓く新しい政治』岩波書店．
セイラー，リチャード／キャス・サンスティーン，2009，『実践 行動経済学』日経BP社．
曽根泰教，2011，「態度変化がある討論型世論調査 神奈川県藤沢市からの報告」『ジャーナリズム』248: 36-43．
建林正彦，2005，「官僚の政治的コントロールに関する数量分析の試み」日本政治学会編『年報政治学 2005-Ⅰ 市民社会における参加と代表』木鐸社，201-227．
谷口守・宮木祐任，2011，「まちづくり交付金活用自治体による評価指標設定と自己評価の傾向分析」『都市計画論文集』46（3）: 1003-1008．
土山希美枝，2017，『「質問力」でつくる政策議会』公人の友社．
ナイ，ジョセフ・S．，2008，『リーダーパワー』日本経済新聞出版社．
ナイ，ジョセフ・S．，2011，『スマートパワー』日本経済新聞出版社．
長野基，2009，「自治体政策過程における都市計画審議会の機能の分析——東京都区市を事例にして」『年報行政研究』44: 150-169．
長野基，2012，「無作為抽出型市民参加による『係争的』政策課題の討議」『地方自治職員研修』45（6）: 20-22．
長野基，2014，「討議民主主義に基づく市民参加型事業アセスメントの取り組みの研究——東京都新宿区「第二次実行計画のための区民討議会」を事例として」『年報行政研究』49: 99-119．
長野基，2016a，「全国自治体議会の運営に関する実態調査 2016調査結果概要」廣瀬克哉・自治体議会改革フォーラム編『議会改革白書 2016年版』生活社，130-155．
長野基，2016b，「地方自治——『ローカルな民主主義』と政府体系の再編」大石眞監修，縣公一郎・笠原英彦編『なぜ日本型統治システムは疲弊したのか——憲法学・政治学・行政学からのアプローチ』ミネルヴァ書房，223-248．
長野基，2017，「議員立法の政策条例へのモニタリング」自治日報11月3日号．
南島和久，2012，「自治体における総合計画の管理と施策レベルの評価——基礎自治体での議論を中心に」『評価クォータリー』21: 35-45．

新川達郎，1995，「自治体計画の策定」西尾勝・村松岐夫編『政策と管理 講座行政学 第4巻』有斐閣，235-269.
新川達郎，2003，「参加と計画——市民参加の再構築と計画過程の再構築」『自治体と計画行政——財政危機下の管理と参加』日本都市センター，50-64.
西尾勝，1990，『行政学の基礎概念』東京大学出版会.
西尾勝，2013，『自治・分権再考——地方自治を志す人たちへ』ぎょうせい.
ハーシュマン，アルバート・O，2005，『離脱・発言・忠誠——企業・組織・国家における衰退への反応』ミネルヴァ書房.
ハトリー，ハリー・P．，2004，『政策評価入門——結果重視の業績測定』東洋経済新報社.
廣瀬克哉，2015，「あらためて基本構想のあり方と議決の意義を考える——策定義務付け廃止後も残る最上位計画としての位置づけ」廣瀬克哉・自治体議会改革フォーラム編『議会改革白書 2015年版』生活社，41-45.
福田康仁，2015，「多治見市の総合計画と財務規律」神原勝・大矢野修『総合計画の理論と実務——行財政縮小時代の自治体戦略』公人の友社，225-282.
松井望，2015a，「県庁内のガバナンス変容と持続——マニフェスト導入による政治時間の規律付け」宇野重規・五百旗頭薫『ローカルからの再出発——日本と福井のガバナンス』有斐閣，217-239.
松井望，2015b，「復興計画の設計と運用」小原隆治・稲継裕昭編『大震災に学ぶ社会科学第2巻 震災後の自治体ガバナンス』東洋経済新報社，215-234.
松井望，2017，「「基本方針による管理」と計画化——総合戦略と総合計画を事例に」『公共政策研究』17: 40-51.
松井望・長野基・菊地端夫，2009，「自治体計画をめぐる『基本構想制度』の変容と多様性の展開」『年報自治体学』22: 83-121.
松本英昭，2010，「地方制度改革の取り組みを振り返って（7）昭和44年の地方自治法改正」『地方財務』670: 136-142.
真渕勝，2010，『官僚』東京大学出版会.
森田朗，2006，『会議の政治学』慈学社出版.
山谷清志編，2010，『公共部門の評価と管理』晃洋書房.
ロッシ，ピーター・H．／マーク・W．リプセイ／ハワード・E．フリーマン，2005，『プログラム評価の理論と方法——システマティックな対人サービス・政策評価の実践ガイド』日本評論社.
Boulmetis, John and Phyllis Dutwin, 2011, *The ABCs of Evaluation: Timeless Techniques for Program and Project Managers, 3rd. ed.*, Jossey-Bass.
McCubbins, Mathew D. and Thomas Schwarz, 1984, Congressional Oversight Overlooked: Police Patrols Versus Fire Alarms. *American Journal of Political Science*, 28（1）: 165-179.
Dahler-Larsen, Peter, 2005, *Evaluation and public Management*, in Ferlie, Ewan, Laurence E. Lynn Jr., and Christopher Pollitt ed., The Oxford Handbook of Public Management, Oxford University Press.
Powell, Walter W. and Paul J. DiMaggio ed., 1991, *The New Institutionalism in Organizational Analysis*, University of Chicago Press.

＊本章はJSPS科研費17k03547の助成を受けたものである．

【長野基】

第7章 自治体の税財政
――制度と予算

　自治体が計画を策定し，事務事業を遂行するには，それを賄う財源が必要である。本章では，自治体の収入と支出の構造について考察するとともに，毎年度の財政運営のあり方を決定づける予算制度，財政計画について取り上げる。
　日本において，自治体の税財政は国の財政と一体不可分の関係にあるといってよい。自治体が実施する施策や事業のなかには，国の法令等によりその実施が義務付けられているものも多く，それらに要する財源として，国から自治体に対し補助金等が交付されている。こうした政府間財政関係の視点から，自治体財政を取り上げ，その課題について検討する。
　本章ではまた，自治体が施策や事業の実施について財政面から決定する予算過程を取り上げる。民主的な行財政運営を実現するための予算制度のあり方について検討するとともに，自治体を取り巻く財政運営上の諸課題について考察する。

1 政府間財政関係からみた自治体財政

(1) 自治体財政

　地方自治体が住民に行政サービスを提供するには人員や財源が必要である。だが，人員確保にも人件費を賄う財源が必要というふうに考えれば，自治体がその役割を果たすうえで財源は必要不可欠といえるだろう。自治体には自ら財源を調達するための課税権が付与されており，このほかにも使用料・手数料などを徴収することにより，財源を確保している。しかしながら自治体の財源はこれだけではない。自治体が提供するサービスは，自治体独自の判断によるものばかりではなく，国の法令等で義務付けられたり，あるいは国が地方に事務事業の実施を奨励するものも含まれている。これらの事務事業に要する経費については，国から自治体に対して補助金等が交付されている。このように，自

治体財政の運営を考えるにあたり，国の財政との関係を無視することはできない。とりわけ，融合型の政府間関係を構築してきた日本において，国と地方の財政はきわめて密接な関わりを持っている。

以下では，第1に国と地方の財政関係からみた自治体財政の特徴について，第2に自治体の収入と支出の特徴と傾向について，第3に自治体の収入・支出のあり方を決定する予算制度について論じ，最後に，自治体の税財政をめぐる今日的課題について考察する。

(2) 国と地方の財政関係

日本では，国と自治体とがいわば「車の両輪」として，さまざまな行政サービスを一体的に提供する「融合型」システムがとられている。表7-1(1)は，日本における国と地方の歳出を費目別に整理したものである。防衛費や恩給費などを除くと，いずれも国・地方の両方で支出が行われており，多くの事務事業を，国と地方がともに担っていることがうかがえる。実際に，道路整備や維持補修については，国道は国，都道府県道は都道府県，市町村道は市町村がそれぞれ役割を担っており，また義務教育制度においては，学制や教科の指導方針などを国（文部科学省）が策定し，教員人事・給与は都道府県が担い，校舎や施設整備・維持管理は市町村が担うことを原則としている（持田 2013）。

このような国と地方の関係は日本に特有のものである。表7-1(2)は主要先進国における中央（連邦）政府と地方（州政府を含む）政府の税収，収入，支出割合をそれぞれみたものである。単一制国家であるイギリスやフランスでは地方政府が担う事務は限られており，地方政府に配分される税収，収入，支出のいずれの割合もそれほど高くはない。事務事業の多くは中央政府が担い，地方政府は道路整備やまちづくりなど特定の行政課題を担っているためである。これに対し，連邦制国家であるアメリカやドイツでは，州および地方政府への税収，収入，支出割合は比較的高い水準にある。これは州および地方政府が社会資本整備にとどまらず，教育や医療などさまざまな行政分野について権限と責任を持ち，独自の税財源でサービスを担っていることによるものである。ところが日本は単一制国家でありながら，地方の収入および支出割合が高い。これは，自治体が国とともに，多様な行政分野を担っていることによる。国は租

表7-1（1） 国と地方の歳出（2015年度決算額）（最終支出主体ベース）

(単位：億円)

	国	地　方	地方の支出割合
機関費	42,606	155,467	78.5%
地方財政費	4,181	—	—
防衛費	51,259	—	—
国土保全及び開発費	44,017	123,178	73.7%
産業経済費	47,426	68,458	59.1%
教育費	28,736	167,875	85.4%
社会保障関係費	234,944	332,418	58.6%
恩給費	3,862	137	3.4%
公債費	229,238	129,296	36.1%
その他	20,314	2	0.0%
合　計	706,583	976,833	58.0%

出所：総務省『地方財政白書（平成29年度版）』（2017年）をもとに筆者作成。

表7-1（2） 中央政府と地方政府の税収，収入，支出割合の国際比較

	日　本	イギリス	フランス	アメリカ	ドイツ
地方税収／（中央＋地方）税収	43.1%	5.9%	28.8%	47.4%	48.0%
地方歳入／（中央＋地方）歳入	59.2%	9.4%	32.3%	46.0%	53.9%
地方歳出／（中央＋地方）歳出	58.4%	23.1%	32.6%	42.2%	56.6%

注：歳入・歳出は純計額。「中央」とは中央政府ないし連邦政府を指す。「地方」とは州政府および地方政府を指す。
出所：OECD "National Accounts" 2012.

　税収入をもとに直接的に国民にサービスを提供するだけでなく，後述するように地方交付税や国庫支出金というかたちで地方に財源を交付し，地方自治体を通じて行政サービスを提供している。これにより，自治体では，地方税収入のほか，こうした国からの移転財源等により収入を確保し，住民にさまざまな行政サービスを提供している。自治体では，施策や事務事業の運営について必ずしも決定権を有していないにもかかわらず，国の法令等で定められた多様な事務事業の実施について責任を負っているのである。

（3）地方財政計画

　国と地方が一体的に行政サービスを提供するには，それに要する財源の確保が必要である。国から地方への移転財源の額を決め，自治体の必要財源を保障するために，国は地方財政計画を策定する。地方交付税法第7条では，地方の歳入歳出総額の見込額の提出および公表の義務に関する規定が設けられている。そこでは，内閣は毎年度「翌年度の地方団体の歳入歳出総額の見込額に関する書類を作成し，これを国会に提出するとともに，一般に公表しなければならない」と規定されており，これが地方財政計画と呼ばれる。

　具体的には，国の予算編成が最終段階に差しかかる12月中下旬，財務省と総務省が協議して地方財政対策をとりまとめる。各省庁が実施する施策や事業のなかには，国が直接行うのではなく，自治体が担うものがある。これらに要する財源の大枠を算出し，地方が必要とする財源の見通しを明らかにするのである。地方全体の支出規模とそれに充当される税収，国庫支出金の見通しが示され，さらに地方税制改正の方針，地方交付税の総額，それに合わせた地方債発行の見込みなどが示され，地方財政の全体規模についての大枠が事実上固められる。国の予算案が決定されると，2月上旬までに総務省が地方財政計画を策定し，政府はそれを閣議決定して国会に提出するのである。地方財政計画を通じて，地方財政と国家財政，国民経済等との整合性の確保がめざされている。地方財政計画はまた，自治体が標準的な行政水準を確保できるよう地方財源を保障するとともに，自治体に対して次年度の財政運営の指針を示すという役割も担っている（地方交付税制度研究会編 2017）。

　しかしながら，1990年代以降，国の財政は厳しい状況に置かれており，累積債務は年々肥大化している。毎年新たに20〜40兆円規模で国債発行を通じた財源調達が行われてきた。増大する財政需要に見合う税収確保ができない状況が続いており，地方財政計画の策定に際し，地方の所要財源を国が地方交付税等で保障することが難しくなっている。財政難のなかで，国と地方の財政関係のあり方にも変化が生じている。

2 自治体の歳入構造

(1) 自治体の歳入構造

　自治体はさまざまな行政サービスを提供しているが，そのための財源をどのように調達しているのだろうか。図7-1は，都道府県・市町村をはじめとした自治体の歳入構造を示したものである。自治体の収入には，地方税，地方交付税，国庫支出金，都道府県支出金，使用料・手数料など各種の項目があげられる。

　これはあくまでも全国の自治体歳入合計額であり，実際の歳入構造は自治体ごとにさまざまである。都道府県では，東京都や愛知県，神奈川県など，大手企業が集積する自治体で地方税収入の割合が高い。市町村の場合，発電所や空港などの巨大施設が立地したり，高級別荘地を抱えるなど不動産評価額の高い自治体において地方税収入割合が高くなる傾向にある。

　地方の歳入は，自主財源と依存財源とに区分することができる。自主財源とは自治体自らの権限で自主的に徴収する収入であるのに対し，依存財源とは国や他自治体の権限で徴収された収入に依存し，そこから受け取る財源のことをいう。自主財源割合が高い自治体では，財政運営について国の財政運営方針の影響をあまり受けることなく，主体的な財政運営を行いやすい。これに対し，財政力が弱いために自主財源割合が低い自治体の場合，国の行財政運営の影響を受けやすい。

　地方税は自治体が課税権を行使して徴収することのできる主要な自主財源である。ところが日本の自治体の財政構造をみると，歳入に占める地方税収入の割合が3～4割程度で推移している。他方で，地方交付税や国庫支出金などの依存財源は4割を超えており，財源の多くを国に依存する傾向にある。そこから，日本の地方自治は「3割自治」と称され，地方の自主財源の拡充を通じた「歳入の自治」の確保が求められてきた。

　デンマークのように地方の自主財源が8割に達する「8割自治」と比べると，日本の「3割自治」では自治体の自治権には限りがあるようにもみえる。しかしながら他方で，オランダのように「1割自治」でありながら，国と地方の協

第7章 自治体の税財政──制度と予算

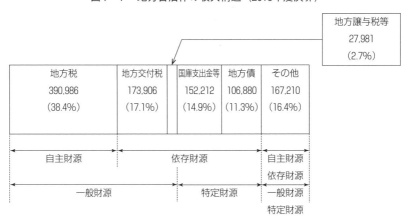

図7-1 地方自治体の収入構造（2015年度決算）

出所：総務省『地方財政白書（平成29年度版）』（2017年）をもとに筆者作成。

議の場が整備され，国と地方が対等な立場で行財政運営について議論し，地方の財源保障とサービス水準について検討する場が用意されることで，地方政府全体として歳入の自治を確保しようとする国もある。したがって，自主財源の拡充は自治体行財政運営の決定権を高めるうえで重要ではあるが，必要不可欠ということではない。とはいえ，自治体が個々に歳入の自治を確保するには，地方政府に十分な課税権が与えられていることが必要である。

自治体の歳入は，一般財源と特定財源とに区分して考えることもできる。一般財源とは，その財源の使途があらかじめ特定されておらず，自治体が使途を自由に決定できる財源である。これに対し，特定財源とは，あらかじめその財源の使途が決められており，他の目的に使用することが認められていない財源のことである。国の各省庁から自治体に配分される国庫支出金は，あらかじめ使途が特定され，他の目的に転用することは認められていない。またその使途についても厳格な規定が設けられていることにより，地域の実情にそぐわない事業費の支出が行われることもある。自治体からは補助金の使途について柔軟な運用を求める声があげられてきた。

（2）地方税

　地方税は自治体にとって主要な自主財源である。日本では地方税目として，住民税，事業税，固定資産税，地方消費税などの法定税目が置かれている。**表7-2**は，日本の地方税収入構造を示している。所得課税・消費課税・資産課税のすべてに地方税が置かれており，多様な税目から税収があがっていることがみてとれる。一方，先進諸国の租税制度をみると，多くの国で，地方政府の基幹税目として土地や家屋の保有に課税する財産税を基幹税目としている。これらの国々では，地方政府が道路整備や市街地の環境保全，ごみ収集などを行っている。これは，一連の環境整備を通じて土地や不動産などの資産価値が保全されているという応益性の考え方に立つものである。

　これに対し，たとえばスウェーデンのように，自治体が介護や子育てなどの対人社会サービスを担う国では，地方税として個人所得税が採用されている。日本では，所得課税としての住民税，資産課税としての固定資産税，消費課税としての地方消費税など，地方税として多様な税目が配置されているが，これは日本の自治体が，社会資本整備や対人社会サービスなど，多岐にわたる行政サービスを担っていることによる。

　地方税のあり方を論じたものに地方税原則がある。具体的には，①安定性（年度ごとの収入に激変がなく安定していること），②伸長性（住民ニーズの拡大に伴い地方の歳出は増大する傾向にあることから，それに対応した増収が可能であること），③伸縮性（地方自治体ごとにその収入を必要に応じて増減できること），④十分性（地方自治体の事務事業を賄うのに十分な収入が得られること），⑤普遍性（特定の地方自治体にだけ税収があがるような税目ではなく，地方自治体のあいだで税源ができるだけ均等に分散している税であること），⑥応益性（住民は地方自治体の提供するサービスからさまざまな便益を享受しており，それに見合う税負担を求めるものであること），⑦負担分任（負担を地域住民全体で分かち合う税であること）とされている。

　今日の日本の地方税は税源偏在が著しいことが課題とされている。人口や経済の東京一極集中が進むなかで，税源もまた東京に集中する傾向がみられる。とくに法人住民税・法人事業税の収入は本社機能が集中する東京に偏る傾向にある。都道府県別にみた1人当たり税収額を比較すると，法人事業税・法人住民税の偏在性は高く，東京都は全国平均の2.5倍（2017年度決算）の水準に達し

表7-2　国と地方の主な税目と税収総額（2015年度決算）

(単位：億円)

	国　税		道府県税		市町村税	
所得課税	所得税	181,778	道府県民税（個人）	52,671	市町村民税（個人）	72,237
	法人税	108,274	道府県民税（法人）	8,435	市町村民税（法人）	23,243
	（地方法人特別税）	20,806	個人事業税	1,939		
	（地方法人税）	5,161	法人事業税	35,095		
消費課税	消費税	174,263	地方消費税	49,742	市町村たばこ税	9,361
	揮発油税	24,646	自動車税	15,428		
	酒税	13,380	軽油引取税	9,246		
	たばこ税	9,536	道府県たばこ税	1,530		
資産課税	相続税	19,684			固定資産税	86,639
					都市計画税	12,444
合計		599,694		180,222		210,763

注：所得税は復興増税分を含んだ額，法人税は地方法人税・地方法人特別税を含んだ額，たばこ税はたばこ特別税を含んだ額である。
出所：財務省「平成27年度租税及び印紙収入決算額調」，総務省「平成29年度地方税に関する参考係数資料」をもとに筆者作成。

ている。近年では地方法人税改革が行われ，法人住民税の一部を国税化し，その財源を地方交付税原資に組み入れ，人口や従業員数に応じて自治体に配分する制度が導入された。これにより税源偏在の是正が図られたが，東京都をはじめ，企業誘致などに取り組み，法人住民税収入をあげていた自治体では，この改革を自治体の課税権を侵害するものと批判している。

　自治体間での税源偏在を通じた税収格差を是正するには，後述する地方交付税などの財政調整制度が必要である。また，全国画一的な水準でサービス提供を行う必要のある生活保護や義務教育などの財源については，国庫負担金制度を通じて安定的な供給が行えるようになっている。しかしながら，義務教育や生活保護の自立支援事業の分野でも，地域特性を活かした自治体独自の対応が求められるようになってきており，自治体自らが使途を決めることのできる財源の確保が求められている。

（3）地方交付税・地方譲与税

　自治体の歳入のうち，一定割合を占めるのが，国からの移転財源である地方

交付税，地方譲与税，国庫支出金である。

　地方交付税とは，形式上は国が国税として一旦徴収した税を，一定の合理的な基準によって自治体のなかで再配分するものである。自治体間の財源の不均衡を調整し，すべての自治体が一定の行政サービス水準を維持できるよう財源を保障する見地から設けられている。いわば「国が地方に代わって徴収する地方税」である。国と地方，あるいは地方間で，必要な税財源を調整して配分する制度を財政調整制度というが，地方交付税は日本における財政調整制度の中心部分をなすもので，①国と地方の財源配分機能，②国から地方への財源保障機能，③地方自治体間の財政調整機能を担うものである。現在，国税収入のうち，所得税・酒税の32％，法人税の34％，消費税の22.3％，たばこ税の25％を地方交付税原資として自治体に配分することが基本とされており，これらの割合は交付税率（もしくは法定率）と呼ばれている。地方交付税には，標準的な行政サービスの提供のために配分される普通交付税と，災害等の特別な財政需要をふまえて配分される特別交付税とがあり，総額のうち普通交付税が94％，特別交付税が6％である。

　各自治体が受け取る普通交付税の額は，自治体が標準的な行政サービスを担うために必要な経費見込額（＝基準財政需要額）から，その自治体の標準的な地方税収見込額等（＝基準財政収入額）を差し引いた額（＝財源不足額）を基準として算定されている。これにより，税収が少ない自治体であっても，標準的な行政サービスの確保に必要な財源が確保できるよう調整が行われる。

　一方，地方譲与税は，徴収上の利便性等の理由から，一旦国税として徴収した特定の税目の収入の全額または一部を，一定の基準にもとづき自治体に譲与するものである。現在6つの譲与税があるが，そのうち地方揮発油譲与税，石油ガス譲与税，自動車重量譲与税は道路延長・面積に応じて自治体に配分され，航空機燃料譲与税は空港関係自治体に，特別とん譲与税は開港自治体にそれぞれ配分される。一方，地方法人特別譲与税は，地方法人課税の偏在性是正のため，道府県税である法人事業税の一部を地方法人特別税として国が徴収し，その全額を人口と従業員数に応じて都道府県に配分する制度である。先述の地方法人税とともに，税源偏在是正のために導入されているが，東京都などからは自治体の課税権を侵害する制度であるとして批判が出されている。

(4) 国庫支出金

　国庫支出金は，国から自治体に対し，使途があらかじめ特定されたかたちで交付される補助金である。国庫支出金には，国庫負担金，国庫補助金，国庫委託金の3つがある。国庫負担金は，自治体が担う事務のうち，国と地方相互に利害がある事務について，経費の一定割合を国が負担することが法令で義務付けられたものであり，義務教育費国庫負担金，生活保護費国庫負担金，建設事業費国庫負担金などがある。国庫補助金は，国が地方に特定の施策を奨励もしくは財政援助を行う目的で交付されるものである。国庫委託金は，本来国が直接実施すべき事務事業を執行の便宜上により自治体に委託する際の必要経費として交付されるものであり，国政選挙事務や外国人登録等の費用などについて委託金がある。

　国庫支出金は，その使途や交付要件が細かく決められていることから，自治体の自主的な行財政運営を妨げるとして，その整理縮減が課題とされてきた。国庫補助事業が採択されれば，各事業官庁からそれに要する財源の一定割合が補助金として交付される。その結果，自治体では，当該事業を地方単独事業として実施するよりも，補助金の分だけ一般財源の節約ができる。結果的に，自治体の財政当局も，予算編成を行ううえで，補助金が交付される事業を優先的に採択するようになる。このように，自治体では住民のニーズよりも国庫補助があるかどうかを考えて事業の優先順位を決める傾向があり，このことが地方行財政運営を歪めると指摘されてきた。さらに，各省庁が類似の補助制度を創設するなど，タテ割り行政による無駄や非効率に対する指摘もある。それらに加えて，国庫補助金の申請や使用に際して，手続が煩雑で膨大な事務作業を必要とすることが問題視されてきた。また，補助金の算定に用いられる単価が実際の価格よりも低い水準となっているため，地方自治体に超過負担が生じるという問題も，1974年の摂津訴訟をきっかけに顕在化し，長期にわたって指摘されてきた（林 2003；瀧野ほか 2007）。

(5) 地方債

　自治体は，地方債の発行により中長期的な借入を通じた資金調達も行っている。地方財政法では「地方公共団体の歳出は，地方債以外の歳入をもって，そ

の財源としなければならない」とする非募債主義の原則がうたわれているが，例外として，次の場合について起債を認めている。①交通，ガス，水道事業等の地方公共団体が経営する公営企業の経費，②出資および貸付金，③地方債の借り換えに要する経費，④災害応急事業費，災害復旧事業費および災害救助事業費，⑤公共・公用施設の建設事業費および用地取得にかかる経費である。このほかにも，国の景気対策による税収減や，国の財政難を背景とした地方交付税原資の確保が難しい場合の財源補填について，起債による調達が特例法などにより認められてきた。

　自治体が起債を行う場合，かつて都道府県・政令指定都市では総務省，一般市町村では都道府県の許可が必要とされていたが，地方分権改革を通じて許可制は原則廃止され，今日では，事前協議を行うこととなっている。ただし，財政健全化指標とされる実質収支赤字額や公債費負担が一定水準を上回る地方自治体では，起債に際して国の許可が必要とされている。とくに，財政再生団体となった北海道夕張市のように財政再建を強いられる自治体では，起債が厳しく制限されている。

　地方債の資金調達を確実なものとするために，国では地方債計画を策定し，年度ごとの地方債発行額とその資金調達手段について管理している。2000年までは政府資金からの借入割合が，全体の5割前後を占めていたが，国の財政投融資改革を受け，今日では，大都市などの資金調達力が高い自治体を中心に市場公募債の発行や，民間金融機関からの借入れによる調達が増えている。また，住民参加型公募地方債により，住民自らが自治体行政に対して貸し手として参加する制度も導入されている。

3　自治体の歳出構造

（1）自治体の歳出構造

　日本の自治体は，多岐にわたる事務事業を担っているが，地方財政統計上，これらの自治体歳出の分類として目的別経費と性質別経費の2つがある。目的別経費は，歳出をその支出目的ごとに整理したものであり，性質別経費とは，その使途によって区分したものである。

目的別経費の項目には，議会費・総務費・民生費・衛生費・労働費・農林水産業費・商工費・土木費・消防費・警察費・教育費などがあり，日本の自治体が多様な政策分野を担っていることがわかる。

　性質別経費では，人件費・扶助費・公債費の3つが義務的経費と呼ばれる。これらの経費は一旦生じると，政策判断で，ある年に一定額を減らすことが難しく，決まった規模での支出が生じる。つまり，歳出に占める義務的経費の割合が高いと，歳出を柔軟に調整することが難しくなるという「財政の硬直化」が問題となる。これに対して，道路や橋など社会インフラの整備にかかる費用を投資的経費という。投資的経費には，国の方針にもとづく国庫補助事業費と国直轄事業負担金，そして地方自治体の自主的な事業に支出される地方単独事業費がある。投資的経費は事業を実施するかどうかについて，個別の判断がしやすく，単年度で完成する事業の場合には，硬直化しづらいところもある。しかしながら，ひとたび事業が始まると中長期的に実施される事業の場合や，起債により財源調達を行うことで，後年度に元利償還費が長期的に発生する事業の場合，結果的に財政の硬直化をもたらす。

　歳出の構成は，権能や規模の異なる地方自治体間で異なった特徴を持つ。たとえば大都市では，生活保護の受給者割合が高く，歳出に占める扶助費の割合が高い傾向にある。

(2) 自治体の目的別歳出と性質別歳出

　図7-2は地方自治体の性質別歳出の推移を示したものである。性質別歳出の推移をみることで，その役割の変容をうかがい知ることができる。

　高度経済成長期を通じて，自治体の財政規模も増大し，歳出では投資的経費が拡大した。社会経済基盤のための道路や橋梁，施設整備などが推進されたことに加え，1970年代以降には景気対策として各地で公共事業が推進され，その結果，投資的経費は普通会計歳出全体の3割近くを占めるようになった。さらに1980年代後半以降，景気対策としての公共投資が地方自治体を巻き込むかたちで積極的に推進されたことから，投資的経費は急増した。1980年代後半，日本は自動車や家電製品などの技術力をもって巨額の貿易黒字を打ち出していた。当時，アメリカは双子の赤字（貿易赤字と財政赤字）に悩まされており，日

図7-2 地方自治体の性質別決算額の推移

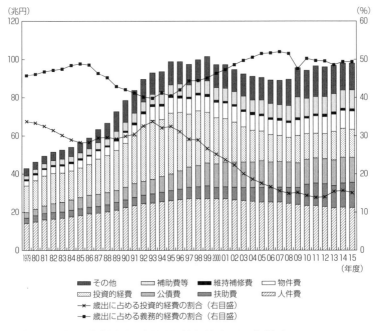

出所：総務省（自治省）『地方財政統計年報』（各年度）をもとに筆者作成。

米構造協議を通じて対米貿易黒字の解消を求めてきた。アメリカは日本に対し，生活基盤整備を通じた内需拡大を求めたのである。日本政府はアメリカに対し，1990年より10年間で430兆円の公共投資を実施することを約束し，その結果，都市公園，下水道，文化施設，運動施設などの生活の質の向上に資するような社会資本整備の推進が求められることとなった。これらの事業を実質的に担うのは自治体であったことから，事業費全体の8～9割を起債で調達するとともに，その元利償還費については後年度に地方交付税で措置する制度が導入された。これにより，全国の自治体がこの制度を活用し，施設等の生活基盤整備を積極的に実施した（金澤 2002）。しかし，その結果1990年代後半には国・自治体ともに累積債務は大きく増大し，起債をともなう建設事業は次第に抑制されるようになった。近年では歳出に占める投資的経費の割合は17～18％程度に留まっている。しかしながら，1960年代以降に整備された道路や橋梁，施設

等は老朽化が進んでおり、近い将来に大量の更新需要が生じることが見込まれている。人口減少が進むこともふまえつつ、国では自治体に対し「公共施設等総合管理計画」の策定を義務付けるとともに、財政難のなかで、計画的な維持更新の実施と財政見通しを立てることを要請している。同時に「インフラ長寿命化計画」の策定を通じて、歳出抑制を図る取り組みも進められている。

一方、義務的経費をみると、1990年代後半から2000年代にかけて、歳出に占める義務的経費の割合は40~50%へと大きく増大している。高齢化にともなう高齢者福祉への需要増に加え、子ども手当（後の児童手当）導入をはじめとする少子化対策の推進や、生活困窮者自立支援制度の実施など、各種の対人社会サービスの需要が膨らみ、扶助費の支出が増大している。これに対し、国では自治体に対し行政改革を通じた職員数削減や給与カットなどを推進することを奨励し、結果的に、多くの自治体で人件費支出を抑制しながら増大する扶助費を賄う対応が図られてきた。また公共事業を削減し、起債を抑制することで、公債費の支出についても伸びの抑制が図られている。

ところが、少子化対策、高齢者施策への需要拡大にともない、扶助費はさらに増大すると見込まれている。加えて、財源不足を理由に発行される臨時財政対策債の元利償還費が年々増大する傾向にあるなど、義務的経費の抑制には限界があり、安定的な財源確保が課題とされている。

4 自治体の予算

(1) 予算原則と予算制度

自治体の歳入・歳出については、行政がその原案を策定し、議会の議決を経て毎年の運営が決められる。これを定めたのが予算である。予算は、毎年の自治体の行政運営について資金面から定めたものということができる。したがって、財政民主主義の視点に立てば、予算は民主的な手続のもとで決定され、その内容は公開され、その了解と監視のもとに運営されなくてはならない。こうした点で、予算には以下のような予算原則という考え方がある。地方自治法では、①予算公開の原則（予算に関する情報はすべて住民に公開）、②予算事前議決の原則（会計年度が始まる前に予算は議会で議決）、③会計年度独立の原則（ある年

度の歳出はその年度の歳入で賄う)，④費目間流用禁止の原則(議決された予算を執行する際に，行政が費目をまたいで支出を行ってはならない)，⑤総計予算主義の原則(歳入・歳出の内容はすべて漏らすことなく予算に記載)，⑥単一予算主義の原則(複数の予算をつくらない)が規定されている。

　自治体では，地方自治法の規定により，予算は一般会計と特別会計からなるとされている。一般会計は地方自治体の基本となる予算部分であり，特別会計は，特定の事業を行う場合や，一般歳入歳出と区分して経理する必要がある場合に導入されるが，そのなかには，地方自治体が条例で設置するものと，地方公営企業法や地方財政法などの規定によって設置が義務付けられているものとがある。地方自治法では，予算の内容として，①歳入歳出予算，②継続費，③繰越明許費，④債務負担行為，⑤地方債，⑥一時借入，⑦歳出予算の各項の経費の金額の流用，と規定している。

　地方自治体の予算を比較する際には，「普通会計」が用いられることが多い。普通会計とは，一般会計と，特別会計のうち公営事業会計(上水道・下水道等の公営企業会計および国民健康保険事業特別会計等)以外の会計を統合して1つの会計としてまとめたものである。特別会計の設置の仕方は地方自治体ごとに異なる部分があるため，一般会計だけでは，自治体間の財政比較や統一的な把握が困難となる。そのため，地方財政統計上，統一的に用いられる会計区分として普通会計が設けられており，地方財政では，この普通会計が基本とされている。

(2) 予算過程

　自治体の予算は，編成，審議，執行，決算という4段階をたどる。これは「予算の一生」とも呼ばれ，通常3〜4年というサイクルで動いている。

　予算編成権は地方自治体の首長に属している。首長が掲げる公約に従って，各種の施策を実現するための資金的裏づけが予算案に盛り込まれる。一方，先述のとおり，地方自治体は国と一体的に事務事業を実施する側面があり，国の予算編成方針や地方財政計画をふまえて，予算案を策定しなければならない。

　予算は，首長の公約をふまえつつ，財政担当部局が原案を策定することが多い。まず毎年7月下旬〜10月ごろに，翌年度の予算編成方針が財政担当部局か

ら各部局に示される。事業担当部局は，この方針にもとづいて予算見積書を作成し，財政担当部局に提出する。その要求を受けて，財政担当部局は予算原案を作成する。その際に財政担当部局は，各部局の予算要求額の集計と財源との照合，予算要求額の審査を行い，審査結果を集計し，首長に提出する。査定の際には，財政担当部局から事業担当部局への意見聴取が行われる。最終的に首長査定を経て予算案が内示される。これをもとに復活折衝が行われて，予算案の骨格が固められる。この作業は議会提出期限である3月初旬までに実施される。

　自治体の財政は国の財政と密接な関係にある。また歳入については地方交付税や国庫支出金など，国の方針によって金額が決まるものも多い。国の予算について政府予算案の概算が決まるのは12月下旬であり，政府予算案が国会に提出されるのは1月である。また，地方財政対策にもとづく地方予算関連制度の方針が総務省から各自治体へ通知されるのが1月下旬，国で地方財政全体の見通しを示した地方財政計画が決定されるのは2月上旬である。したがって，自治体で予算案が確定できるのは3月初旬になる。

　予算案は地方議会に提出され，審議される。予算審議の過程においては議会に対する首長の優越的地位が保証されており，議会における修正は，長の予算編成権を侵害しないこととされる。これは自治体の予算における大きな特徴である。また，国の法令で地方に義務付けられている経費を議会が削減または減額し，首長が審議のやり直しを求めても議会が同一の議決をした場合，首長は議会の議決に左右されることなく，その経費を当初の原案どおり支出できる。

　議会の議決により成立した予算は，会計年度が始まると執行過程に入る。しかしながら，地方交付税交付額が確定するのはおおむね6月であり，国庫支出金の額も執行過程のなかで決まっていく。また，国が補正予算を組むこともある。自治体は，国の財政運営方針と地方予算の調整に絶えず追われるため，自らも年度途中で補正予算を組むことになる。また，これらの移転財源だけでなく租税収入も納付の時期が決められているため，恒常的に現金を支払える状況にあるわけではない。したがって予算を執行する際には，四半期ごとに予算を配当するなど，効率的に資金を動かしながら支出を行っている。

　会計年度が終了すると，執行結果の収支について整理する出納整理期間が置

かれ，決算調整が行われる。その後，監査委員による監査，議会の認定を受けて，住民に報告されることとなっている。

（3）自治体予算を取り巻く課題

　自治体予算を取り巻く今日的課題として，以下のようなことがあげられる。経済が右肩上がりの時代には，毎年度の税収増を見込んだ増分主義による予算編成を通じて，行政は増大する多様な住民ニーズに総花的に応えることができた。ところが，国・地方ともに厳しい財政状況の下では，限られた財源を効率的に配分することが求められる。その結果，1つひとつの施策や事業について，その必要性を根本から見直すゼロベース予算や，数年単位で事業の期限を設定し，期限がきたら配分を停止するサンセット方式などが，政策的経費を中心に導入されるようになった。

　また，厳しい財政状況のもとで，分権化や民営化が進められており，これによって予算のあり方も少しずつ変化している。予算の分権化とは，各部署への予算配分にあたり，細かい財政需要を積み上げて予算編成を行うのではなく，事業部署ごとに，達成すべき目標を設定したうえで大枠額を配分し，各部署内で具体的な使途を決めることにより効率的な財政運営を求めるものである。同時に，庁内や外部からの評価制度を導入し，支出方式の効率性や，事業そのものの有効性などをチェックする仕組みが導入されている。

　また，民間委託や指定管理者制度の導入などにより，従来は行政が直接行っていた事務事業について人件費等のコスト削減を図る動きが加速している。公立保育所，学校給食，施設の維持管理，行政窓口業務など，さまざまな分野で民営化が進められている。とくに保育所については，三位一体改革を通じて公立保育所の国庫補助金が廃止されたことから，民営化を図って国庫補助金を継続的に受け取る選択をする自治体が多く，民営化が加速した。民営化により，事業者とのあいだで契約を結んだうえで，それらの事業が適正に実施されたのかどうか，支出額は適正かどうかについて，決算段階でチェックを行うことがこれまで以上に求められるようになっている（玉村・日本生産性本部 2014；神原・大矢野 2015）。

　先々の財政見通しが不透明ななかで，中長期的な財政計画を策定し，歳入・

歳出の将来見通しをふまえたうえで，各年度の予算編成方針を策定する自治体も増えている。しかしながら，消費税増税延期や地方法人税改革など，国による毎年度の税制改正等の動きがめまぐるしいなかで，自治体が財政計画を策定しても，すぐにその前提条件となる制度が変更されてしまうこともしばしばである。国からの依存財源割合の高い自治体ほど，財政見通しを立てることが難しい状況に置かれている。

5 自治体の財政運営を取り巻く課題

　第2次世界大戦後の数十年間に，日本は未曾有の経済成長を遂げ，人々の生活水準は格段に向上した。この間，国や自治体では，警察や消防，学校，道路や橋梁などの整備をはじめ，さまざまな社会資本整備を行ってきた。人々の生活の利便性も向上し，今日に至っている。しかしながら，人口減少と少子高齢化，家族機能の変容にともなう対人社会サービス需要の高まり，安定した雇用と暮らしの確保に向けた環境構築，大規模自然災害への対応など，社会経済構造の変化とともに，行政に期待される役割は多様化，複雑化している。こうした課題に対応していくうえで，自治体の税財政運営には，さまざまな課題が生じている。ここでは，地方分権，財政再建，住民参加という3つの視点から整理する。

(1) 地方分権——政府間財政関係の再検討

　日本では1990年代以降，国と地方の関係を見直し，地方自治体の権限を拡大する地方分権が推進されてきた。従前より，国の関与を縮小し，地方自治体が自らの判断で行財政を運営すべきとの意見はあったが，地方分権が国政上の重要課題と位置づけられたのは，1993年の衆参両院における「地方分権の推進に関する決議」である。1995年には地方分権推進法が制定されて地方分権推進委員会が発足し，地方自治体の自己決定権拡充策が次々に提案された。戦後の日本では国と地方が一体となってさまざまな行政サービスが提供されてきた。しかしながら，全国的に標準的な行政サービスは一定程度確保されたという認識のもとで，これからの時代は，対人社会サービスをはじめとした地域独自の

施策や事業を住民に身近な自治体が担うような改革を図ることが期待されたのである。

　戦後日本の租税制度はシャウプ勧告で示された体系にもとづいているが，そこで掲げられた市町村優先の原則と補完性の考え方は，必ずしも日本の行財政運営には反映されてこなかった。地方はすでに多くの事務事業を担っており，それに要する財源も確保されている。そこで，国の地方に対する関与の縮小を図ることで自治体の決定権を拡大する改革がめざされた。しかしながら，2000年に施行された地方分権一括法では一部の事務事業について地方への権限移譲が図られたが，財政制度については必ずしも進展しなかった。国庫補助負担金の整理合理化と，国税から地方税への税源移譲が提起されたものの，その実現には至らなかったのである。

　21世紀に入り，地方分権改革は行政改革および財政再建と一体的に進められていく。第1は「平成の市町村合併」である。事務権限を国から移譲するには「分権の受け皿」として地方自治体の規模拡大が必要とされ，国による合併推進策が展開され，3200近くあった市町村は1700程度まで減少した。また，国庫補助負担金の廃止・縮減，税源移譲を含む税源配分の見直しおよび地方交付税の改革を一体的に行う「三位一体の改革」が2003年度から進められた。これにより国庫補助負担金が約4兆円削減されたが，所得税から個人住民税への税源移譲は約3兆円規模に留まった。さらに，当時20兆円規模で交付されていた地方交付税総額は大幅に削減され，2006～2009年度には15兆円台にまで落ち込み，財政力の弱い自治体は厳しい状況に追い込まれた。その後，2009年に誕生した民主党政権は，「地域主権改革」を掲げ，補助金の一括交付金化や，国から地方への義務付け・枠付けの見直しとともに，地方財源の確保を打ち出した。それまで削減が進んでいた地方交付税総額は17兆円規模にまで回復するが，市町村合併や職員数削減が進むなかで，地方への事務権限移譲を通じた業務量の増大は，自治体に必ずしも歓迎されなかった。

　自治体が地域独自の行財政運営を行うには，それに必要な財源を自主的に確保できるような制度が必要だが，その1つが課税自主権の活用である。自治体には独自に，超過課税（法令で定められた標準税率よりも高い超過税率での課税），不均一課税（課税方式を特定対象について変更），独自課税（法定外税の導入）など

を行うことが一定程度認められている。だが、課税自主権活用には制限もあり、また多くの自治体では、住民への負担増を求めることに対する合意を図ることが難しく、域外から流入する旅行者や、域内での事業行為等への課税となることがしばしばである。そのため、課税自主権活用を通じた税収規模は小さいものであり、地方税収総額の0.1％にも満たない水準である。

　2009年度より寄付金制度を活用した「ふるさと納税」制度が導入された。これは自治体に対して一定額以上の寄付を行った場合、寄付金控除により所得税・個人住民税の一部が控除される制度である。税額控除により税収が減少した自治体では、その75％が普通交付税の基準財政需要額に算入される。多くの自治体が、寄付金額に応じて返礼品を送るようになったこともあり、全国的に寄付金額は年々増大している。地場産業振興や住民サービス向上など、さまざまな使途を掲げて寄付を募る自治体が増えており、なかには地方税収の3倍以上もの寄付を集める自治体も出てきた。他方で、大都市圏の普通交付税不交付団体では、税収減が生じても、普通交付税の交付がないことから、収入減の事態を招いている。地元特産品などの返礼品を目当てに寄付を行う人々も多く、さらに税収減分は普通交付税による補填が行われていることをふまえると、この制度には大きな課題があるといえる。

　自治体の課税権拡大を進めようとすれば、その偏在性ゆえに財政力格差の拡大をもたらす。したがって課税権を拡大するならば、地方交付税などの財政調整制度の充実が必要となる。またその調整についても国と地方のあいだでの垂直調整に留まらず、地方間での水平調整を行う仕組みも求められる。しかしながら、かつて戦後に導入された地方財政調整平衡交付金制度のもとでは、総額の配分を地方間で調整する仕組みだったが、議論がまとまらず、今日のように国が調整を図る制度へと再編された経緯があり、水平調整は容易ではない。

（2）国の財政危機と地方財政

　国と地方が一体となって各種の事務・事業を実施し、それを実施するための財源についても国が保障する仕組みは、全国どこでも標準的な行政サービスを確保する財政調整制度として機能してきた。しかし、国による財政赤字の慢性化と累積債務の肥大化により、地方財政運営にもさまざまな課題が生じてい

る。政府一般会計は毎年度100兆円規模になっているが，これに対し国税収入は60兆円を下回る水準である。その結果，毎年30兆円以上もの新規国債が発行されており，その累積債務は900兆円に及ぶ勢いである。しかしながら，増税に対する国民の理解を得ることは容易ではなく，そのうえ，経済のグローバル化を背景に法人税の実効税率引き下げが実施されてきた。

　慢性的な財源不足の状況により，地方財政計画上でも，必要額の確保に向けた対応が課題とされ，毎年度の財源不足額を国債発行による地方交付税加算措置と地方自治体の臨時財政対策債発行に依存する状況がつづいている。

　図7-3は，地方の財源不足額の水準を，補塡方法別に記載したものである。毎年の地方財源不足額については，国と地方とのあいだで折半ルールが設けられている。すなわち，地方交付税総額の確保が難しく，地方の所要財源を国が手当てできないという場合には，財源不足額のうち2分の1を国が公債発行で調達したうえで普通交付税として上乗せ交付を行い，残る2分の1を自治体が臨時財政対策債を発行し，借入調達するというものである。ただし，臨時財政対策債の借換財源を調達する目的で新たに地方債を発行する場合にはすべて地方負担となる。

　毎年の財源不足額は1990年代後半から上昇していたが，2000年代前半の三位一体改革により，地方の歳出削減がめざされ，財源不足額も減少傾向となった。しかしながら，その後のリーマン・ショック，そして東日本大震災を契機に地方の財政需要も増大し，財源不足額は再び上昇する。「社会保障と税の一体改革」を通じた消費税増税や，自治体における事務事業の広域化や民営化等を通じた効率化の推進などにより，財源不足額の縮小を図る努力が行われている。しかしながら，毎年の起債残高は国・地方ともに上昇していることに変わりはなく，財政健全化は中長期にわたって課題とされている。

　近年，毎年の地方交付税総額は16～17兆円程度で推移しているが，年々増大する扶助費等の需要に対応できなくなりつつある。しかしながら政治主導による財政運営により，増税に向けた改革は国レベルでは進まない。こうした状況に対し，地方六団体など自治体をとりまとめる組織からは，地方財源の充実確保に向けて，地方共有税や地方共同税の創設を求める動きが起こっている。そこでは地方固有の一般財源として自治体に配分される税の創設と財源の確保が

図7-3 地方財政の財源不足の状況（地方財政計画ベース）

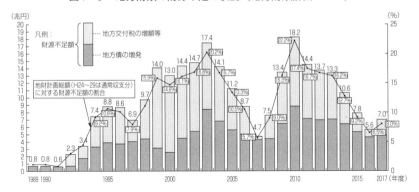

出所：総務省『地方交付税のあらまし（平成29年度版）』2017年。

提起されている。

　他方で，国から自治体へと権限移譲を推し進めることにより，地域のサービスに必要な経費は地域で負担する方式をとることで，受益と負担の関係がより明確化され，財政支出の効率化を図ることを主張する意見もある。国庫支出金・地方交付税といった移転財源は，必ずしもその地域の住民が負担するわけではない。そのため，ともすれば非効率な支出を招くおそれがあるとして，自主財源の拡大と移転財源の削減を通じて，財政支出の抑制を図るという主張もみられる。このほか，高齢者などに対する地域包括ケアシステムの構築では，地域を構成するさまざまな人々が，暮らしの安心・安全に関わる担い手として連携し，支え合うことが期待されている。いわば金銭負担ではないが，住民自らが汗をかくことによる社会参加を通じた暮らしの安心の確保が，国の政策として掲げられる時代となっている。

（3）効率的な行財政運営と住民参加

　財政難の折，地方自治体には，限られた財源のなかで効率的な行財政運営を行うことが求められている。具体的には，行政改革を通じた人件費の見直し，事業の民営化・民間委託などが推進されてきた。公共施設における指定管理者制度の導入やPFIの推進などを通じて，人件費や施設建設費を抑制する取り組

みも求められている。

　こうした動きは，日本の産業構造のサービス経済化にともなって加速していることに留意する必要がある。従来の公共事業は建設業に対する雇用創出効果をもたらしており，建設業者は道路や施設整備等の事業を請け負うことで，稼得機会を得ていた。しかしながらサービス経済化の進展により，リース業や施設の維持管理，業務マネジメント，広告代理店などの業態が，国や自治体からの業務委託等を求めるようになっている。

　他方で，地方自治体の財政状況を明示し，財政運営の指標とするための財政健全化指標も導入された。これは，国が地方自治体の財政運営状況を把握するとともに，財政破綻を未然に防止するための指標として策定されたものである。地方公共団体財政健全化法では，実質収支比率，連結実質収支比率，実質公債費比率，将来負担比率の4つの指標について，その値が一定の水準を超えた地方自治体に起債制限がかけられる。また財政健全化計画や財政再生計画の策定が求められるとともに，財政運営への制約が課されることもある。

　多くの地方自治体はこれらの指標に目配りしながら，「財政健全化」をふまえた行財政運営を行っている。しかし，行政に期待される役割が次第に増えるにもかかわらず，職員数の削減などが進行しており，地方自治体は厳しい状況に置かれている。業務を民間に委ねたことにより，サービスの質が低下した，また運営を管理・監督するためのコストが以前よりも増大した，という指摘もあるなか，少ない人員で多様化，複雑化する行政ニーズに応えることが課題とされている。

　自治体が国から求められている効率性は，一定の役割を最小限の経費で遂行するという意味で，インプットとアウトプットの効率性であるが，自治体は本来，住民から寄せられる公共サービスの需要に応えるという意味でアウトカムの効率性を考えることが求められている。住民のニーズに効率的・効果的に応えるにはどうすればよいのかが課題とされる。

　住民に対する理解を求め，住民が求める効率性の観点から行政のあり方を見直すための取り組みとして，事務事業評価に市民参加の仕組みを取り入れる動きや，予算・決算について住民にわかりやすく公表する仕組みを導入している自治体もみられる。また，地域の再開発を進めるにあたり，開発規模や事業内

容の決定過程における幅広い住民説明会の実施と意見収集，さらに住民に，資金の出資や，ワークショップ型のリノベーション活動など，幅広いかたちで参加の場を用意しながら，費用負担と支出に対する理解を求める動きも起こっている。

　人口減少時代を迎え，人と人とのつながりを豊かなものにし，安心・安全な暮らしを構築することが行政には期待されるようになっている。新たな時代に対応した自治体の税財政運営のあり方を考えるとき，中央省庁ごとの行政縦割型の事務事業の実施と補助金交付の仕組みは，こうしたニーズにそぐわなくなっている側面がある。地域の暮らしに軸足を置き，多様な住民ニーズに応えることのできる行政サービスの提供体制の確保に向けた分権型財政システムの構築が求められている。

📖 文献案内

① 石原信雄，2016，『新地方財政調整制度論 改訂版』ぎょうせい．
② 稲沢克祐・鈴木潔・日本都市センター研究室，2012，『自治体の予算編成改革——新たな潮流と手法の効果』ぎょうせい．
③ 神野直彦・小西砂千夫，2014，『日本の地方財政』有斐閣．

[参考文献]
池上岳彦編，2004，『地方税制改革』ぎょうせい．
井手英策編，2014，『日本財政の現代史Ⅰ——土建国家の時代』有斐閣．
金澤史男，2002，『現代の公共事業——国際経験と日本』日本経済評論社．
神原勝・大矢野修，2015，『総合計画の理論と実務——行財政縮小時代の自治体戦略』公人の友社．
神野直彦・池上岳彦，2003，『地方交付税 何が問題か——財政調整制度の歴史と国際比較』東洋経済新報社．
瀧野欣彌・佐藤文俊・岡本保，2007，『三位一体の改革と将来像——総説・国庫補助負担金』ぎょうせい．
玉村雅敏・日本生産性本部，2014，『総合計画の新潮流——自治体経営を支えるトータル・システムの構築』公人の友社．
地方交付税制度研究会編，各年度，『地方交付税のあらまし』地方財務協会．
沼尾波子・池上岳彦・高端正幸・木村佳弘，2017，『地方財政を学ぶ』有斐閣．
林健久，2003，『地方財政読本 第5版』東洋経済新報社．
持田信樹，2013，『地方財政論』東京大学出版会．

【沼尾波子】

自治体と民間の役割分担
―― すみ分けと協働

公共サービス水準が一定水準を超えるに至った先進諸国では，多くの行政課題の認定とこれに対する対処方策の決定を，国よりもむしろ自治体レベルに委ねたほうが合理的に課題解決できると認識されはじめた。同時に，公共を担う行政への効率性が一層求められるようになった。行政側の能力の限界があるために，公共サービスの提供における民間の役割も大きくなりつつある。

本章では，以上のような背景のなかで，自治体と民間の役割分担に関する近年の動向とその背景となる理論を振り返り，両者の関係性について述べる。なお，「民間」には民間企業，NPO，町内会等の住民組織等が含まれるが，本章では，民間企業およびNPOを対象とする。

民間企業に関しては，行政が実施する業務の一部を民間企業に委ねる場合における行政としての責任の果たし方として，保障責任が妥当する。NPOに関しては，行政がNPOと協働する場合における対等性の確保の方法として，事業の実施過程や実施後における評価システムなどが必要である。最後に，自治体と民間企業，NPOの関係について，住民の視点からみた問題提起をしている。

1 「公共の担い手」のとらえ方の変化

20世紀に入り，二度の世界大戦を経て，国民の権利としての社会保障制度の充実が図られるようになり，先進国では福祉国家化が進み，行政の守備範囲が広がる時代が1970年代半ばまで続いてきていた。このような時代においては，「公共」は，もっぱら行政が担うものであるとの意識が強かったが，その後，政府の規制により経済活動が非効率化する場合や財政赤字の拡大などが発生し，「政府の失敗」が指摘されるようになり，公共部門の活動を抑制する方向へと変わってきた。また，行政を中心とした公共サービスの提供では限界が生

じてきたことや行政と住民とのあり方が問われていることも背景となり，行政だけが「公共」を占有するのではなく，民間企業，NPO，住民団体などの地域の多様な主体が，「公共の担い手」であると考えられるようになってきた。

しかしながら，1970年代以前においても，「公共の担い手」は決して行政のみが担っていたわけではないことに留意する必要がある。たとえば，西洋諸国では教会や協同組合が，日本では自治体や町内会の地縁組織や業界団体などが「公共」の重要部分の役割を担っていたといえる。「公共の担い手」を広くとらえ直す考えは，「新しい公共」，「新たな公」，「新しい公共空間」などと呼ばれたが，決して新しく出てきた現象ではない。ただ，90年代に生じた「公共論」は，ライフスタイルの変化や行政サービスのニーズの多様化にともない，行政がすべてを決定，実施するのではなく，多元的な主体によって担われる「公共」を形成していく必要があることを明確化する意味は大いにあったと考える。

公共のあり方を自治体と地域の多元的な主体が一緒になって考え，一緒になって担っていく場合，政策形成過程のさまざまな段階において，自治体が「多元的な主体」とどのように関わっていくべきかが問われることになる。その際に，2つの方向性を分けて考える必要がある。第1が，行政の能力の限界を意識するとともに，外部資源，とくに民間企業の活用を図る方向である。第2が，地域におけるNPOや住民組織の活動の活発化にともない，自治体とこれらの団体が協働して地域課題の解決に取り組む方向である。本節は，この2つの方向がどのように実現されているか，両者がどのように関係しているかについて説明するものである。

(1) 行政サービスの民間開放の流れ

1980年代以降，アングロサクソン諸国を中心に世界各国では，公的部門の肥大化および効率性低下や，財政赤字の拡大等の問題を背景に，「官から民へ」という大きな流れが出てきた。これは経済活動全体のなかで，公的部門に対する民間部門の比重が高まることを意味しており，80年代に進められた諸改革では，公務員数削減等の公的部門の縮小による費用削減，効率性改善が優先され推進されてきた。

日本においては，「官から民へ」の動きは，世界の傾向からはやや遅く，

1990年代以降に，急速に広がった。ここでの「民」は，主として民間企業を想定しており，1996（平成8）年12月の行政改革委員会において，「民間でできるものは民間に委ねる」，「国民本位の効率的な行政」，「説明責任（アカウンタビリティ）を果たす」との3つの原則が表明され，さらに，2001（平成13）年4月に小泉純一郎内閣が誕生すると，経済財政諮問会議での議論や総合規制改革会議などの場を活用して，郵政民営化，政府系金融機関改革，行政サービスの民間開放が次々と実施されることとなった。

また，民間の活動環境を改善することによって，規制依存型経済システムから自己責任型自由経済システムへの転換を図っていこうとする「規制緩和」も同時に推進された。1980年代に経済活性化の方策として，アメリカのレーガン政権，イギリスのサッチャー政権のもとでは，事業参入規制の緩和，撤廃や許可制の廃止や届出制への移行などの政策が進められ，日本においても，第二臨調の後継委員会が改革案を実施するというかたちで国民の生活や企業の活動に関係するさまざまな規制について，その見直しを行い，時代のニーズに合わなくなってきた不要な規制の撤廃や，新たな問題に対応するためのルールや枠組みを構築する「規制改革」に取り組むこととなった。

日本における行政サービスの民間開放に関しては，さらに，総合規制改革会議「中間とりまとめ―経済活性化のために重点的に推進すべき規制改革」（2002（平成14）年7月）で，「民間参入・移管拡大による官製市場の見直し」として，「運営主体の制限を行うなど公的関与の強い市場及び公共サービス分野（いわゆる「官製市場」）において様々な規制改革を推進することが重要」とされるとともに，「官民役割分担の再構築」を図り，「多様化するニーズに対応した公共サービスの提供を実現するためには，民営化，民間事業体の参入，PFI（Private Finance Initiative），民間委託，あるいはこれらを包括するPPP（Public Private Partnership）など様々な手法を駆使することが必要」とされた。また，総合規制改革会議「規制改革の推進に関する第2次答申―経済活性化のために重点的に推進すべき規制改革」（2002（平成14）年12月）では，「行政サービスの民間開放の拡大の検討について」として，「行政サービスの民間開放を積極的に推進し，『3つの効果（①行財政の効率化，②住民サービスの質的向上，③雇用拡大・経済活性化）』を実現し，地域経済の活性化につなげていく必要がある」とし，「①官か

ら民へ（民営化や官民競争の推進等を通じ，行政サービスの民間開放を拡大），②国から地方へ（国が画一的に地方に関与する法制度等を見直し，地域の知恵や特性を反映しうる柔軟・弾力的な執行体制を実現），③民需の拡大（地域の資源を有効活用し，事業機会や雇用の創出につなげる）の『3つの視点』をふまえつつ，行政サービスの民間開放を阻害する要因を洗い出す」とされた。また，経済財政諮問会議「行政サービスの民間開放の拡大の検討について」(2003 (平成15) 年10月) でも，「民間参入の拡大による官製市場の見直し」が提案されている。

　こうした流れのなかで，1990年代後半以降，単純に民間に所有権を移転する手法以外にも，民間活用の多様な手法がとられるようになった。まず，「民営化」は，公の事務や事業を一括して民間に委譲ないし移行させ，民間活力を本格的に活用することにより，公共サービス，公共事業の質の向上，効率化等を実現することを目的としている。これに対して，「民間委託」は，事務，事業そのものは国・自治体に留保しながら，そのすべてまたは一部の業務を民間企業その他の民間部門に委託して行わせることで，公共施設の管理運営に関してこの手法がとられることが多い。

　民間委託の一手法と位置づけることができる指定管理者制度は，2003 (平成15) 年9月の地方自治法改正によって導入された。以前は，地方自治法上，公の施設については，外部に委託する場合は，管理主体が地方自治体の出資法人等の公共的団体に限定されていた（管理委託制度）が，この改正によって，株式会社やNPO法人等の民間事業者にも開放されることとなった。たとえば，スポーツ施設，観光施設，公民館，ホール等を民間に委託できるようにすることで，民間の能力を積極的に活用しようというものである。

　次に，施設整備と管理運営を一括して民間を活用する方式として，PFIがある。PFIとは，プライベート・ファイナンス・イニシアティブ (Private Finance Initiative) の略であり，民間資金によって公共施設の建設と管理を行う方式で，大規模な公共建築物を民間に委託し建設，管理させようというもので，英国で生まれたものである。1999 (平成11) 年にPFI法が成立し，日本に導入された。既存施設の維持管理，運営業務に適応される指定管理者制度が，施設整備がともなわないのに対して，PFI事業は，施設整備と維持管理および運営を一括して行うものである。民間事業者は施設整備のための資金調達が必要となるとい

う点をクリアする必要があるが，民間自らが，設計，建設の段階から維持管理，運営のことを考慮することができるようになるため，民間のアイデアおよび経営手法をより反映させやすいというメリットがある。

　また，官の世界への民間的手法の導入を目的とするものとしては，独立行政法人制度がある。1998（平成10）年の中央省庁等改革基本法に制度創設が盛り込まれ，企画立案と執行の分離を進めるとの観点から，それまで国の機関において行われていた試験研究や研修などの業務が独立行政法人化された。2001（平成13）年4月に57独立行政法人が発足し，制度がスタートした。この制度は，国が自ら主体となって直接に実施する必要はないが，民間の主体に委ねた場合には必ずしも実施されないおそれがあるという性格の事業等を対象として実行された。独立行政法人制度では，企業会計制度を導入するとともに，運営に弾力性を持たせることにより，事業を効率的かつ効果的に行うにふさわしい自律性，自発性および透明性を備えた法人を設け，行政の減量および効率化をめざす改革の一環として行われたといえよう。なお，地方独立行政法人法は，同様の理念のもとに，2003（平成15）年7月に成立した。

　官の世界に民間的手法を導入するという考えをさらに推し進めたものとして，市場化テストがある。市場化テストは，官民競争入札制度ともいわれ，公共サービスを提供する主体が官であるか民であるかを特定せずに，官と民とが対等な立場で競争入札に参加し，価格，質の両面で最も優れた者が，そのサービスの提供を担っていくこととする制度である。官の世界に競争を導入することで，公共サービスの質の向上と公共サービスのコスト削減を実現しようとするものである。この仕組みがきわめて斬新的であることは，入札によって民が落札すれば，これまで官が行っていた事業を民に移管することになる点である。民でできるものは民で行うとの考えが徹底されている。国においては，2006（平成18）年5月に，「競争の導入による公共サービスの改革に関する法律」（公共サービス改革法）が成立した。当初は，統計調査，登記事務等の事務を市場化テストの対象業務としたが，順次，対象を拡大している。この法律においては，自治体は，官民競争入札等を実施する場合には，その対象とする公共サービスを適切に選定するほか，地方公共団体の関与その他の規制を必要最小限のものとすることにより，民間事業者の創意と工夫が実施する公共サービス

表8-1　民間活用の手法（地方行政分野）

	行政サービスの必要性	行政組織が直接提供する必要性	手法の特徴	活用事例
PFI	○	×	公共施設の整備と管理運営を委ねる	庁舎，公営住宅，公園
指定管理者制度	○	×	公の施設の管理	スポーツ施設，観光施設
地方独立行政法人	○	×（民間では実施されないおそれがある）	自治体とは別の法人を設立し，自律的，弾力的運営	公立大学，試験研究機関，病院
アウトソーシング（民間委託）	○	×	業務の一部を外部委託	窓口業務，データ入力，情報システム
市場化テスト	○	×（官又は民が提供）	官と民（又は民と民）が競争入札	公金債権回収業務，受付案内業務
直営	○	○	行政が直接提供	
民間移管	×（需要あり）	×	民間が直接提供	保育所，病院
事務の廃止	×（需要なし）	×	事務自体が不要	

出所：筆者作成。

に適切に反映されるよう措置されている。

　表8-1では，これまで取り上げてきた民間活用の手法の特徴を示している。行政サービスの必要がなくなれば，サービス自体を民間に移管するか廃止することになる。行政サービスとして維持する必要があるが，行政組織が直接提供する必要がない場合に，PFI，指定管理者制度，地方独立行政法人などの手法が導入されることとなる。

　それぞれの手法には特徴があるので，その特徴を活かして，適した事業に活用することが重要である。たとえば，指定管理者制度は，必ず「指定期間」を定めなければならないという特徴があるので，公立図書館のように，「地域の知の拠点として，末永く安定的に運営されることが求められる」（片山・糸賀2016）施設，つまり，「長期の継続的な方針の下に行われる必要がある施設」には採用するべきではない。「知の拠点」であるから，自治体が直営で運営すべきであろう。また，「病院，保育所その他公の施設の利用者に対する役務提

供についての信頼関係を継続する見地から期間を限定することが適当でない施設」も指定管理者制度はなじまないといえる。ただし，図書館とは異なり，必ずしも直営で実施すべきとはいえない。民間活用する場合には，たとえば，病院を医療法人に譲渡するなど，民間移管の手法により，民間が長期的に責任を持って運営するかたちにすることが適しているといえよう。

（2）NPO 活動の活発化と法整備

　近年，NPO の活動が活発になり，NPO が自治体行政の政策形成において大きな存在となってきた。NPO とは Nonprofit Organization の略で，民間非営利組織と訳されているが，その意味するところは，政府の支配に属さずに活動し，社会的な使命を達成することを目的とした組織といえる。NPO は，利益を得て配当することを目的とする組織である企業と異なり，利益があがっても構成員に分配しないで NPO の活動目的を達成するための費用に充てる点で，非営利組織と位置づけられている。公共サービスに対するニーズが個別化を強め，きめ細かなサービスを求める声が高まりをみせてくるなかで，NPO が大きな存在となってきた。行政は，公平性を前提として画一的対応を余儀なくされているのに対し，NPO は，自発的に公共サービスの提供を行うものであり，画一的サービスを提供しなければならない束縛から逃れている。また，多様な住民ニーズを反映した柔軟かつ迅速なサービスの提供が可能であり，NPO には大きな期待が寄せられている。

　そのため，1998（平成10）年には，NPO を社会的存在として認知し，育成する法律として，特定非営利活動促進法（NPO 法）が成立し，特定非営利活動を行うことを目的とした団体に所轄庁の認証によって NPO 法人という法人格を付与することとされた。現在，法にもとづいて，保健・医療・福祉，社会教育，まちづくりの推進，文化・芸術，環境保全，地域安全，人権擁護，子どもの健全育成など20分野の活動が対象となっている。このように，NPO は，本来，①自らの問題意識・興味でとらえた課題を，②自らの方法，アイデアで解決すべく活動を行うもので，行政とは異なる独自の活動領域を有している。NPO にとっては，これらの分野において，独自のミッション（社会的使命）をいかに果たすかが重要なテーマとなる。

また、「住民自治」の充実化にもNPOが一定の役割を果たすことが期待されている。公共的なミッション（社会的使命）を有したNPOが地域社会において、幅広く地域住民を巻き込みながら継続的な活動を行うことにより、住民の「自治」意識が向上し、住民自身が自主的に地域における課題を解決していくことが可能となる。また、NPOは、市民が自らの思いを形にするためのツール（道具）であると同時に、NPOを通じて、住民に社会の公共性に関わるチャンネルが提供されるという役割もある。

NPO法人が社会の多様なニーズに応えていくことが期待されているなかで、NPO法人への個人からの寄付金にかかる税制優遇措置を拡大しNPO法人への寄付を促進するNPO法の大改正が、2011（平成23）年6月に成立し、2012（平成24）年4月から施行された。それまでは、諸外国におけるNPO法人への寄付金優遇措置制度から大きく後れをとっており、税制優遇措置の対象となる認定NPO法人は、わずか198法人（NPO法人全体の約0.5％、2011（平成23）年4月時点）にすぎなかった。改正によって、認定基準であるPST（パブリックサポートテスト）が緩和されるとともに、「仮認定制度」（2016（平成28）年6月改正により、2017（平成29）年4月から「特例認定制度」に名称変更）も導入され、寄付金優遇措置に関しては、諸外国とほぼ同レベルの制度が整った。併せて、認証・認定機関が所轄庁（都道府県・政令市）に移管され、NPO関連事務は自治体で一元的に実施されることになった。この改正により、認定NPO法人は増加し、2017（平成29）年3月末現在で、1000法人（特例認定法人を含む）を超えることとなった。

2 公共経営論の変遷と行政の役割

1980年代からの世界の動きとその後の日本において、行政サービスの民間開放が推進されるとともに、行政部門に民間におけるさまざまな経営手法等を導入して効率化、活性化を図ることがめざされてきた。その必要性について理論化したのがNPM理論である。NPMはNew Public Managementの略であり、新公共経営と訳すことができるが、一般的には、そのまま、ニュー・パブリック・マネジメントの言葉で使われている。1980年代半ばにNPM理論が登場し、そ

れが日本にも及び,「官から民へ」のスローガンのもと,さまざまな手法が採用され,推進が図られた。

しかし,NPMを早期に導入したアングロサクソン諸国では,1990年代後半に入ると,NPMの問題点を指摘する理論が提唱されるようになり,NPMの修正なり,転換が図られるようになってきた。それが,NPS論であり,ガバナンス論である。

一方,公共分野における民間アクターの役割の増大や活動の活発化に対応して,自治体の役割が問い直されるようになってきている。自治体の業務を民間企業に委ねた場合に自治体の責任がなくなるわけではない。その責任範囲はどこまでかといった問題や「自治体の役割」,「民間の役割」は何かなどについての議論が認識されるようになってきた。

本節では,NPM以前から現在に至る公共経営論の変遷をたどるとともに,自治体として果たすべき役割や責任について述べることとする。

(1) NPMとNPS

NPM以前の公共経営の考えは,公共管理 (PA) と呼ばれている。PAとはPublic Administrationの略であり,官僚制が主導し,政府機関が安定した行政の運営を行うという考えである。PAの特徴は,法の支配,法令等の重視,官僚が中心となった政策の実施,公的組織における政治と官僚制の分離,公的サービス給付における専門職の主導権といったものである (Osborne 2010)。官僚制について研究したマックス・ヴェーバーは,官僚制は,法律を厳密に解釈して形式的な手続に完全に従う原則,トップダウンのヒエラルキーの原則,文書主義による事務処理の原則といった特徴があり,行政の運営を行ううえで合理的機能を有していると評価している。PAは,官僚制が出現した19世紀後期から1980年代前期頃までつづいたとされている (Osborne 2010)。

しかし,1980年代半ばになると,財政赤字の拡大等を背景に,行政の効率化が求められるようになり,NPM理論が登場し,イギリスやニュージーランドなどで取り組まれ,その後,1990年代に入って北欧諸国などでも導入が進み,それが日本にも及んできた。NPM理論は,①市民を行政サービスの顧客とみて,顧客満足度を重視したサービスに転換する「顧客志向への転換」,②数値

目標の設定と，行政評価による事業評価の実施などの「成果志向への転換」，③競争原理の導入，民営化，民間委託，PFIなどの「市場メカニズムの活用」，④迅速な意思決定ができるように現場への権限委譲，組織のフラット化などの「弾力的な組織編成」を重要な柱としている。

　その後，NPM の考え方を進化させたものとして PPP が出てきた。PPP とは Public Private Partnership の略で，官民パートナーシップまたは官民協働とも訳されているが，官（Public）と民（Private）とが役割を分担しながら，社会資本の整備や公共サービスの充実，向上を図ることを実現していこうとする手法の総称である。ブレア政権時代に，英国のサッチャー政権時代の NPM の取り組みを評価し，その成果をふまえたうえで，行政，企業，住民のパートナーシップを重視しようとする考えから主張されるようになったものである。PPP においては，行政，企業，住民，さらには NPO などのネットワークを重視することや，VFM（Value for Money＝「対価に見合った価値」）を生み出すことをめざして公共サービスの質的向上を図ることなどの特徴があるが，基本的理念は NPM と共通しているといえる。

　NPM への批判として主張されているのが NPS 理論である。NPS は New Public Service の略であり，新公共サービスと訳すことができる。NPS は，民主主義の理念のもとに，公共サービスをどのようにマネジメントするかという市民側の視点を重視し，公共サービスにおける質を確保することを目的に公共経営を行うという考えである。NPM は，民間企業における経営理念・手法を行政現場に適用することで行政部門の効率化・活性化を図ろうとするものであったが，その重要な柱である「顧客志向」に対して，NPS は，市民を顧客とみることは間違いであること，政府の役割は市場力を発揮するために「舵取り」することではなく，市民に「奉仕する」ことである（"Serve Citizens, Not Customers"，"Serve Rather than Steer"）とした。また，「成果志向」，「市場メカニズム」に対して，NPS は，経済的価値のみで判断するべきではなく，公益的価値をより重視すべきである（"Seek the Public Interest"，"Value People, Not Just Productivity"）と主張する（Denhardt and Denhardt 2015）。

　表8-2は，PA，NPM，NPS を比較したものである。とくに，「公務員が責任を負う相手方」を誰であるとみているのか，および「政府の役割」が何であ

表 8-2 公共管理，新公共経営，新公共サービスの比較

	PA（公共管理）	NPM（新公共経営）	NPS（新公共サービス）
理論上，認識論上の根拠	政治理論（単純な社会科学に基づく）Political theory (by naive social science)	経済理論（実証主義社会科学に基づく）Economic theory (based on positivist social science)	民主主義理論（多様なアプローチ）Democratic theory (varied approaches)
人間行動の合理的モデル	行政管理者 'administrative man'	経済人 'economic man'	政治的，経済的，組織的合理性からの複合評価 multiple test
公共の利益の概念	政治的，法に基づいた politically defined and expressed in law	個人的利益の集積 aggregation of individual interests	共有価値に関する対話 dialogue about shared values
公務員が責任を負う相手方	行政サービスの受け手及び有権者 Clients and constituents	顧客 Customers	市民 Citizens
政府の役割	Rowing（漕ぐ）政治的に定められた目標の実施	Steering（舵取り）市場力を発揮する触媒の役割	Serving（奉仕する）市民とコミュニティの関心の協議と仲介，共通価値の創造
政策目標を達成するための仕組み	政府機関を通じたプログラムの管理	民間及び非営利団体を通じて，政策目標を達成するための仕組みとインセンティブの創出	公共部門，非営利団体及び民間団体の協調体制の構築
説明責任のアプローチ	階層性：選挙で選出された指導者に責任を持つ行政組織	市場志向性：幅広い諸団体が望む成果をもたらす自己利益の集積	多面性：法，コミュニティの価値，政治規範，職業規範，市民利益に対応が求められる公務員
行政上の裁量	限定的な裁量	幅広い裁量	制約された裁量で説明責任がある
組織構造	トップダウン及び行政サービスの受け手の管理下にある官僚組織	代理権の範囲内における分権化された公共機関	リーダーシップを共有した協働型構造
公務員の動機づけ	給与，手当，身分保障	起業家精神，政府の規模と機能の縮小への願望	公共サービス，社会貢献への願望

出所：J. V. Denhardt and R. B. Denhardt, *The New Public Service: Serving, Not Steering*, 4 th Edition, Routledge, 2015, pp.26-27をもとに筆者作成。

ると考えているのかについて比較すると，それぞれの特徴がよく出ているのが理解できるだろう。NPM理論が経済優先，成果主義を基本としているのに対して，NPS理論は多様な価値観を持つ市民からの働きかけを民主的に受け止めることを基本としていることが特徴的である。

NPS以外に，ポストNPMの理論として，NPGがある。NPGはNew Public Governanceの略であり，新公共ガバナンスと訳すことができる。NPGは，公共サービスの提供に市民，企業，NPOなどさまざまなアクターが関わっていることから，これらアクター間のガバナンスを重視するものである（Osborne 2010）。NPMの「市場メカニズム」や「顧客志向」ではなく，NPGでは，参加や公正といった価値を重視し，行政に関与するアクターを行政が支援することで公共経営の活性化を図ろうとする。

1990年代後半には「ガバメントからガバナンスへ」ということが盛んにいわれたが，この流れとも共通する考えといえる。この言葉は，従来の統治の仕組みの有効性が問われるようになり，統治する側であった従来の政府の組織や機能のことだけを考えるのでは十分ではなくなり，統治から派生する諸々の活動，機能や他の主体の活動等を視野に入れなければ統治そのものが成り立たなくなってきたという時代背景を象徴的に表しているものである。そして，このような考えを前提にして，統治の仕組みを幅広く分析するためには，国や自治体以外のさまざまな主体の活動もネットワークというかたちで包摂するとともに，政府と社会の相互作用についてのアプローチを行い，ガバナンスという新たな概念が必要となったといえる。

拘束力ある法制度とその執行に携わる中央集権的システムの「ガバメント」に代わり，多様な主体が自発性および公益性を持って活動する「ガバナンス」においては，さまざまな主体の関係づけが重要となる（伊藤・近藤 2010）。つまり，さまざまな社会的団体や住民がガバナンスに参加し，ネットワークを形成しながら，多元的な合意形成を図っていく社会となるのである。こうした考えにもとづけば，公共問題を解決する主体として，中央政府よりも地域に密着した存在である自治体がより大きな役割を果たすことになる。

(2) 行政の役割

　民間の役割が拡大し，住民，企業，NPOなど多様な主体が，公共の領域でさまざまな活動を担う社会になってくると，行政の役割がどうあるべきかが重要な課題となってくる。行政と民間との関係は，①民間の事業活動について公共性の観点から規制等を行って，国民の利益，権利を守るという「外部の観点からの関与」，②行政の仕事の一部を民間が担う（代行する）ことにともない，行政が自ら行う場合と同等の公共性を確保するという「内部の観点からの関与」，③NPOや住民組織が公共性のある活動を行政と協調して行う場合における両者の適切な関係性を確保するという「対等性の観点による関係」に大別することができる。

　①については，民間が社会で活動する際に，公共性の観点から，生命，身体などの安全，環境保護，消費者安全など国民の権利利益を守るために，行政が民間に対して規制を行うものである。この規制のレベルが適切かどうかの判断はなかなか難しい。過度の規制や実態に合わない規制などを緩和，撤廃すること（規制緩和）によって，民間活動の自由度を高め，市場原理にもとづく経済活動の活発化をもたらすことが必要な場合がある。一方，過度の規制緩和は公共性を損なうことにつながる場合がある。行政が民間を，行政活動ではない外部の存在として規制するという意味で，「外部の観点」と位置づけている。

　②については，行政が実施する業務の一部を民間に委ねる場合，民間に丸投げすることは公共的責任を放棄することになるので，行政として公共性を保障する責任を果たす必要がある。「すべてを民間にゆだねても，望ましい公共サービスが効率的に供給されるとは限らない」（井堀編 2005）が，一方で，民間の主体性の発揮を妨げないようにすることや実施主体としての民間の自己責任を果たさせることも必要となる。行政が民間を，自らの行政活動の延長としてとらえて行政責任を果たすという意味で，「内部の観点」と位置づけている。

　③については，NPOや住民組織が公共の一翼を担って行政と協調して活動する場合，行政とNPO等との関係について対等性が確保されているかどうかの問題である。対等性が確保されることによって，NPOや住民組織の専門性や自立性が発揮されれば政策目標が達成されることになる。ここでは，真の意味での対等性をどのように確保するかが重要となる。一方，行政が関わる以

第 8 章　自治体と民間の役割分担——すみ分けと協働

表 8 - 3　行政と民間の関係

	関係性の観点	方向性	方向性の根拠	事　例
行政が民間を規制 （主に民間企業を対象）	外部の観点からの関与	規制緩和 vs 規制強化	市場原理 vs 権利保護（安全，環境等）	許認可，規制基準の設定など
民間に行政サービスの遂行を委ねる	内部の観点からの関与	保障責任 vs 自己責任	公共的責任 vs 主体性	民間委託，指定管理者，PFI など
行政と民間が協調して遂行 （主に NPO，住民組織を対象）	対等性の観点による関係	対等性 vs 従属性	専門性，自立性 vs 公共性	NPO との協働など

出所：筆者作成。

上，一定の公共性を担保することも必要であり，公共性を確保する観点からの行政の指示に民間が従わなければいけない場面も出てくるが，NPO 等の専門性や自立性を過度に損なわないようにすることが必要となる。

　表 8 - 3 は，これらの関係を示したものである。ただし，①，②，③は，厳格に区分できない場合もあるし，両者の関係性が重なり合うこともある。あくまでわかりやすく類型化したものである。

　以下，行政サービスの民間開放の流れのなかで，行政が果たすべき役割はどうあるべきかという観点から，②に関して述べる。なお，③に関しては，次節で取り上げる。

　行政が果たすべき役割に関する理論枠組みとして，保障行政の法理論（板垣 2013）がある。保障行政とは，行政が民間事業者に任務の遂行を委託した後にも，それで仕事が終わってしまうわけではなく，民間事業者が適切に任務を行っているかどうか，指示・監視を及ぼす必要があるという考え方である。板垣によれば，ドイツにおいては，国家と社会の責任配分（Verantwortungsteilung）に関して，行政が自ら任務を果たす場合にはその遂行責任（Erfüllungsverantwortung）があるが，任務の遂行を私的部門に移転した後においては，システム全体がうまく働くかどうか，綿密な制度設計を行い，指示・監視を及ぼすなど，全体を監視する責任があり，これを保障責任（Gewährleistungsverwortung）と呼んでいる。また，任務の移転先の私的部門が機能不全を起こしたならば，公的部門が再び代わりに乗り出す責任もあり，これを捕捉責任（Auffangverwortung）と呼んでい

る。

　これは，指定管理者制度にあてはめてみるとわかりやすいだろう。A市立体育館の管理運営について指定管理者制度を採用することとし，公募の結果，B民間企業が指定管理者になった場合，A市はBに丸投げして責任はなくなることにはならない。A市には，Bが的確に管理運営の責任を果たしているかどうか監視し，必要な指示を行う保障責任が発生する。また，指定管理者が破産などして管理運営できなくなった場合には，A市が直営で施設の管理を行うことになる。その後，直営をつづけるのか，改めて指定管理者制度を採用するかを検討することになる。

　静岡県では，指定管理者制度全体を所管する部局を設けており，体育施設などとくに安全管理上のリスクが高いと考えられる施設に関しては安全管理の専門家が施設の状況を実地確認して指導・助言を行う。また，労働環境の悪化は指定管理者制度導入施設における県民サービスの質や利用者の安全確保にも影響しかねない重大な問題であるので，労働関係法令の遵守についての一斉点検を実施している。保障責任をしっかりと果たしている事例といえよう。

　また，「国民生活における安全・安心の確保策に関する意見」(2007（平成19）年6月4日国民生活審議会)では，規制改革が進展し「官から民へ」の動きを進めるなかにあって，官は新たな役割を担っていく必要があり，「公的施設の管理を民へ委ねる場合であっても，地方公共団体は，設置主体として公的施設の安全・安心確保の責任を負う」のであり，「監視（モニタリング）を適切に実施できる体制を整備する必要がある」としている。

　同意見では，「官民の賠償責任負担に関する考え方」の整理もされている。民へ委ねられた業務に関し第三者に損害が生じた場合，民は，その過失により生じた損害について，賠償責任を負うのはもちろん通常である。しかし，一方で，官の責任については，①公共サービスの実施を行政事務代行型機関に委ねる場合，当該機関の過失により損害が生じた場合，官自体の過失の有無にかかわらず責任を負う可能性があること，②公的施設の管理を委ねる場合，施設の設置または管理に瑕疵があり，これにより損害が生じ，官がその施設の設置主体と認められる場合には，官自体の過失の有無にかかわらず責任を負うと指摘している。

①については,「指定確認検査機関による確認に関する事務は,建築主事による確認に関する事務の場合と同様に,地方公共団体の事務であり,その事務の帰属する行政主体は,当該確認にかかる建築物について確認する権限を有する建築主事が置かれた地方公共団体であると解するのが相当である」とした最高裁決定(2005(平成17)年6月24日)をふまえたものである。また,②については,責任が民事上の損害賠償責任に留まらない場合もある。埼玉県ふじみ野市の市営プール事故では,施設の管理業務を民間に委託していたが,市の担当職員が安全管理を怠ったとして業務上過失致死罪で有罪判決が言い渡された。

行政サービスが民間開放された場合,行政には,新たな責任が生じるのであって,行政の責任や役割が軽減されるものではないことを忘れてはならない。

3 NPOの課題と行政との協働

NPO法が1998(平成10)年に制定されて以降,NPO法人は年々増加傾向にあり,日本社会での存在も大きくなってきた。また,2011(平成23)年の法改正によって,認定法人も着実に増えてきており,信頼できるNPOの活動拡大,多様化が期待されている。一方,「ミッションの遂行を目的として資金と人材を集め,継続的に責任ある活動を行う」というNPO本来の活動が十分に実現できているかという点からは,多くの課題が指摘されている。これら課題をしっかりと認識するとともに,今後の取り組みを展望する必要がある。

行政とNPOの協働については,全国の自治体で標榜しない自治体はないほどに広がりをみせるようになってきている。しかし,前節で取り上げた「対等性の観点による関係」が実現できているかどうかについては,多くの課題があるといわざるをえない。

本節では,日本におけるNPOが抱えている課題とその解決方向について述べるとともに,行政とNPOの「協働」のあり方について述べることとする。

(1) NPOの抱える課題と展望

内閣府の調査によれば,NPO法人が自ら抱える課題として認識しているの

は，第1に，「人材の確保や教育」，第2に，「収入源の多様化」であり，「人材」面と「資金」面に課題があると感じている（内閣府「平成27年特定非営利活動法人に関する実態調査」）。また，NPO法人等の活動の推進に必要な政策課題の分析と支援策を検討するため内閣府に設置された「共助社会づくり懇談会」（奥野信宏座長）ワーキング・グループ報告書（2013（平成25）年12月）では，①人材面の課題，②資金面の課題，③信頼性向上の課題を取り上げ，それぞれについての現状と課題，課題解決に向けた論点整理を行っている。これらは，いずれも，日本のNPOは小規模な団体が多く，また，運営基盤が脆弱な団体が多いという現状をふまえ，今後，組織基盤の強化を図っていく必要性を指摘するものである。

　一方，NPOの特徴である「市民性」と「社会変革性」がわが国では十分に発揮されていないと指摘されている（田中 2011；松井 2010）。田中は，各種実態調査を分析し，第1の課題は，NPOと市民とのつながりが希薄になっていること，第2の課題は，本来，NPOに求められた課題の解決力に疑問があること，第3の課題は，活動や組織を持続可能なものにどう築いていくかということであるとし，「エクセレントNPO」を提案している。「エクセレントNPO」の第1の基本条件「市民性」は，非営利組織の活動が広く市民に対して参加の機会を提供することである。第2の基本条件「社会変革性」は，社会的な課題に対して，その原因を視野に入れた解決策を提案し，実行することによって，その効果が広く社会に普及していき，その結果，人々の生活の質や行動様式が大きく変化していくことである。第3の基本条件「組織的安定性」は，組織の使命，目的を達成するため一定の持続性を持って活動し，一定の活動内容，方法に安住することなく，対象や社会環境の変化を見据えて，不断の見直しをして，創意工夫力や課題発見力を発揮して，活動や組織を刷新していくことである。そして，より詳細な12の評価基準項目，33の評価基準を設けている（田中 2011；「エクセレントNPO」をめざそう市民会議ウェブサイト）。

　また，日本NPOセンターは，NPOの標準的な水準として，「信頼されるNPOの7つの条件」を提示している。ここでは，①明確なミッションを持って，継続的な事業展開をしていること，②特定の経営資源のみに依存せず，財政面で自立していること，③事業計画・予算の意思決定において自律性を堅持

していること，④事業報告・会計報告などの情報を積極的に公開していること，⑤組織が市民に開かれており，その支持と参加を集めていること，⑥最低限の事務局体制が整備されていること，⑦新しい仕組みや社会的な価値を生み出すメッセージを発信していることを「NPOらしいNPO」の条件としている。これらは，先の「エクセレントNPO」の基本条件の「市民性」（②，④，⑤），「社会変革性」（①，⑦），「組織安定性」（①，②，③，④，⑥）と共通するものといえる。

（2）協働のあり方

「協働」は多くの自治体，NPOで使われており，その意味は多義的である（大久保 2011；小田切 2014；坂本 2012）とされる。ここで取り上げる協働は，「規制緩和や行政の効率化の観点から，公的任務（とくに公共サービス）の民間開放を行う」という「分担的協働」ではなく，「立場の異なる主体が，それぞれの価値や能力を理解・尊重すると同時に，相互の批判を受け入れ，共通の認識をつくり，対等なパートナーとして連携・協力して，様々な社会問題・公的課題に取り組む」という「多元的協働」のこと（大久保 2011）を念頭に置いている。この理解のもとで，協働について取り組むために定められたプラン，指針（「あいち協働ルールブック2004」，京都府「多様な主体の協働・連携による地域力再生支援プラン」2009（平成21）年等）や自治基本条例（川崎市，名張市等），協働のまちづくり条例岡山市（2016（平成28）年4月施行），草津市（2014（平成26）年7月施行），横浜市市民協働条例（2013（平成25）年4月施行）など「協働」を定義している条例等からキーワードを抽出すると，「共通の目的を達成するために」，「それぞれの役割分担と責任の下に」，「対等な立場で，相互の立場を尊重しながら」取り組む活動であると定義できると考える。

一般的に，「協働」のメリットとしては，①多様な主体が協働することによって，多様な選択が可能となるなどにより，公共政策の質が総体として高められること，②お互いの信頼感が生まれるとともに，責任感や地域への愛情が生まれること，③行政にとっては，より実態に即した政策の形成が可能となるとともに，行政の活性化につながることなどが挙げられている。

しかし，自治体行政において，「協働」についての十分な理解が進んでいな

い（牛山 2014；新川 2015）ことや，NPO の自立（渡辺 2012），自治（原田 2015）が課題となっていることなどが指摘されている。このような課題を乗り越え，「協働」のメリットを生じさせるためには，留意しなければならない視点がある。第1に，協働は，「異なる主体が，一緒に問題解決していくこと」であるので，行政と NPO 双方が「協働の価値（理念）」を共有し，取り組むことが求められる。これには，「お互い良く話し合って，物事を決めて事業を実施していく」ことがきわめて重要である。そして，行政サービスに関しては情報の非対称性があるので，とくに，行政側から，NPO に対して，情報，知識等を積極的に提供していくことも大事である。

　第2に，協働は，「対等な関係」に意味があるが，この点が確保されるためには，相当な努力や行政側の意識改革が求められるとともに，そのための仕組みが必要となる。協働という名のもとで，実質的には，単に行政の役割の下請けとして便利に使われているという NPO 側からの不満や批判が多く聞かれる。行政が，「協働」を自らの責任と負担の軽減のために使うことになると，協働は形骸化することになるので，対等性を確保することはとくに重要である。そのための仕組みとして，事業の実施過程や実施後に対等性が確保されたかどうか評価し反映するシステムが必要である。また，下請け関係になってしまう委託（請負）契約とは異なる「協働契約」という新たな契約類型を定めることが必要である（今瀬 2011）。

　第3に，協働の相手方である NPO の民主的正統性をどのように考えるかという点である。行政は，首長や議会が住民の選挙で選ばれているという民主的正統性を持った存在であるが，そのような位置づけのない―NPO が行政となぜ対等でありうるのか，ありえないのではないかという疑問に応えなければならない。NPO 自体の一般市民との関わりや当該活動に対する市民の理解などが欠かせないことはもとより，幅広い市民の参加も重要となる。また，NPO 活動に関する情報公開や透明性の確保が図られることが市民の信頼には欠かせない。これらによって，実質的意味での民主的正統性に準ずる存在となることができるのかという問いである。選挙で選ばれることだけが民主的正統性ではないと考えることもできるが，首長や議会が一定のルールを設定することの重要性も軽視できないだろう。

これまで述べてきた「協働」は、主として、現在多く行われている「政策実施過程」における協働を意識して述べてきた。今後はさらに、「政策実施過程」にとどまらず、「政策形成過程」における協働をもめざすべきことはいうまでもない。そのためには、NPOが社会変革性の発揮の点で進化する必要があるし、実質的な政策協議の場を広げていく、参加型プラットホームの形成も求められる。

4　ローカル・ガバナンスにおける自治体と民間

　ガバナンスという言葉は、現在、コーポレイト・ガバナンス、グローバル・ガバナンス、コミュニティ・ガバナンスなどと、きわめて幅広く使われているが、「ローカル・ガバナンス」の言葉も1990年代からよく聞かれるようになった（新川 2008；佐藤・前田編 2017）。ガバナンスは、ヒエラルキー的な政府中心の仕組みから多様な主体が参加するネットワークへの移行を志向したものである。したがって、ローカル・ガバナンスは、地方レベルにおけるガバナンス、つまり、「地方レベルにおいて、地域の実情やニーズに合致した行政を展開し、地方自治体の制度及び政策の実施能力の向上を図るため、住民を含めた多様な主体の相互作用による地域社会の運営の仕組みづくりを目指すこと」ととらえることができる。
　この多様な主体には、当然ながら、自治体も住民も含まれる。自治体、住民、民間企業、NPO、地縁団体などの相互作用によって地域社会の運営の深化を図っていくことがめざされることになる。「民間」のうち、本章で対象として取り上げたのが、民間企業とNPOであるので、本節では、自治体と民間企業の相互関係、自治体とNPOの相互関係に関して、これまで述べてきたことをふまえながら考えてみる。
　まず、自治体と民間企業の相互関係に関して考える。民間企業が公共サービスの一翼を担う場合、公共サービスの受益者である国民の立場に立って、よりよいサービスを効果的に提供するという視点を持たなければならない。要は、サービスを、官が提供するか民が提供するかが問題なのではなく、どちらが提供するにせよ、最終的にはサービス改善を通じた質の向上が大事となる。民間

企業が公共サービスを提供するうえで，市民の視点を重視しているのがNPSであり，この理論によれば，自治体の役割は"Serve Citizens"となる。また，民間企業が公共サービスの提供主体になった場合に自治体が担わなければならない責任は「保障責任」である。

　以上のことは，いわば自治体からみた公共経営論の視点であるが，多様な主体のうち，最も重要な主体である「住民」からの視点，言い換えれば，「住民の権利」の視点からみた場合，公共サービスの担い手として果たすべき責務を，住民が民間企業に対して直接要求できるようにすること，つまり，住民自治の理念にもとづき，公共サービスを提供する民間企業に対する住民の直接的関与を高めていくことが今後重要と考える。たとえば，「処分権限のある指定管理者」を情報公開の実施機関として位置づけ，指定管理者が公の施設の管理運営にあたり保有する情報に条例を直接適用している厚木市情報公開条例，藤沢市情報公開条例などはその一例である。また，廃棄物処理法第8条の4，第15条の4では，周辺住民に処理施設の維持管理に関する一定の記録の閲覧を認めており，これも住民から民間企業に対する直接の権利行使の一例といえる。日本弁護士連合会は，さらに進んで，「自らが居住する地域の廃棄物行政ひいては地域環境のあり方は，究極的には住民の自治により定められるべき」であり，処理施設の調査立会権や住民が行政に代わって措置命令の対象者に対し責任履行を求めるなど，住民の権利を強化すべきとの決議を行っている（「不法投棄等による被害の根絶と資源循環関連法制の抜本的改正を求める決議」2010（平成22）年10月8日）。廃棄物処理施設は，周辺環境に影響を与える施設であるが，同様に，広く，公共施設は住民が利用する施設として直接の利害関係を有する施設である。公共施設全般についても，いかなる権限をいかなる要件のもとで認めるかについて検討する必要はあるが，住民の権利行使を直接認める方向へと向かうべきである。

　次に，自治体とNPOの相互関係に関して考える。NPOが自治体と協働して公共サービスの一翼を担う場合，よりよいサービスを効果的に提供するという視点を持たなければならないのは，民間企業の場合と同様である。住民との関係では，NPOの課題とされる「市民性」が重要となる。NPOが，市民とのつながりを持ち，市民に開かれた存在であることによって，NPOの民主的正統

性が一定程度確保され，自治体とNPOが対等な立場で「協働」することを正当化する根拠とすることができる。

　この自治体とNPOの相互関係は，「協働」して公共サービスを提供する主体となるという意味では，やはり，自治体からみた公共経営論の視点ということができる。では，「住民」からの視点からみた場合は，どのように考えられるであろうか。NPOが自治体と協働して，行政サービスを提供している場合に，公共サービスの担い手として果たすべき責務を，住民がNPOに対して直接要求できるようにすることが住民自治の観点から必要であることは，民間企業の場合と同様であるといえる。しかし，民間企業とは異なり，NPOは，住民自身が参加して活動する対象であるという点に留意しなければならない。

　NPOは，民間企業と異なり，目的が利潤の追求にあるのではなく，人々の福祉の向上のために特定のミッションのもとに住民が集まって課題解決のために活動する存在である。したがって，住民がNPOに参加し，地域の課題解決を自治体とともに取り組むことは住民自治の発現としてとらえることができる（辻山 2006；今井 2006）。つまり，住民が公共性をつくり上げるプロセスに参加することとみることができる。もちろん，NPOは，自治体と協働せずとも，自らの活動によって地域社会に貢献することもできるが，その場合でも，住民自治として地域に関わっていることには変わりはないものと考える。

　ただし，現実には，活動の自律性が低かったり，単なる自治体の下請け的団体にとどまっているNPOが多いという問題があるが，理想形としてのNPOを想定して，それをめざしていくことが求められる。その意味で，先に触れた「エクセレントNPO」の取り組みは重要である。

　自治体と民間の役割分担を考察する場合，地方行政の公共性とは何か，公共性の価値とは何かの問いを避けることはできないが，「公共性は多義的である」（田尾 2010）。また，「公共性と民主性」の関係（村山 2009）や「民主主義理論とガバナンス論」の関係（岩崎 2011）などさまざまな議論がある。しかし，「公共サービスを民間化する前に『公共性』とは何かを改めて検討する必要がある」こと，および，「NPOにどれだけの代表性や正統性があるのか」（真山編 2012）を検討する必要があることについては，大方の賛同が得られるだろう。「政府の失敗」もあれば，「市場の失敗」，「NPOの失敗」もあるなかで，「公共の役割」

に自治体がどう向き合うかが問われている．今後，自治体自身が，あるべき社会システムの制度設計について，より深く考えていく必要があるといえる．

📖 文献案内

① 奥野信宏，2006，『公共の役割は何か』岩波書店．
② 齋藤純一編，2010，『公共性の政治理論』ナカニシヤ出版．
③ 東洋大学PPP研究センター編，2016，『公民連携白書2016〜2017』時事通信社．

[参考文献]

板垣勝彦，2013，『保障行政の法理論』弘文堂．
伊藤修一郎・近藤康史，2010，「ガバナンス論の展開と地方政府・市政政府」辻中豊・伊藤修一郎編『ローカル・ガバナンス』木鐸社．
井堀利宏編，2005，『公共部門の業績評価——官と民の役割分担を考える』東京大学出版会．
今井照，2006，「参加，協働と自治——『新しい公共空間』論の批判的検討」『都市問題研究』58(11)．
今瀬政司，2011，『地域主権時代の新しい公共——希望を拓くNPOと自治・協働改革』学芸出版社．
岩崎正洋，2011，『ガバナンス論の現在』勁草書房．
牛山久仁彦，2014，「住民協働と公共サービス」武藤博己編『公共サービス改革の本質』敬文堂．
大久保規子，2011，「協働の進展と行政法学の課題」磯部力・小早川光郎・芝池義一編『行政法の新構想Ⅰ』有斐閣．
片山善博・糸賀雅児，2016，『地方自治と図書館』勁草書房．
国民生活審議会「国民生活における安全・安心の確保策に関する意見」 http://www.cao.go.jp/consumer/history/02/kabusoshiki/anzen/doc/011_120402_shiryou 3 - 2 .pdf
小田切康彦，2014，『行政−市民間協働の効用——実証的接近』法律文化社．
坂本治也，2012，「地方政府に対するNPOのアドボカシーと協働——『新しい公共』の実証分析」『政策科学』19-3．
佐藤正志・前田洋介編，2017，「ローカル・ガバナンスと地域」ナカニシヤ出版．
田尾雅夫，2010，『公共経営論』木鐸社．
田中弥生，2011，『市民社会政策論』明石書店．
辻山幸宣，2006，「自治基本条例と住民自治」『都市問題研究』58（8）．
外山公美ほか，2014，『日本の公共経営』北樹出版．
内閣府「平成27年特定非営利活動法人に関する実態調査」 https://www.npo-homepage.go.jp/uploads/h27_houjin_shimin_chousa_all.pdf
新川達郎，2008，「公共性概念の再構築とローカル・ガバナンス」白石克孝・新川達郎編『参加と協働の地域公共政策開発システム』日本評論社．
新川達郎，2015，「地域の課題を誰が担うのか——担い手の多様化と協働の思潮の中で」『都市問題』106（5）．
原田晃樹，2015，「官民役割分担の二面性——サービスの担い手か，自治の担い手か」『都市問題』106（5）．
松井真理子，2010，「協働を促進する中間支援組織」原田晃樹・藤井敦史・松井真理子『NPO再構築への道——パートナーシップを支える仕組み』勁草書房．
真山達志編，2012，『ローカル・ガバメント論』ミネルヴァ書房．

村山晧, 2009, 『政策システムの公共性と政策文化』有斐閣.
山本啓, 2014, 『パブリック・ガバナンスの政治学』勁草書房.
渡辺光子, 2012, 『NPOと自治体の協働論』日本評論社.
Dunleavy, P., H. Margetts, S. Bastow, J. Tinker, 2005, New Public Management is Dead: Long Live Digital-Era Governance, *Journal of Public Administration Research and Theory*, JPART16: 467-494.
Denhardt, Janet V. and Robert B. Denhardt, 2015, *The New Public Service: Serving, Not Steering,* 4th Edition, Routledge.
Osborne, S.P., 2010, *The New Public Governance?: Emerging Perspectives on the Theory and Practice of Public Governance,* Routledge.
United Nations Development Programme, 2015, From Old Public Administration to the New Public Service, Published on 09 Jun.
「エクセレントNPO」をめざそう市民会議　http://www.excellent-npo.net/

【幸田雅治】

まちづくりと自治
——まちの政策論

「まちづくり」という言葉は，戦後日本の都市計画行政に対抗する運動のなかで誕生する。しかしながら，空間の秩序形成に限定する場合，まちづくりにおいても都市計画と同様に，公共の福祉を目的に公権力の行使によって土地所有権の自由な行使を制限しなければ，その目的を果たせない。まちづくりの特性は，住民の意向の反映を重視した方法でその目的を達成するところにあり，被治者である住民が治者であることを際立たせる。言い換えれば，まちづくりは，自己統治を要件として空間の秩序形成を実現させている。高度経済成長期のいわゆる「トップダウン型」の都市計画行政のもとでは顕在化しなかった，まちづくりの自己統治の側面が，今日，まちづくりの積み重ねとともに，ようやく明らかになってきている。

本章では，都市計画法制において，まちづくりの特性を重視して導入された地区計画の創設の意義，その実施のための方策，そしてその運用実態を検討することで，まちづくりの自己統治が「自制的な規制」の要請のもとで展開されてきたことを明らかにし，そこから，日本における自治の可能性と課題の一断面を示している。

1 まちづくりと自己統治

（1）まちづくりとは

「まちづくり」という言葉には，個人の自己実現を超えて，「まち」という社会的共通資産を地域社会が力を合わせて創りあげようという思いが込められている（佐藤 2012）。ただし，数十年にわたるまちづくりの実践が積み重ねられるなかで，その概念は発展しつづけている。そのため，今日でも固定した定義があるわけではなく，論者によって「まちづくり」の指し示す内容はさまざまである。それでも，代表的なものをあげるとすれば，都市計画・建築分野の教科書では，まちづくりを「地域社会に存在する資源を基礎として，多様な主体

が連携・協力して，身近な居住環境を漸進的に改善し，まちの活力と魅力を高め，生活の質向上を実現するための一連の持続的な活動である」(佐藤 2012)と定義している。

ところで，日本で「まちづくり」という言葉は，1952年の雑誌『都市問題』(増田 1952)に市民による「町づくり」として初めて登場する。その背景には，戦後の大都市への急激な人口の集中と，産業基盤の整備を優先する高度経済成長政策のなかで，狭小劣悪な住環境，歴史的に形成された環境の急激な破壊，大規模建築物による居住環境の阻害や公害問題など，広く一般市民の生活環境が脅かされる事態が生じたことなどがあげられる。1960年代から70年代に当選した多くの革新首長は，こうした問題に対応する方法に「都市計画」という言葉をあえて用いず，「住民自治」にもとづく主張を背景に，「住民がその意思を反映させる活動」(辻 1976)としての「住民参加」を前提とした「まちづくり」という言葉を使って支持を得る。まちづくりという言葉は，当時のトップダウン型の都市計画行政に対抗する運動のなかで，参加の側面を色濃く持つ言葉として用いられた(渡邊ほか 1997)。

このように，「まちづくり」は，活動や運動，さらにはある種の理念や精神を表す多義的な概念であるが，まちづくりが主に空間活用の整序を目的とすることから，都市計画行政との関わりが深い。そのため，まちづくりの目的を実現するために公権力の行使を要する場合には，法律や条例によることになる。他方，「まちづくり」という言葉の登場や定義からもわかるとおり，まちづくりの特性は，住民に身近な区域や地区を対象に，つねに住民の意向の反映を重視した方法で，その目的を達成するところにある。

実際，「まちづくり」という言葉が生み出されたことで，住民の自治に支えられた独自の政策判断の余地は拡大し，その後，都市計画法における「地区計画等」(都市計画法(以下，「法」)12条の4。以下，「地区計画」)や，いわゆる「まちづくり条例」などにより住民の意向を反映する手続が制度化され運用されるに至っている(内海 2010, 2017)。

(2)「自治」の概念とまちづくり

「自治」とはどのようなものであろうか。西尾(1990：373)によれば，個人・

集団・共同社会の自治に共通するのは「自律（autonomy）と自己統治（self-government）の結合である」という。ここで西尾は，集団が形成されるとき，そこには，個々人では解決できない公共的課題が発生するため，私的領域と公共的領域の境界を定め，個人の自律と集団の自律を調整する規律を定立し，公共的領域そのものを律する規律を定立しなければならないとし，自己統治を「集団生活の規律の定立が構成員の参加と同意のもとにおこなわれて，集団の公共的意思が個人の意思の合成と観念されているとき，そこに集団の自己統治ないし自治がある」と定義している。

　まちづくりには，自己の意思が自己の行為を統制する能力や意思を行為に具現する能力を持った主体が前提とされている。そして，まちづくりが空間の利用に関わることから，個人の行為が他者に大きな影響を与える。そのため，後述するようにまちづくりでは，私的領域と公共的領域の境界を定め，個人の意思と集団の意思を調整するための規律（手続等）が定められ，また，当該空間における行為や活動に対する規律（基準やルールなど）が設けられる。上記の定義を考え合わせれば，まちづくりが自己統治を要件とすることがわかる。

　日本の現行自治制度（金井 2007）のもとで自己統治を考えてみると，自己統治とは都道府県や市町村（特別区を含む）などの議会を置く地方公共団体（以下，「自治体」）において，その構成員が代表民主制によって自治体政府の活動を統制することであるといえる。他方，都市計画法では，都市計画決定手続（法17条）に議会の関与が位置づけられておらず，都市計画法に定められる手続によって「都市計画決定権者」（都道府県または市町村）が決定することとなっている。つまり，都市計画における自己統治は，自治体の決定過程に住民が参加する方式になっており，予算や条例の決定の場面にみられるような，住民代表たる議会を介して自治体構成員が自治体政府の活動を統制する仕組みとは異なる。まちづくりの機運の高まりを背景として1980年に創設される地区計画においても，都市計画決定に住民参加手続が付加される。まちづくりと自治の関係を考えるにあたっては，自己統治の観点から住民の参加の仕方の違いを考える必要がある。

　現行自治制度のもとの自己統治と都市計画における自己統治には上のような違いがあるものの，自己統治の範域が自治体レベルであることは同じである。

その一方で、まちづくりが住民に身近な区域や地区の空間活用の整序を目的とすることから、まちづくりの自己統治とは、公権力の行使によって土地所有権の自由な行使を制限する場合においても、自治体内の特定の区域や地区を対象に、つねに住民の意向の反映を重視した方法で個人の意思を合成し、公共的意思へと導くことを指す。したがって、まちづくりと自治の関係を論じる際には、まちづくりが対象とする範域（以下では「地区」と総称する）の自己統治と、地区を包含する自治体（とりわけ、個人や地区に身近な市町村）の自治制度のもとでの自己統治という2つのレベルが想定できる。

2000年の地方分権一括法施行までは、土地利用規制や公共空間の整備などの多くの権限が市町村に付与されておらず、都市計画は機関委任事務であった。このような状況では、都市計画法やこれに実現手法を求めるまちづくりにおいても、被治者である住民が同時に治者であるという認識は希薄であり（寺尾 1997）、まちづくりの特徴である住民の意向の反映（住民参加）を重視する必要性が叫ばれるだけで、たとえば、まちづくりにおいて地区レベルの自己統治が存在しうるかといった、自己統治の内実に関する議論にまで検討が及ばなかった。都市計画行政との関わりのなかでまちづくりの実績が積み重ねられた今日、まちづくりの自己統治を検討する環境がようやく整ったといえる。

（3）都市計画法制とまちづくり

日本における都市計画の法規は「東京市区改正条例」（1889（明治22）年施行）が端緒であるといわれ、日本で最初の都市計画法は1919（大正8）年に創設され（「旧都市計画法」）、戦後の急速な都市化を背景として1968（昭和43）年に現行の「都市計画法」が制定されるに至る（石田 2004）。この都市計画法に「都市計画」の定義を求めると、「都市の健全な発展と秩序ある整備を図るための土地利用、都市施設の整備及び市街地開発事業に関する計画」（法4条1項）とある。また、その目的は、「都市計画の内容及びその決定手続、都市計画制限、都市計画事業その他都市計画に関し必要な事項を定めることにより、都市の健全な発展と秩序ある整備を図り、もつて国土の均衡ある発展と公共の福祉の増進に寄与すること」（法1条）である。つまり、都市計画を自治体行政との関係でとらえた場合、計画や計画づくりのみならず、計画に記述された内容に沿っ

て都市を変えていく行為を含んでいる。

　このことは，都市計画が公共の福祉を目的に，規制や場合によっては収用というかたちの公権的行為によって，土地所有権の自由な行使を制限しなければその目的を果たせないことを意味している。たとえば，道路，公園，上下水道などの都市施設の整備，面的な開発を行う市街地開発事業，土地利用においては，用途規制や，高さ，容積などの建築物の制限などによって都市計画法の目的が実現される。土地所有権は，財産権の1つであり，周知のとおり憲法で保障された権利である。したがって，それに制約を課す都市計画は，公共の利益（公益あるいは一般利益）を決定する策定手続によることとなっている。理論的には，この計画策定手続によって，構成員の参加と同意が行われ，集団の公共的意思が個人の意思の合成となることが想定されており，この手続に自己統治の仕組みが存在しているといえる。具体的には，都市計画法では，都市計画決定権者が「必要があると認めるときは，公聴会の開催等住民の意向を反映するために必要な措置を講じ」（法16条1項），縦覧に供する（法17条）という都市計画決定手続が義務づけられている。しかしながら，トップダウン型の行政システムのもとで，「必要があると認めるとき」という条件のつく「公聴会」や「縦覧」における意見書の規定では，住民参加や合意形成によって個人の意思を合成し，公共的意思へと導くような活発な議論がなされてきたとはいえなかった。

　すでに述べたように，このような都市計画行政に対抗し，誕生したのが「まちづくり」である。そして，まちづくりの運動によって，財産権を制限する事項，すなわち都市計画法が定める内容に対して，住民や利害関係者など（以下，「住民等」）の意向を反映する手続を都市計画法に求めるような気運が高まっていった。これが，以下に述べる「地区計画」創設の背景になっている。

2 地区計画の性格と趣旨

(1) 地区計画の性格

　1980年，都市計画法および建築基準法の改正により地区計画が導入された。当時，都市計画法が定める区域区分（法7条）や用途地域（法8条1号）などの

都市空間の枠組みを定める都市計画制度では対処できない，住民に身近な問題が顕在化していた。たとえば，中高層建築物やミニ開発などによる市街地環境の悪化などであり，とくに，これらの問題に対する住民と事業者等との紛争が頻発していた。こうした問題を解決し，さらに住民参加の多様化といった要請に応えるために創設された制度が，自治体の自主性にもとづいてきめ細かな土地利用に関する計画と，公共施設に関する計画を一体的に定める地区計画である（旧建設省 1980a）。

具体的には，それぞれの地区の特性に応じて，良好な都市環境の形成を図るために必要なことがらを市町村が決定する都市計画である。地区計画は，地区の目標と将来像を示す「地区計画の方針」と，生活道路の配置や建築物の建て方のルールなどを具体的に定める「地区整備計画」からなり，住民等の意見を反映して，これらの方針と計画を定めるものである。通常は，届出・勧告によりその履行を担保することができ，さらに，地区計画で定めた基準を市町村が条例化すれば，条例の内容は建築確認対象となり強制力が付与される。つまり，地区計画は，市町村の意思決定によって公共の福祉を目的に公権力の行使によって財産権を制限する制度である。

そして今日，地方分権を背景として，また，成熟した都市において，きめ細かな空間活用の整序を市町村の意思決定で実現することが重要となっており，そのツールとして地区計画に期待が寄せられている。たとえば，市街化調整区域における地区計画の創設（1998年），容積率の緩和や強化と地区計画案の申出制度の創設（2001年），地区計画等の区域内における建築物等の形態意匠の制限（景観法76条，2004年），歴史的風致維持向上地区計画の創設（2008年）などがあげられ，国土交通省第6版都市計画運用指針（2013年）においては，他の都市計画制度運用にあたり，地区計画と併用させる方法が繰り返し促されている。

（2）地区計画の創設背景と趣旨・変遷

地区計画は，都市計画中央審議会と建築審議会の答申「都市計画中央審議会第8号答申『長期的視点に立った都市整備の基本方向』について」（旧建設省 1980a）（以下，「第8号答申」）を受け，1980年5月，都市計画法と建築基準法の一部改正によって法定化された。具体的には，①調査・研究，②審議会諮

問，③原案作成，④省議（省での決定），⑤各省協議（法令協議），⑥法制局審査，⑦与党対応，⑧閣議決定（内閣での決定），⑨国会審議というプロセスを経て公布された（田丸 2005）。①調査・研究，②審議会諮問では，都市計画の体系とは別の法律として，地区レベルの計画を創設するという考えが強かったが，④省議，⑤各省協議の段階では，従前の「都市計画法制を前提とした上で，そこで抜け落ちている部分を地区という局面で拾い上げ，所定の手続を経た上で建築基準法による個別的な規制に結びつける形」（岸田・高橋 1981）がとられたという。言い換えれば，既存の都市計画法と建築基準法の補完を意図して創設された制度が地区計画であるといえよう。このような経緯と呼応するように，学界などでは，都市計画として二段（都道府県および市町村）の計画体系を創設し，都市計画の重要な部分に地区計画を据えることなどが議論され（日笠 1983；林 1983；日端ほか 1983），地区計画は，市町村の計画であることに意義があるといわれていた。それは，まちづくりの機運が高まって以降，住民に身近な環境整備や住民の意向を反映することが重要であると考えられていたからである。

　一方，この頃市町村では，運動として顕在化していた「住民の身の回りの環境に対するさまざまな要求への対応」に迫られていた。こうした状況に対して市町村は，個別の開発については，いわゆる「宅地開発指導要綱」（田村 1980；内海 2002）で対応しつつ，他方でコミュニティ政策の流れ（日本都市センター 2001）のなかで「基本計画」（2015年まで地方自治法2条4項に規定され，議会の議決を要していた「基本構想」を具体化する計画）の地域または地区別計画やコミュニティ計画（1971年以降，旧自治省によって推進されてきた施策であり，住民の活動計画とコミュニティセンターをはじめとする施設整備計画を定め，その実施を図っていた）などを策定し，地区計画と他の分野の計画とを総合的に運用することが想定されていた。第8号答申においても，地区計画は「住民の意識の高まりのなかで，住民の手による街づくりが可能となるものであることから都市化社会における安定的なコミュニティを作ることにも役立つ」とされた。つまり，都市計画法・建築基準法の改正として地区計画は創設されるが，住民等の意向を十分に反映する方式を採用するという点は，当初から一貫して意図されていた。なお，ここでいうコミュニティの主体は，先に示した地区計画の策定手続に記

される意向を反映する対象のみでなく，地域社会を形成する自治会や商業者や利用者なども含まれ，まちづくりの対象と合致している。

　以上のような議論を経て創設された地区計画は，幾度かの改正を経て今日に至っている。それらの改正は，社会情勢の変化に対応しつつ，地区計画の実現手法をメニュー化するものであるが，策定手続については創設時のものが基本となっている（2013年3月末時点で基本型6470地区（うち再開発等促進区233地区），防災街区整備地区計画24地区，沿道地区計画52地区，集落地区計画15地区）。

3 地区計画策定手続の要件と特異性

(1) 策定手続の特異性

　住民等の意向を反映する方式を採用することが意図された地区計画では，都市計画決定の一部に地区計画特有の策定手続が追加された。そもそも，都市計画法が定める都市計画は，市町村が必要と認める場合に，公聴会の開催等住民の意向を反映させるための措置を講じ（法16条1項），縦覧に供する（法17条）という都市計画決定手続が義務づけられている。これに加え，地区計画の案はあらかじめ土地所有者その他の土地に関する利害関係者の意見を求めて作成する（法16条2項）ことが追加されている（図9-1）。地区計画創設当時，こうした策定手続については，「これまでの都市計画とはやや異なった視点と手段をもったものであり，その期待は極めて大きい」とされた（大久保 1981）。

　しかしながら，2015年に実施されたアンケート調査（城ほか 2015）（調査対象は2012年3月31日現在地区計画を決定している全国の市町村760団体，有効回答数472団体（回収率62％），調査期間2015年1月。以下，「2015年調査」）では，現状の地区計画の運用上の問題点や希望する改善点として「地区計画案の策定における合意形成」があげられている。

　以下では，地区計画創設当時の地区計画策定手続の意義を，地区計画の立法過程を検討することで明らかにし，地区計画創設当時に想定されていた意義が市町村にどのように受け止められ，運用されているかという実態を明らかにすることで（内海ほか 2017），自治体（なかでも個人や地区に身近な「市町村」）における「自己統治」と地区における「自己統治」を検討してみたい。なお，運用

図9-1 都市計画決定手続（地区計画手続を含む）

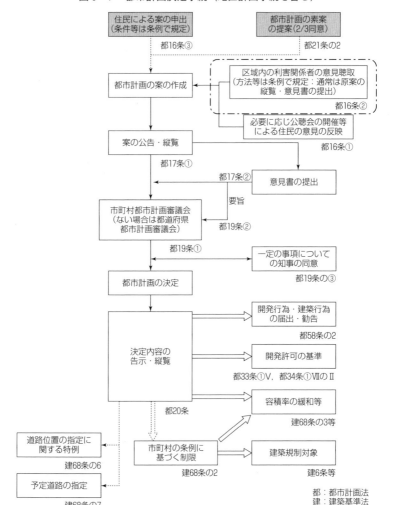

注：一点破線部分＝地区計画のみの手続，編みかけ部分＝地区計画創設当時は策定されていなかった手続．

出所：国土交通省ウェブサイト「地区計画等：住民参加の手続き」（2017年6月現在）を参照して筆者作成．

実態については，2017年に実施したアンケート調査（調査対象は2016年3月31日現在地区計画を決定している全国の市町村760団体，有効回答数448団体（回収率59％），調査期間2017年1月。以下，「2017年調査」）にもとづいている。

（2）策定手続の運用に関わる制度上の要件

特異とされた策定手続の要件は，とりわけ次の点である。

1つは，地区計画の案はあらかじめ土地所有者その他土地に関する利害関係者の意見を求めて作成する（法16条2項）という点である。ただし，既述のとおり，その意見を求める対象は，必ずしも「住民」（区域内に住所を有する者，地方自治法10条）ではない。具体的には，都市計画法施行令にもとづく「利害関係者」（「案に係る区域内の土地について対抗要件を備えた地上権若しくは賃借権又は登記した先取特権，質権若しくは抵当権を有する者及びその土地若しくはこれらの権利に関する仮登記，その土地若しくはこれらの権利に関する差押えの登記又はその土地に関する買戻しの特約の登記の登記名義人」（都市計画法施行令10条の4））と借家人である。つまり，「意見を求めて作成する」という要件には，A．財産権の制限に対する利害関係者の擁護が意図されている。他方で，学界での議論や，その背景となった住民参加の機運の高まりなどから，創設時に自治体の運用に際して指示された通達においては，「住民等の意向を十分把握し」（都市計画局第190号昭和56年8月5日建設事務次官通達）として，B．利害関係者以外の住民に対しても配慮する旨が指示されている。

2つに，「意見の提出方法その他の政令で定める事項について条例で定める」（法16条2項）点である。計画の策定手続を条例に委ねるという規定は，都市計画法の他の条項にはないという意味で，市町村の裁量を拡大する手続であった。しかし，当時の都市計画は機関委任事務であり，条例に委ねる部分，すなわち条例に定めることができる内容は，政令で定める事項（「地区計画等の案の内容となるべき事項の提示方法及び意見の提出方法」（都市計画法施行令10条の3））であると考えられており，それを拡大解釈したとしても，法律にすでに規定している事項（公聴会の開催，縦覧など）を超えるようなものは想定されていなかった。

4 創設時に想定されていた地区計画策定手続の意義

(1) 学界の議論における策定手続の意義の認識

　学界では，1960年代の日笠端を中心とした欧米視察や，こうした調査にもとづく議論等により地区計画の法制化が具体性を増していく（日笠 1962）。地区計画の創設に関わる文献では，当初は，策定手続の意義に関する具体的な記述はみられないが，1970年代前半のコミュニティ計画と住民参加をめぐる議論（地方自治制度研究会 1973,1975,1977）をふまえつつ，都市計画を中心とした策定手続に関する議論がされ始める。つまり，地区計画検討の端緒には，自治制度に関する研究会があった。

　地区計画創設にあたっての学界を中心とした議論では，計画への住民参加は開発・建築の自由が地域合意の上にしか成立しないことを学ぶ機会だとの考えが提示されている（日笠ほか 1977）。また，地区計画の骨格が議論された研究報告書では，都市の将来像には民主的手続にもとづいた合意を経る必要があり，これは市民が受ける財産権の制限を市民自身が理解し被害者意識から脱する利点があるとされている（河中自治振興財団 1978；日笠 1980）。以上の議論は，地区計画による財産権の制限に対して利害関係者の理解や合意が必要であること，つまり「A. 財産権の制限に対する利害関係者の擁護」という地区計画の策定手続の意義を示している。

　一方，1960年代後半に噴出していた居住環境問題への住民運動から派生した地区計画的な試みについて，策定過程・決定過程・実施過程における住民参加は必須条件との考えや，現行制度では住民参加に限界があり地区計画の法制度化と手続や手法のメニューの明確化が必要との考えが専門家から示されている（高見沢 1978；日笠 1979；中嶋ほか 1979）。その理由は，地区計画は住民の生活実態・価値観を反映しなければリアリティを失い，生活ニーズを反映することが必須だからであるとされる。これは，住民に身近な空間計画には生活者である住民の参加が重要であるという認識にもとづいており，換言すれば「B. 住民参加の実現による計画内容の充実」という地区計画の策定手続の意義を示している。

このように，学界における議論には，異なる2つの必要性からなる意義が存在していた。

（2）法案の審議過程における策定手続の意義

（1）で示した2つの意義の混在は，立法段階の審議経過にも表れている。表9-1と表9-2にまとめた審議内容をみると，法案成立直前までA. 財産権の制限に対する利害関係者の擁護と，B. 住民参加の実現による計画内容の充実という意義は混在したままであった。

まず，法案が国会に提示される前の審議会等における審議段階である（上述の②審議会諮問，③原案作成の段階）（表9-1）。建築審議会建築行政部会市街地環境分科会専門委員会がとりまとめた中間報告（案）（1979年6月）をみると，2つの意義が示されているものの，手続の必要性のみに触れただけで具体的な手法までは言及されていない。その後，都市計画中央審議会と建築審議会が合同会議を開催し，旧建設省における都市局と住宅局のすり合わせ（④省議）がなされるが，「規制内容によっては住民の合意が手続として必要」「特定街区に準じて全員合意ではないか」など，主にA. の視点からの意見が出された。しかし，合同会議が最終的にとりまとめた「地区建設計画（仮称）制度についての報告」（1979年10月）では，「住民の意見が反映できるように努めることが必要である」と，A. の利害関係者への配慮の視点は明示されず，西ドイツの手続規定を意識した抽象的なものとなっている。

なお，同報告では，地区計画は全員合意ではなく，通常の都市計画決定と明記された。特定街区は，市街地再開発事業と同様に「具体の事業を前提とし，その設計の基本的事項を担保する」と位置づけられるが，地区計画は「地区にふさわしい建築物の建築を誘導する」という制度目的の違い（旧建設省 1980b：法律案想定問答集）から，地区計画においては，全員合意を要さないと判断されている（旧建設省 1980c）。この点について，旧建設省の地区計画立法担当者によれば，法制局も含めた議論のなかで，たとえ十分な合意や同意が得られなくとも，都市計画として地区計画を公共的観点から策定する必要があれば，法定手続（法17条）を経て決定することが可能であると考えられていたという（⑤各省協議（法令協議），⑥法制局審査）。

表9-1 審議会等における手続に関する審議内容

審議会名等	年月	策定手続に関する記述内容	意図
建築審議会建築行政部会市街地環境分科会専門委員会「中間報告（案）」	1979.6	Ⅰ．市街地環境の問題点と対策の基本的考え方 ・土地利用と建築行為に関して，私権の制限の強化を図るとともに，住民参加等私権との調整プロセスの充実を図る必要がある。	A
		Ⅱ．講ずべき施策：地区建築計画制度の内容 ・地区建築計画は市町村が定め，都道府県知事の承認を要する。この際，住民の意思を反映できるよう，住民参加手続に配慮する。	B
都市計画中央審議会総合部会総合的市街地整備方針分科会報告	1979.8	（手続に関する記述なし）	
都市計画中央審議会総合部会，建築審議会建築行政部会市街地環境分科会合同会議	1979.9-10	1．地区建設計画（1）計画決定の主体及び手続 ・規制内容によっては住民の合意が手続として必要ではないか。 ・「方針」は現行都市計画法手続で足るとしても「地区計画」は特定街区に準じて全員合意ではないか。	A
都市計画中央審議会総合部会，建築審議会建築行政部会市街地環境分科会合同会議「地区建設計画（仮称）制度についての報告」	1979.10	Ⅰ地区建設計画：計画決定の主体及び手続 ・地区建設計画は，現行の都市計画の手続により定めるものとするが，住民の積極的な協力なくしてはその実現が期待できないと考えられるので，市町村は，できるだけ早い時期から地域の特性，実情に応じ住民の意見が反映できるよう努めることが必要である。	B
建築審議会「市街地環境の整備の促進のための方策に関する答申—地区建設計画制度等について（第二次）—」	1979.11	（別紙「地区建設計画（仮称）制度についての報告」を骨子として制度導入を図るとの記述のみ。詳細な記述はなし）	
都市計画中央審議会「長期的視点に立った都市整備の基本的方向」答申	1979.12	当面講ずべき施策（2）地区建設計画制度の内容 ・地区建設計画は，地区ごとに市町村が定める新たな都市計画とする。また，計画の策定にあたっては，できるだけ早い時期から地域の特性，実情に応じ住民の意見が反映できるよう努めることが必要である。	B

出所：建設省住宅局内建築行政研究会『建築行政における地区計画』（第一法規，1981年）。

第9章　まちづくりと自治——まちの政策論

表9-2　地区計画策定手続に関する国会審議記録における地区計画の意義（1980年3月）

内容	
⑦地区計画制度は，いわば規制の面を持つと同時に，地区内の権利者の行為を誘導するという性格もあわせ持つものでございまして，むしろ，地区権利者の皆さん方の合意によっていい町づくりを推進していこうという趣旨で考えさせていただいたつもりでございますので，そのための必要最小限の自制的な規制が伴うという考え方で立法を構成させていただいた（略）都市計画法，建築基準法の体系に属し，かつ憲法29条2項の許容される範囲というふうに理解をいたしておる次第でございます。	A
⑦意見を聞く対象として借家人を含めるべきであるという御指摘は，私どもは，この都市計画の制度は土地利用の合理化，土地利用にかかわる制度というふうに理解しております。したがいまして土地利用に対する権利を有する者を第一次的な意見を求める対象者として考えるべきではないか。（略）そのような仕分けに立って意見を求める範囲を限定させていただかざるを得ないかというふうに考えておりますけれども，	A
・現実の運用に当たりましては，この制度面と並行して各般の権利者の御意見をできるだけ広い範囲に集約してまいるというような手だては講じていかなければならないだろうというふうに考えております。	B
⑦間借り人等が含まれていないのは不当ではないかというおただしでございますけれども，これはこの制度の計画の立案，そのことにおいて第一次的な利害関係を有する方は土地についての権利者であろうということから，先ほど申し上げましたような範囲に一応直接的な意見聴取の対象を限定いたしておりますけれども，	A
・しかしながら，最初に申し上げました都市計画として定めます場合の案の縦覧，それに対して意見書を提出していただく，その意見書の提出については借家人の方々，間借り人の方々も当然関係権利者として提出していただけるわけでございますから，そういう機会を十分御利用いただく，あるいは説明会等についての御意見も一般の利害関係者として当然に御発言の機会があるべきでございますので，そういった機会を利用していただくというふうに考えております。	B

注：A，Bは本文中に記している地区計画の意義。
出所：「地区計画制度に関する国会における審議記録」第91回（通常国会）衆・参両院の建設委員会における審議録のなかから関連する政府答弁を筆者が整理した。

　次は，先の合同会議の報告を受けて，都市計画中央審議会および建築審議会がそれぞれ最終的な答申を提出した後の，国会における審議あるいはその準備の段階である（⑦与党対応，⑧閣議決定（内閣での決定），⑨国会審議）（表9-2）。国会で審議された法案は，主にA.財産権の制限に対する利害関係者の擁護に配慮したものであった。衆議院建設委員会議事録では，全員合意が得られるように努力すべきとの指摘もされている。そして，「地区権利者の皆さん方の合意によっていい町づくりを推進していこうという趣旨」であるため「自制的な規制が伴うという考え方で立法を構成」したとの説明があり（衆議院建設委員会1980年3月28日），手続面では，地権者に対し過度な制限とならないように，市

町村が条例を定めて利害関係者の意見聴取を行うこととされた。つまり，A.の意義から市町村や地区に対して「自制的な規制」（表9-2⑦）が求められたなかで，議会の議決を要する「条例への委任」が地区計画の特異な手続として規定されたといえる。

　しかし，国会では意見聴取の対象に借家人も含めるべきではないかと質問が出され，附帯決議で「地区計画の策定に当たっては，地権者のみならず広く住民の意見を聞き，良好で計画的街づくりを進めるよう指導すること」（衆議院建設委員会附帯決議，1980年4月4日）が示された。これを受けて，旧建設省通達では「地区計画の区域内において現に商業その他の業務を行っている者や居住者等についても，その意見が十分反映されるよう配慮すること」（建設省計画局長・都市局長・住宅局長通達「都市計画法及び建築基準法の一部改正について」1980年10月6日）とされ，B.の参加の視点が追加されることになった。

　以上のように，国の立法過程における審議では，A.とB.の2つの意義の融合は図られず，A.とB.の意義を融合させ，実現するための「自制的な規制」の具体化は市町村に委ねられることになったのである。

（3）市町村による自制的な規制の具体化

　地区計画創設以前の都市計画は，都市計画決定手続のみであったが，その運用において，市町村の職員が地権者の住戸を訪れ同意を得ることなどが行われていた（日笠ほか1977）。これは，市町村独自の判断でA.を強化するものであったといえよう。また，特定街区や再開発法などの既存の法制度においても，その計画策定にあたり，利害関係者の全員合意や同意が求められている。こうしたなかで，学界や立法過程の審議において，地区計画が都市計画として財産権を制限するための正当性をどのように確保するべきなのかは明確に示されなかった（日笠1983）。そのため市町村は，対象地区の利害関係者などの一定率の同意を得ることで地区計画の正当性を示す方策（本章では，一定率の同意を地区の利害関係者等から得る手法を「同意調達」と呼ぶ）を採用した。この方策は，これまで自治体が法定都市計画の運用に際して任意で実施してきた手法を踏襲するものであった（日端ほか1983）。つまり，自治体は，利害関係者等の財産権を制限しつつも権利を擁護するための「自制的な規制」を同意調達という方

策（ⅰ）で具体化したのである。

その一方で，B. 住民参加の実現という意義をふまえ，市町村では，地区の住民および利害関係者らが自らを制限する可能性を持つ独自の策定手続を自主条例等によって定め，運用してきている（内海 2010）。具体的には，⑦地区住民等による協議会を認定し，④その協議会に支援を行い，⑨当該協議会が策定する計画を，地区における大多数の同意が得られていること（同意調達や全員合意，総意など（本章では，仮に「全員合意」とは，対象の全員が合意を表明している状況をいい，「総意」とは，反対者がいない状況をいう））を要件として認定し，①任意のまちづくり協定や「地区計画」に発展させ，地区計画については都市計画決定手続と連動されるという，「協議会方式」による方策（ⅱ）である。

なお，地区計画が機関委任事務であった地区計画創設当時，上記の方策（ⅱ）を先駆的に考案した神戸市では，これらの仕組み（⑦～①）を法律が条例に委ねる事項（法16条2項）として検討していた。しかしながら，旧建設省からは，上記の仕組みなど，法律が委任していない内容を盛り込むことは，「法の先占領域」の観点から問題であるという見解が示されたという（中山 2012）。したがって神戸市では，法16条2項部分は「原案の縦覧，意見書の提出」のみを委任規定の範疇とし，それ以外の条項については自主規定として位置づけて条例（いわゆる「まちづくり条例」）を制定した（内海 2010）。

5 地区計画手続の運用実態

（1）策定手続の意向の反映に関わる運用実態

4で示したとおり，市町村では，A. とB. の意義を実現するための「自制的な規制」として，同意調達という方策（ⅰ）と協議会方式による方策や仕組み（ⅱ）を考案し，運用してきた。これらの方策に対して，2015年調査で地区計画策定における意向の反映の方法について尋ねたところ，「住民への意見聴取（73%）」という法定手続に続き，法律に定められていない「（住民や利害関係者の）同意調達（28%）」や「（地区レベルの）協議会による検討（28%）」を採用していることがわかった。こうした結果から，地区計画の運用において（ⅰ）（ⅱ）の方策が一般化していることがみてとれる。フランスやドイツでは，地区の住民

や利害関係者に同意を求めるような手法が用いられていない点（内海 2013, 2017；内海ほか 2017）と考え合わせると，（ⅰ）（ⅱ）の方策は日本独自のものであるといえる。

　また，上記の「同意調達」を選択した市町村にその理由を尋ねると，「都市計画法の解釈（37%）」や「都市計画運用指針の内容（20%）」と回答した市町村が少なくない。これら法律の解釈に関わる回答については，近年，現行の都市計画運用指針において，「特に地区計画などの詳細な土地利用計画の策定は，地道な努力の裏打ちが必要」（都市計画運用指針第8版）と記されていることなどが影響していると考えられる。また，法律の規定においても，たとえば，2000年以降に導入された地区計画の申出制度（法16条3項）や都市計画提案制度（法21条の2第3項）などで同意の調達を求める規定が法文に盛り込まれている。地区計画創設当時，特定街区等の全員合意という手法は存在したものの，地区計画の運用を経て，同意調達という手法も，計画案の正当性を根拠づける法定上の運用方策として定着してきているといえる。

　地区計画創設以前の都市計画は，都市計画決定手続のみであったが，その運用においては，都市計画決定にあたり地権者の住戸を訪れ同意を得ていた自治体が少なくなかったことを先に述べた。2017年調査では，地区計画創設以前から都市計画法を運用するにあたり「利害関係者の住戸を訪れ説明していた」市町村が約2割を占めていた。このような実態から，都市計画の運用においては，住民や利害関係者の個々の私的利益（以下，「個別利益」）が重視されていることがわかる。

　また，策定手続において出される意見の内容を主体別にみると（図9-2），住民や利害関係者は「a. 個別利益」に関わる意見が多いが，住民等による協議会では「b. 地区全体の利益」を示す意見の割合が多かった。この結果は，（ⅱ）の協議会方式が個別利益を地区の利益に転換する機能を持つことを表している。

（2）計画策定の原則（考え方）と反映主体と運用手法

　同意調達が，策定手続の運用手法として定着していることを先に示したが，これは，財産権の制限に対する正当性を確保するために実施されていると考え

第9章　まちづくりと自治——まちの政策論

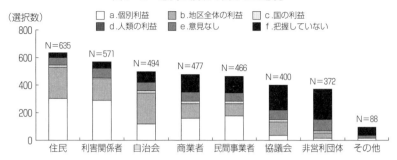

図9-2　意向の反映で出された意見

注：2項目選択（2017調査）。
出所：筆者作成。

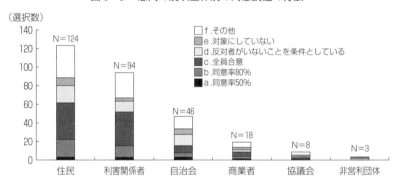

図9-3　意向の反映主体別の同意調達の方法

注：1項目選択（2017調査）。
出所：筆者作成。

られる。そこで，同意調達を条件とする運用手法について，2017年調査で，さらに具体的な手法とその対象を尋ねた（図9-3）。この結果から，全員合意を求める手法や一定の同意率を求める手法を用いる市町村が多いことが明らかとなった。また，地区計画への意向の反映主体別にその手法をみてみると，住民と利害関係者に対して約7割の市町村が「c. 全員合意」「a. 同意率50％」「b. 同意率80％」という手法を用いている。

(3) 計画策定過程の意向の反映

　都市計画決定手続全体を通してその策定手続をみてみると，住民の意向の反映を重視した方法という意味では，都市計画決定手続として公聴会の開催（法16条1項）という手法が定められている。しかし，法16条1項には，「必要に応じて」行うこととされており，これをつねに実施している市町村は多くない（30.3％，原則として行わない6.1％：建設省2000年調査）。また，2017年調査では，公聴会に先立ち法16条2項の手続を含む計画段階において多くの意見が出される実態が明らかになっている。法16条2項が利害関係者を中心に対応する手続であることを勘案すると，都市計画決定手続は，早期段階から意向を反映する対象を限定し，その後に住民を含むより広い対象の意向が反映される実態があるといえる。このような実態は，B. 住民参加の実現による計画内容の充実という意義に合致するものとは言い難い。なお，地区計画策定の手続においては，地区外の人々を対象としている市町村はほとんどない（回答数の4％：2017年調査）。

(4) 計画策定および決定過程における議会や議員の関与と執行機関の権限

　ドイツやフランスなどの場合は，計画の策定は議会で議論され，議会を構成する議員による都市計画委員会で計画が検討される仕組みになっており，また，市民との公開議論などの取り組みもある（内海 2013, 2017；内海ほか 2017）。これに対して，日本の法定都市計画決定手続には，議員の関与や議会の決定は，法律に準拠した手続条例の議決に留まっている。また，2017年調査では，地区計画の策定や決定に関して議員や議会からの要請はほとんどないことが判明した。

　一方，地区計画を策定する動機として，「地域課題を執行機関として判断」という回答が最も多い。また，地区計画の策定方法を誰が決定しているかを尋ねたところ，90％以上の市町村で執行機関が決めていることが明らかになった（2015年調査）。こうした結果から，地区計画の都市計画決定手続に至る事前の判断は，執行機関の裁量が大きいことがわかる。

6 まちづくりと自治——課題と展望

(1) 地区計画の2つの意義と自制的な規制

　本章では,「住民参加により住民の意向を反映する方式を重視しその目的を達成する」というまちづくりの特性を都市計画制度に活かすために導入された地区計画の創設の意義とその実態を検討した。そして,地区計画の策定手続には,A. 財産権の制限に対する利害関係者の擁護と,B. 住民参加の実現による計画内容の充実という2つの意義が存在していたこと,そして,地区計画創設の立法過程では,これらの意義が混在していたことを明らかにした。

　しかし,立法過程においてA. とB. の融合は図られず,この2つの意義の融合は,運用方策なしに市町村に委ねられた。2つの意義を融合するということは,財産権の擁護という個人の利益と,住民参加の実現による計画内容として合意された集団の利益との合成を,市町村の構成員による参加や同意で可能にする方策を考案するということであるが,国はその方策を示せず,市町村に委ねたのである。市町村あるいは利害関係者を含む住民等に「自制的な規制」が求められたわけだが,その具体化を委ねられた自治体は2つの方策を独自に考案することになる。それが,特異な手続と日本独自の運用を生み出した。

(2) 市町村レベルの自己統治と地区レベルの自己統治

　具体的には,次のような方策であった。1つは,対象地区の利害関係者や住民の全員の合意や,一定率の同意を得ることで財産権を制限する地区計画の正当性を示す方策（ⅰ）である。それは,これまで自治体が法定都市計画を運用するに際して任意で実施してきた方策を踏襲するものであった。いま1つは,地区の協議会を認定し,地区レベルで住民等を含む参加を実現し,同時に同意を確保することで,個人の意思と公共的意思を合成させる協議会方式（ⅱ）である。（ⅰ）は,全国的に一般化しており地区計画を運用する市町村で採用され,同意率（同意割合）を求める手法は,その後も法定手続に用いられるケースも出てきている。一方,（ⅱ）を採用する自治体は多くないものの,一般には認知されており,とりわけ,積極的に地区計画を活用しようとする市町村を

中心に運用され,まちづくりにおける合意形成の代表的な仕組みとなっている(内海 2010)。また,図9-2の分析等をとおして(ⅱ)の協議会方式が個別利益を地区の利益に転換する機能を持っていることも明らかになった。

「集団生活の規律の定立が構成員の参加と同意のもとに行われて,集団の公共的意思が個人の意思の合成と観念される」という自己統治の観点からみれば,以上の方策とその実践は,市町村レベルでの自己統治とは別に,まちづくりが対象とする地区レベルの自己統治の試みを表しているといえる。

ただし,現行都市計画法上の地区計画は,市町村全体が,その一部の地区に関して都市計画権者として都市計画を決定するかたちになっており,地区に決定権を与えていないので,厳密な意味での自己統治にはなっていない。それゆえ,地区レベルの自己統治の試みを活かすためには,つまり,都市計画決定に内在する自己統治を市町村レベルと地区レベルで結合させるためには,その運用方策において,少なくとも次のような課題があると考えられる。

その1つは,市町村全域と地区との調整である。地区計画は,一部の地域に関する地区の詳細な計画であるがゆえに,市町村全体の意思と地区の意思を合成させることが重要となる。この際,単一の構造的な計画を介した調整,たとえばマスタープランなどによる調整が行われることとなろう。都市計画法では,公聴会の開催等住民の意向を反映させるための措置を講じ(法16条1項),縦覧に供する(法17条)という都市計画決定手続(図9-1)が規定されている。しかしながら,「公聴会の開催」が広範な参加を実現し,市町村の意思と地区の意思を合成させるという点で十分に運用されているわけではないという実態がある。地区レベルの自己統治の試みを活かすためにも,地区で決定された内容を市町村全体の意思と合成させるという観点で,都市計画決定手続を積極的に活用する,あるいは再考することが課題である。

いま1つは,地区の自己統治のための「公定化」(内海 2010：18)である。すでに述べたとおり協議会方式では,協議会において個別利益が地区の利益に転換されたうえで地区レベルの意思決定がなされている実態が明らかになっている。こうした地区レベルの自己統治に実体を持たせるために,その地区の意思決定を条例等の法形式によって公共的な意思へと転換するという方法が考えられる。実際に,地区における意思決定を位置づける公定化の仕組みを条例等

により定める自治体も出てきている。ただし，現行の都市計画法においては，公定化の仕組みは存在しない。そのため，自治体が主体的に独自のやり方で「公定化」の仕組みを定めることが課題となろう。

（3）自治制度と都市計画決定

　これまで述べてきたとおり，現代日本の自治制度における「自己統治」は，二元代表制のもとで構成員が自治体政府の活動を統制することを意味するが，都市計画の策定および決定はこのような制度との関係は希薄である。都市計画法に定められる都市計画決定手続においては，議会の関与は規定されておらず，まちづくりの機運の高まりなどをふまえて立法され，積極的に運用された地区計画のような特異な例においても，計画案の策定過程に議員や議会の関与はほとんどない。また，計画の策定方法や案の策定については，執行機関の判断によるところが大きく，90％強の市町村が地区計画の策定方法を執行機関で決めていることが明らかになっている（内海ほか 2017）。

　こうした実態は，都市計画決定が二元代表制による意思決定を前提とした自治制度と制度上も実態上も乖離していることを示している。自治制度からみれば，都市計画決定における自己統治は不十分だということになる。そうであるならば，都市計画決定手続を自治制度に即したかたちに修正していくということが，将来的には必要となるだろう。その場合，地方議員の関与が個別利益の噴出につながることも想定しなければならない。自己の行為を統制する能力や意思を行為に具現する能力といった，まちづくりに期待される主体が自治制度においても必要であることはいうまでもない。

　このように自治制度からみたとき，都市計画決定手続と自治制度の結合は必要であろう。しかし，本章でみてきたとおり，地区計画導入の立法過程において，まちづくりの特性を重視して「自制的な規制」の方策が自治体に委ねられ，自治体独自の手法を積極的に考案し，それを運用することで，都市計画において地区レベルの意思の合成を可能とする手法が創出されていった。現行の法制度の枠内でも，自治体と構成員の創意でできることは少なくないという事実は軽視されてはならないだろう。

(4) まちづくりと自治の展望

　都市計画は，地方分権改革（1999年）により，ほとんどの機関委任事務が自治事務に移行され，地方分権に寄与した分野の1つとして評価されている。しかし，都市計画は公共の福祉を目的に財産権の自由な行使を制限しなければその目的は果たせないことには変わりはない。仮に自治体が，その自主性が発揮できる行政権，財政権，立法権を十分に具備できたとしても，個別の利益に影響を与える制限や事業実施にあたっては，その根拠となる合理性や公益性を示さなければならない。

　また，すでに述べたように，地区計画の対象の拡大や，他の都市計画制度運用にあたり，地区計画と併用させる方法が繰り返し促されているなど，成熟した都市において持続可能なまちづくりを進めるために，きめ細かな土地利用や施設整備を市町村の意思決定で実現することが重要となっており，そのツールとしてより一層地区計画に期待が寄せられている。

　本章の内容をふまえるならば，こうした地区計画への期待は，地域での自己統治への期待を表しているといえる。さらにそれは，地域における合理性や公益性を自ら意思決定する仕組みや方策として，同意調達という方式と，協議会という方式に期待が寄せられているといえる。

　しかし，同意調達は，財産権を制限する地区計画を正当化する方法として用いられてはいるものの，個別利益の制限に同意することが調達されているにすぎず，個別の意思が集団の公共的意思と合成されるプロセスに欠ける。また，まちづくりの観点から自治体が地区計画を積極的に運用するという観点から考案された協議会方式は，地区計画が創設されて30年が経つなかで，合意形成の難しさがいわれている（城ほか 2015）。これには「公共的意思と個人の意思の合成」の場に，何らかの原因があると考えられる。

　まちづくりは自治の実践の場である。しかしそのまちづくりにおいても，制度上の制約や実践上の問題から，自己統治の実現へはいくつかの課題が残っている。しかし，地区計画創設のプロセスでみたとおり，立法段階で融合が図られなかった個々人の権利擁護と参加のもとの決定を，自治体が独自の方式を考案することで融合を試みた。こうした自治体の実情に即した創意とその実践によってこそ，まちづくりの自己統治に残された課題を解決する道筋がみえてく

るのではないか。まちづくりをとおした自治を実現していくためには，自治体の創意と実践の前提となる自治制度と都市計画制度との結合が必要であると考える。

📖 文献案内
① 石田頼房，2004，『日本近現代都市計画の展開——1868-2003』自治体研究社．
② 内海麻利，2010，『まちづくり条例の実態と理論——都市計画法制の補完から自治の手だてへ』第一法規．
③ 金井利之，2007，『自治制度』東京大学出版会．

[参考文献]
内海麻利，2002，「宅地開発指導要綱の軌跡と地方分権——新たな局面での条例化に向けて」『自治総研』28（12）：1-35．
内海麻利，2013，「フランスの再開発における参加制度の実態に関する研究——パリ・レアル地区のコンセルタシオンに着目して」『都市計画論文集』48（3）：693-698．
内海麻利，2017，「フランスPLUの策定プロセスにおける地域住民の意思の反映——コンセルタシオンにおける住区評議会の役割に着目して」日本都市センター『都市自治体における市民参加と合意形成——道路交通・まちづくり・コミュニティ』，177-204．
内海麻利・杉田早苗・大澤昭彦，2017，「地区計画手続の意義と実態に関する研究——地区計画創設当時の経緯と意図及び全国自治体を通して」『都市計画論文集』52（3）：632-639．
大久保和夫，1981，「みんなで住みよい街づくりを——都市計画法及び建築基準法の一部を改正する法律」『時の法令』1108：12-17．
河中自治振興財団，1978，「新しい街づくりの計画手法に関する研究——西ドイツの地区詳細計画とわが国への導入」．
岸田比呂志・高橋和也，1981，「地区計画制度の概要と検討課題」『調査季報』69：45-49．
旧建設省，1980a，都市局都市政策課「都市計画中央審議会第8号答申『長期的視点に立った都市整備の基本方向』について」『新都市』34（1）：43-59．
旧建設省，1980b，「第91回国会都市計画法及び建築基準法の一部を改正する法律案想定問答集」．
旧建設省，1980c，都市局都市計画課作成資料「特定街区と地区計画の基本的な相違」1980年3月4日（「法律案審議録（都市計画法及び建築基準法の一部改正）昭和55年第91回国会，建設省関係3」所収）．
旧建設省，1981，『建築行政における地区計画』第一法規．
佐藤滋，2012，「まちづくりとは何か——その原理と目標」日本建築学会編『まちづくり教科書1 まちづくりの方法』丸善出版．
城絵里奈・依田真治・内海麻利，2015，「地区計画制度の評価と運用実態に関する研究——アンケート調査による制度創設時と今日との比較分析」『都市計画論文集』50（3）：464-471．
高見沢邦郎，1978，「地区計画をどう理解するか」『調査季報』57：54-60．
田丸大，2005，「省庁における法案の作成過程とその変容」『年報行政研究』40：68-86．
田村明，1980，「宅地開発における開発指導要綱の成立過程とその基礎的都市環境整備への効果に関する総合的研究」東京大学工学部都市工学科，1980年度博士論文．

地方自治制度研究会，1973，『コミュニティ読本』帝国地方行政学会.
地方自治制度研究会，1975，『続コミュニティ読本』ぎょうせい.
地方自治制度研究会，1977，『新コミュニティ読本』ぎょうせい.
辻晴明，1976，『日本の地方自治』岩波書店.
寺尾美子，1997，「都市基盤整備にみるわが国近代法の限界——土地の公共性認識主体としての公衆の不在」岩村正彦ほか編『岩波講座現代の法 9　都市と法』岩波書店.
中嶋泰・土田旭・土井幸平・高見沢邦郎，1979，「建築と都市を結ぶもの」『建築雑誌』94（1152）：9-16.
中山久憲，2012，「神戸市まちづくり条例の30年とこれから——時代に適合する柔軟性への期待」神戸市都市整備公社こうべまちづくりセンター『宙 Vol.7　神戸のまちづくり その歩みとこれから——まちづくり条例制定30年に寄せて』，41-51.
西尾勝，1975，「市政と市民の参加」『季刊環境文化』16.
西尾勝，1990，『行政学の基礎概念』東京大学出版会.
日本都市センター，2001，「近隣自治とコミュニティ——自治体のコミュニティ政策と「自治的コミュニティ」の展望——市民と都市自治体との新しい関係構築のあり方に関する調査研究中間報告」.
林泰義，1983，「実践初動期の地区計画」『都市計画』124：6.
日笠端，1962，「都市計画としての地区計画の法制化」『新都市』16（1）：9-12.
日笠端，1979，「わが国の都市の現状と地区計画の必要性」『自治実務セミナー』18（6）：40-45.
日笠端，1980，「地区計画制度研究の経過とわが国の都市整備」『自治研究』56（7）：3-15.
日笠端，1983，「地区計画の実践に望む」『都市計画』124：9-11.
日笠端・石田頼房・蓑原敬，1977，「地区詳細計画に関するパネルディスカッション1，2」『新都市』31（7）：24-34, 31（8）：16-27.
日端康雄・磯部力・小野道弘・森岡秀悟・安藤利雄・垂水英司・林泰義，1983，「〈座談会〉実践をふまえて地区計画制度を語る」『都市計画』124：27-43.
増田四郎，1952，「都市自治の一つの問題点」『都市問題』43（2）：54.
渡邊俊一・杉崎和久・伊藤若菜・小泉秀樹，1997，「用語『まちづくり』に関する文献研究 1945〜1959」『都市計画論文集』32：43-48.

【内海麻利】

第10章 住民と住民組織
—— まちづくりの基礎論

　戦後日本の地方自治にとって地縁にもとづく住民組織は欠かせない。本章では，町内会・自治会からNPO等のボランタリー・アソシエーションまで，その歴史的経緯を振り返り，とくに1970年代以降，政策・運動の両面から注目された「コミュニティ」について事例もふまえて詳述する。海外の住民組織との異同についても概観する。
　最新動向としては，2000年代の「平成の市町村大合併」を経て，地域自治区や小規模多機能自治として進化する住民組織／地縁団体のあり方にも触れる。最後に，自治の基盤である住民の心構えも大事であり，やや主観を交えながらも自治精神について議論したい。

1 住民組織の由来と政策

　本章に与えられたタイトルは「住民と住民組織」である。前者の「住民」を正面から議論するのは難題なので，まずは住民組織について議論し，そこから地方自治における住民へと話を進める方針で本章を構成する。
　いうまでもなく地方自治にとって，特定の地域に根を下ろしている住民組織（地縁団体）は必要不可欠である。それが各種事業の出発点かつ実行部隊であり，補助金の受け手であり，また最終的な責任主体でもあるからだ。どの自治体にも張り巡らされている自治会（町内会・区・振興会・公民館区等，呼び方はさまざまである）が真っ先に想起されるだろうが，それ以外にも商店会・農事協同組合など職能別のもの，老人会・青年会や青少年防犯協会，さらには趣味・スポーツ団体など機能別のもの，神社を支える氏子組織や町内のお祭りを支える実行委員会など，多種多様な地縁団体がある。近年は，地縁団体が特定非営

利法人 (NPO)・一般社団法人や LLC (合同会社。以前には有限会社と呼ばれていたもの) 等を立ち上げる事例もある。これら地縁団体の歴史的経緯と現状について，まずは概況を説明しよう。次に，読者の理解を助けるため他国との比較についても簡単に触れる。

(1) 住民組織 (地縁団体) の現状

まずはすべての自治体・地域に存在する自治会・町内会等について解説する (地域によっては振興会・部落会等と呼ばれている場合もある。なお，ここでいう「部落」は被差別部落とは無関係の一般名詞である)。後でも触れるが，このように普遍的な存在なのに，「自治会・町内会法」のような法律は存在せず (ただし戦前には内務省令として位置づけられたことがある)，任意団体として永く存続してきた事実は，驚くべきことである。

自治会・町内会の歴史的淵源としては，封建時代の隣組や部落会に由来するともいわれる。冠婚葬祭からはじまって屋根の葺替え，水路・森林・会館など共有財産の維持管理，外部からの防衛や上位団体との交渉まで，地域が存続するために必要な事務を近隣相互扶助によって支えてきた (このことを地域共同管理ともいう)。このようなかたちで江戸期からの連続性を持ちながら，とりわけ明治期にも地域共同管理を担う組織は「部落会」などと呼ばれ自然発生的に組織されていた。町内会・商店会などが「まだら模様」のように存在していた都市部でも，昭和期に入ると東京市主導で市域全体に町内会を整備することが奨励されるようになり (1938 (昭和13) 年には東京市長告諭として「町会規準」「町会規準準則」がだされた)，戦時期に至って内務省令 (「部落会町内会整備要領」1940 (昭和15) 年) により全国的・画一的に導入された歴史がある。

そこで第2次世界大戦後に日本に進駐してきた GHQ (連合国軍総司令部) は，町内会を軍国主義の基盤とみなして解散を命じたが (「政令15号」1946 (昭和21) 年)，サンフランシスコ講和条約締結によって GHQ が撤退すると町内会は何ごともなかったかのように復活した。この町内会復活劇について，民主化を進める観点から封建遺制 (封建時代の残存物で，人々の主体性を妨げるもの) とみなして批判した奥田道大と，地域性にもとづく結合は日本の「文化型」であるとして町内会を擁護した中村八朗らの論争があった (奥田 1964；中村 1965)。こ

れを「町内会論争」と呼んでいる。

　しかし戦後の現実としては，町内会・自治会は地方自治体にとって必要不可欠な役割を果たしつづけてきた。国と地方自治体は各種政策を実施するうえで，草の根レベルでの実行部隊を必要とする。このため，民生委員（地域福祉の最前線を担う）・消防団員（非都市部では正規の消防署員のみでは広大な地域をカバーできないため，地域住民が非常勤の消防団員として活動している例が多い）からはじまって，交通安全委員や共同募金推進員や統計協力員など，無報酬の各種委員（準公務員）を大量に任命しなければならない。以下の越智昇による作図（図10-1）はこれらの各種委員の姿を1980（昭和55）年当時の横浜市の事例から描き出した労作である。各種委員を誰に依頼するのが適当か，市役所・町村役場ではとても把握しきれないので，町内会・自治会を通じて推薦されることが一般的である。したがって，一般論として町内会・自治会長は無報酬ながら，地域においては強い発言力を持っている名士的な存在である（ただし新興住宅街的な地域になればなるほど，単なる持ち回り役職とみなされがちで，なり手がいないとか影響力がほとんどないとかいう場合もある）。

　このように，現実の歴史としては中村八朗らの主張のとおり町内会・自治会は地域社会を語るうえで欠かせない存在となってきた。この存在感の背景には以下にあげるような町内会・自治会のユニークな特徴がある。第1に個人ではなく世帯を単位とした加入であるが，（イエ社会と呼ばれる日本では）それゆえかえって地域の声を代表しているとみなされること。第2に，町内の全戸加入を建前・原則としていること。ただし近年ではこの原則を維持できず，組織率が低迷している町内会も多い。第3点は第2点から導かれる特徴として，1つの地域に1つの自治会という「排他的独占」の組織であり，たとえば既存町内会に批判的な人たちが「第二町内会」をつくるような事態は生じないということである。第4に，改めて図10-1からわかるように地域社会の維持に関わる多種多様かつ包括的な機能を果たしているということである。ここから地域自治の担い手という評価も可能だが，行政の末端下請け的な機能を果たしているという逆の評価も可能で，まさに町内会論争の論点の1つだった。いずれにせよ農村的な社会では包括機能を果たしつづけている場合が多い一方，大都市になるほど，町内会が包括性を失い，行政や専門機関（ライフラインや各種の生活関

図10-1　町内会・自治会とその関連組織の一例（越智昇が作図した横浜市の例）

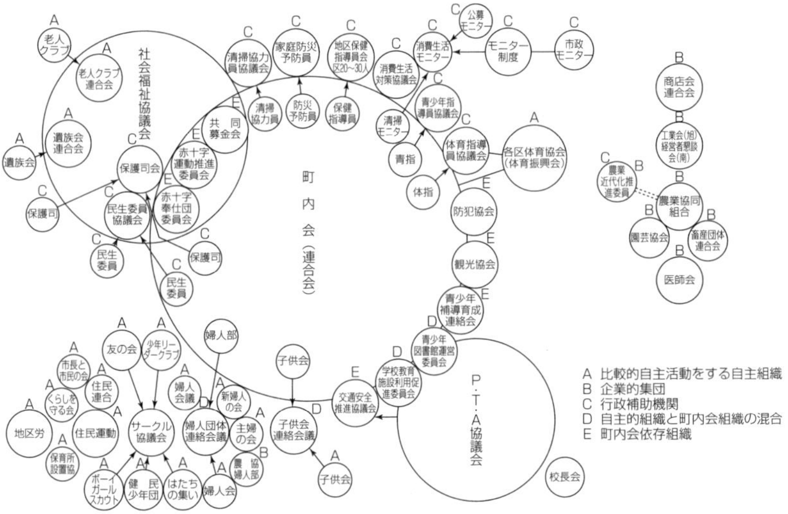

A　比較的自主活動をする自主組織
B　企業的集団
C　行政補助機関
D　自主的組織と町内会組織の混合
E　町内会依存組織

出所：蓮見音彦・奥田道大編『地域社会論』（有斐閣、1980年）352頁。

連サービスを提供する企業・業者など）に依存する傾向が高まるということも一般的にいえる。言い換えると大都市では個人単位で、個人の発意にもとづいて、金銭を媒介として処理される社会課題・領域が増えるということである。

　したがって都市的な地域になればなるほど、町内会論争での奥田道大の立場に象徴されるように、個々人の自発性や主体性（ボランタリーな意思）にもとづいて選択的に結成されるアソシエーション（ボランタリー・アソシエーション）が地域社会の担い手として重視されやすい。たしかに、人口が多い都市社会においては特定課題に精通したNPO（非営利組織）などのボランタリー・アソシエーションが多数結成されるし、かゆいところに手が届くサービスを提供できる企業も増えるので、より機動的な課題解決が可能だ。これに対して、長老支配になりやすい町内会・自治会は、保守的・現状維持的になり社会課題に対応した改革の妨げになることもある。ここから、硬直化した町内会・自治会よりも、ボランタリー・アソシエーションのほうが地域自治の担い手としてふさわしいという理論的立場も正当化される。奥田道大も孤立無援というわけではな

いのである。

　歴史的にいえば，1970年代の「住民運動の時代」になると，公害や住環境悪化に対して問題提起したり，地域福祉の必要を訴えたりする住民運動が都市部から叢生した（松原・似田貝編 1974）。これら住民運動は，しばしば保守的な町内会・自治会と対立しながら理念を追求し，その歴史が今日のNPO等の出発点になっているケースも多い。当座の目的を達成した（しなかった）あとも，環境問題や地域福祉といった特定のテーマに関する学習活動や政策提言などをつづけ，地域自治の担い手を生み出したのである。1980年代には都市農村交流・地域防犯・文化・消費生活など多様な分野にわたって，ボランタリー・アソシエーションの存在が一般的となった。こうした基盤のうえに1998（平成10）年から特定非営利活動促進法（NPO法）にもとづくNPO（Non Profit Organization）の認証がはじまった。そこから20年足らず，全国的には5万以上のNPO法人が認証を受けており，より厳しい認定を経て税法上の優遇を受ける「認定NPO」も1000以上に達する。もちろん政府による認証・認定を受けないで任意団体として活動するとか，**3**で述べるように「一般社団法人」など別の法人格で活動するボランタリー・アソシエーションも増加している。地方自治体も，こうしたアソシエーションの育成やコーディネーションに力を入れ，「市民協働課」「地域協働課」等の担当部局を設置している場合が多い。

（2）他国の住民組織

　このように，近年ではボランタリー・アソシエーションに光があたっているとはいえ，日本近現代の地域社会において自治会・町内会が果たしてきた機能（否定的な評価も含めて）の大きさは，ここまでの記述で納得いただけたのではないか。自治会・町内会に相当する地縁組織は他国にあるのだろうか。他国との比較はコミュニティ政策学会などで最近盛んに取り組まれているテーマで（中田編 2000），結論からいえば自治体よりも小さな単位の地縁組織はどの国にもあり，とりわけアジアの諸組織との共通性があるが，日本の自治会・町内会と完全に同じ機能を果たしているものはない，ということになる。

　まずヨーロッパの事例から簡単に概観する。英国では，教会の教区に由来する1万程度のパリッシュ（Parish）があり，自治体よりもはるかに小さな単位で

普遍的に組織されている。パリッシュの8割には議会（Council）があり，権限は必ずしも大きくはないが，たとえば建築規制や駐車場などの近隣問題について議論されている。農村部が圧倒的に広大なフランスではコミューン（Commune）と呼ばれる人口規模の小さな単位が，そのまま行政単位となっている。2010（平成22）年のデータでは，全コミューン（3万7000）の73.8％が，人口1000人以下だという（市川 2015：343）。日本の明治時代のムラ（自然村）に対応する規模であり，自治体がそのまま住民組織たりうる規模である。それでも大都市には「住区協会」などと呼ばれる自治組織がある。ドイツでは市町村よりも小さな単位に「都市末端代議機構」または「地域協議会」と訳されるStadtteilvertretungという組織があり，当該地域住民の意思・利害を自治体の行政・議会に代表するものとして法的な位置づけを与えられている。

　これに対してアジアでは，韓国「班常会」・タイ「カナカマカーン／チュムチョン」・中国「居民委員会」など自治体より小さな住民組織があるが，どれも法律に規定されるなどして国家や国家政策との関わりが強いと中田編（2000）も指摘している。これと比較すると日本の町内会は，法律で規定されない任意組織で，かつ都市農村を問わず普遍的に存在していることに特徴がある。「そこに行政指導の存在やわが国の政治文化の特徴をみるとしても，そのもとの姿は明治22年の市制町村制以来のたび重なる町村合併の過程で，制度化された地方公共団体からはずれた団体が住民の利益を守るためにその組織を維持しようとしたことにあった」（中田編 2000：283）。平成大合併がおおむね終了した現在，上記引用で中田が強調したような草の根の自治の担い手としての機能は，否応なく自治会・町内会の肩にかかってくるといえよう。だからこそ，人口減少など課題を抱えている地域であるほど，逆に自治会・町内会を基盤とする地縁団体はなくなりそうにないのである。自治会活動を煩わしいと感じる人が多いことは事実であるが，それでも自治会解散というようなニュースが聞かれないのは，このような事情による（例外的に，たとえば東日本大震災被災地で，集落が丸ごと被災したことによる自治会解散といったケースはある）。自治会・町内会は日本の地域社会を語るうえで，やはり欠かせない存在なのである（これについて外国人の立場から研究した文献としては，Bestor（1989）などがある）。

2 コミュニティ政策／運動の3つの波

　地縁団体の現状を理解したところで，自治体や担当省庁（旧自治省，現総務省）がこれら住民組織について，どのような政策をとってきたのか概観する必要があろう。**1**で概説した江戸期からの歴史的経緯は省き，高度成長期以降をみるならば，1970年代と，2000年以後の大きくみて2つの波があると考えられる。どちらも「コミュニティ」という言葉が多用されるのが特徴である。これと平行して「まちづくり運動」の一環として，やはり1970年代以来「コミュニティ」が注目される文脈もある。政策と運動は，相互に関連しながらもいちおう独立して展開しているので，3項にわけて解説していきたい。

（1）1970年代コミュニティ政策──第1次ブーム
　日本社会には必ずしも浸透していなかった「コミュニティ」という英語が，誰もが知る言葉に昇格したのは，国民生活審議会調査部会コミュニティ問題小委員会報告書『コミュニティ─生活の場における人間性の回復』（1969年），およびそれを契機に立ち上がった自治省（現・総務省）の「（モデル・）コミュニティ政策」の影響が大きい。都市化にともなう人々の孤独感が強まるなかで，新たな基礎集団としての「コミュニティ」（地域性にもとづく共同性）を形成するという課題意識が社会学・行政学などの研究者らに共有された結果である。市町村よりも小さな中学校区程度の単位に公民館やコミュニティ施設を建設し，その運営を住民団体に任せることによって，自治精神の涵養をめざすことが政策の骨子であった。このとき，コミュニティという用語で呼ばれている期待集団（これから形成されると理論的に期待された集団）は，学問的には大都市近郊の新住民で，「おらがムラ」意識からは解放された人々が，町内会とは別個に形成するものと想定されていた。東京近郊の武蔵野市・三鷹市などに典型的にこのような展開がみられ（事例研究としてたとえば大本（2012）），奥田道大などの社会学者がこの政策に積極的に関わったことは，町内会論争の経緯からいって自然なことといえよう。奥田らは，住民運動というかたちで噴出した社会問題解決のエネルギーを，コミュニティという新たな自治単位に結集させようとした。

「復権の対象としてのコミュニティは、すくなくとも原理的には、体制的規範とは緊張（対抗）関係にたつものである。このことは、具体的には、高度都市化にともなう住民生活の困難・破壊を争点にする、地域住民運動のなかで確かめられる。地域住民運動との具体的関連において、コミュニティを規定するという立場である」(奥田 1973：17)。ここから、自治省の担当官僚は与党政治家から「コミュニティ政策は町内会潰しではないか」と攻撃され、必死にそれを打ち消していたそうである（一方では野党から「コミュニティ政策は自民党の支持基盤である町内会を強化する政策だ」と批判されたようである）。

　自治省コミュニティ政策の総括は『都市問題』誌上での1990（平成2）年と1998（平成10）年の2回にわたる特集や、日本都市社会学会第13回大会のシンポジウム（1995年）などでなされている。とくに東京などを念頭に置いた場合、コミュニティ施策は、脱地域的なネットワーク型市民活動を軸とする親交的コミュニティをたくさんつくり出した、あるいは、既成の地域住民団体の親交的な活動を活発にしたのみで、地域課題の問題処理を目的とする小地域での自治的コミュニティの形成には至らなかったとされる。ただし、これら都市社会学分野でなされてきた議論は大都市限定であった。東京の事例が圧倒的に多く、それ以外は神戸市・大阪府下（今野 2001；奥田 1983；倉田 1985）や愛知県下（中田 1993）などだ。このような偏りは、「コミュニティ施策が採用されるべき対象として念頭に置かれていたのは、当初の小委員会報告からもわかるように、典型的には都市化のスプロール地区としての大都市郊外であった。そこでは伝統的な地域組織の統合力が弱まり、新住民を中心に都市型公共施設の建設要求が高まっていた」(玉野 1998：45)という共通認識に由来するのだろう。しかし、モデル・コミュニティ政策は全都道府県を網羅し、しかも県庁所在地を避けたかたちで地区指定して実施されたのであって、大都市郊外とは異なる独自の政策展開を模索した地方都市・中小都市のほうが数としては多いのである。

　たとえば新潟県柏崎市の例をあげておこう。人口約8万人、新潟県では上位規模に入る地方都市であるが、1971（昭和46）年当時市長職にあった小林治助は、つねに「中央の意向に注意を払い、その政策動向を先取りする」ことを職員に奨励していたという。モデル・コミュニティ事業がはじまった年に市内でもさらに農村部といえる中鯖石地区が自治省から指定を受けたことも、このよ

うな先取り行政の一環であった。原発関係の豊富な財源があったこともあり，柏崎市内の24公民館区（明治期の町村に相当する範域で，おおむね小学校区に相当）には10年ほどかけて例外なくコミュニティセンター兼公民館が建設された。1974（昭和49）年の公民館研究大会では3点の基本原則が確認された。「①地域　おおむね現在の公民館の対象区域，すなわち第一次生活圏域とする。②施設　公立民営とする。コミュニティセンターは市が建設をし，その管理・運営は地域住民の責任で行う。③活動　住民主体の地域活動である。住民が主体となって地域の課題を解決してゆく活動である」，と（柏崎市資料による）。公民館とコミュニティセンターの関係が当時から問題になったようだが，ゾーニングから理念に至るまで，コミュニティ施策は実際には公民館施策と一体のものとして運用されてきた。ただし，このあと**（2）**で示すような2000年代コミュニティ政策の展開を受けて，柏崎市では2003年になって，公民館をすべてコミュニティに統合するという思い切った政策転換を行い，各コミュニティが振興計画を毎年策定することとした。こんにち31コミュニティ（平成の大合併などにより，1971（昭和46）年当時よりコミュニティ数が増加している）にはすべてコミュニティセンター長と主事が雇用され（市の非常勤職員扱い），各種イベント・地域誌づくり・地域マップづくり（いわゆる地域資源の発見）等の独自事業が多様に展開されている。

　なお，農村部も含めた20世紀コミュニティ政策全体の検証は，2000年代に入ってからコミュニティ政策学会で進められ，『日本コミュニティ政策の検証』（山崎編 2013．本章末に **文献案内**として記載）に結実した。

（2）平成大合併とコミュニティ政策への再注目

　柏崎の歴史からもわかるように，地方都市が2000年代の平成大合併の波を経験する時期に，「自治体内分権」とも称される新しいタイプのコミュニティ政策が注目されることになった。この注目の嚆矢となった日本都市センター（2001：14）は，「2000年以降，ふたたび自治的コミュニティの構築が目指される」とした。同センターの予測としては「再び包括型へ」移行すること，「近隣自治機構の仕組みが要請されている」こと，「市民と行政との緊張感のあるパートナーシップが重要」であること，「小地域型市民活動組織とコミュニティ組

織との連携が課題」であること，などが指摘されている。森岡清志（日本都市センター 2002：103）も「古くは住民意識としてのコミュニティ形成という側面に比重を置くコミュニティ論が流行し，またその後は，住民間の人間関係的側面，住民間の親密な交流に比重を置くコミュニティ論が展開されてきた。そして今，行きづまりを示している現状の処理システムの改革，最適なシステム形成に比重を置く考え方が新しく登場してきている」とする。

コミュニティ再注目の背景にある社会構造の変化として，高齢化・個人化（無縁社会ともいわれる状況）が進展するなかで，介護や健康維持といった課題に社会的に（個々人や家族に任せるのではなく）取り組む必要が生まれたが，それらは地域で受け止めるしかない課題だという事情が第1にある。また低成長期に入るなかで自治体の財政状況が悪化し，さまざまな地域課題に対して自治体のみで対応することができず，行政と住民との協働（コラボレーション）が強調されるようになったという事情もある（しかし実際には「協働」がかけ声倒れや偏った関係に終わっている事例も多く，その内実については慎重な検討が必要である）。

しかし何よりも重要な政策的要因として，1990年代中葉から進展した地方分権政策および「分権の受け皿」としての市町村合併政策（先述の「平成の大合併」）の展開により，地域社会の自律・自立に対する関心が高まり，その担い手としてのコミュニティへの期待が高まったということがある。1995（平成7）年に地方分権推進法が成立，地方分権推進委員会が設置された。その背景として新藤宗幸は4点をあげている。①ポスト近代化と地域の多様さ，②高齢化社会の到来，③政治改革としての地方分権，④内政重視型中央政府の限界（新藤 1998）。このうち，中央省庁にとって最も切実だったのは，国際関係を重視しはじめた中央省庁が身軽にならなければならないという④の要素だったので，財政ではなく権限のみの委譲という，いわば「未完の分権改革」（西尾勝）という中途半端なものになったと現在では総括される。2000（平成12）年から施行された介護保険制度がその典型であるように，財源不足のなかでサービスだけは大幅に基礎自治体に委譲される結果となった。国の財政政策の圧力を受けた自治省－総務省は，このような事態を，「基礎自治体の体力不足」と定義づけ，市町村合併政策を加速させるしかなかった。学会では今日，これは国の財政事情が先行した「大義なき合併」であったと総括されている（今井 2008）。しかし，

一旦成立した合併を取り消すことは地方制度上困難であり,「平成の大合併」によって著しく規模が大きくなった市町村は,実務を自治体内のさらに小さな単位に期待するしかなくなる。こうして,コミュニティを「近隣政府」の一種とみなす立場が登場する。「地域の公共的課題に係る,住民による公共政策形成の基礎単位として,コミュニティがきわめて重要な役割を担うようになってきつつあるというコミュニティ政策の視点,さらには基礎自治体の機能・権能をより狭域の地域機関(支所・出張所・行政区等)に分散・分権するという都市内分権ないし組織内分権の視点,この2つの視点が交差する結節点に,自治コミュニティの構築とそれをプッシュするための近隣自治の仕組みづくりという課題が位置づけられる」(間島 2002:35)。

このように期待が集まったコミュニティ・レベルの地縁団体が近年,どのように展開しているかは,**3**で解説する。その前に**(3)**で運動としてのコミュニティについて簡単に触れておく。

(3) コミュニティ運動(まちづくり)の展開

一方,政策とは別に地域の現場から「コミュニティ」という用語が使われはじめた側面もある。住民運動の叢生についてはすでに触れたが,この住民運動のうち地域自治をめざす潮流は「コミュニティ運動」または「まちづくり運動」と呼ばれた。代表例は神戸市長田区の真野地区と丸山地区であり,佐藤竺・奥田道大・堺屋太一など学会の大物を引きつけ,応援団にしていった。このうち丸山地区は,神戸市の限られた平野部から神戸電鉄で山間部に入ったところにあり,そもそも住宅地ではなかったため,高度成長期のスプロール型開発による劣悪住宅地区として知られ,都市インフラ未整備や治安等の問題を抱えた。これらの地域課題を解決するため,学習会や各種サークル活動,行政・政治への働きかけなどコミュニティ運動が盛んとなり,「たたかう丸山」というキャッチフレーズで知られることになる(奥田 1983)。

一方,臨海工業地帯で三星ベルトなど地場の有力企業を抱える真野地区は,「日本最長のまちづくり」と呼ばれる地域コミュニケーションで知られ,実際,阪神・淡路大震災後には高い結束力をみせて称賛された(阪神復興支援NPO編 1995)。このように,開発・防災などの地域課題を解決するため地縁を軸に

結束し，調査や社会運動を繰り広げていくタイプの活動も「コミュニティづくり」という用語で称される。そもそも，これらの運動が研究成果を経由して**(1)**で述べた自治省コミュニティ政策の原動力になった側面がある。さらに，これらコミュニティづくり運動は，その後1980年代から現在まで継続する，いわゆる「まちづくり運動」の1つの源流となった（白石ほか編 2002）。

いま真野地区の例で述べたように，地方分権推進法成立と同じ1995（平成7）年に発生した阪神・淡路大震災後の復興まちづくりからは，「災害緊急対応期ほど，普段平常時からの小地域におけるコミュニティ活動が大事」（今野 2001：5）ということが明らかになった。防災に限らず防犯などの面でも，地域社会のセキュリティが脅かされ，潜在的リスクが高まっているという不安が大きくなっている。1970年代にコミュニティ政策が立案された契機は，ソフトな社会解体──「隣は何をする人ぞ」という個人化・私化現象──への危機感であって，限界集落化や無縁社会，それによる孤独死の多発といった生命に関わる深刻な問題への危機感ではなかった。後者のような社会解体が現実の危機として人々に感受される段階に達すると，富裕層のゲーテッドコミュニティ（日本でいえばタワーマンションのように，ゲートで区切られた安全な領域を確保しつつ，煩わしい共同事務はできるだけ金銭で解決するような生活様式）でない限り，自治的コミュニティでしか社会課題に対処できない。**1**で描写したような，近隣相互扶助・地域共同管理の状態に回帰する側面があろう。

このように地域で社会課題を受け止める潮流に加え，**(2)**で述べたように「平成の大合併」（自治体数が3300程度から1700あまりへと半減した）を経て，住民組織に大きな期待と負荷がかかる2010年代の現状を，次節において確認していきたい。

3 2010年代に進化する地縁団体

2の末尾で指摘したように，こんにち自治体よりも小さな単位の住民組織──かつてコミュニティと呼ばれた中学校区程度の単位で，明治期には独立した町村だったケースが多い──にかかる期待と負荷は大きなものがある。自治省コミュニティ政策の時期にも施設管理を民間に任せるケースはあった。しか

し今日では，2000年代に地方自治法に導入された「指定管理者制度」などにより，集会所・自治会館から観光施設に至るまで，自治体財政の負担となっている公共施設を地縁団体・住民組織に運営委託するケースも増加している。「限界集落」と呼ばれるような，高齢化で集落そのものの維持が困難な地域が報じられる現状で，このように住民組織に期待して大丈夫なのだろうか。これから紹介する新潟・島根のような先進的地域では，過疎化が進むなかで予想以上に地縁団体は健闘している（島根弁でいえば「しこたえている」）。ただし，これは過疎債をはじめとする制度的裏づけと，先進地ゆえの歴史的蓄積が可能ならしめていることであり，模範事例をかたちだけ輸入しても機能しないだろう。「とにかくコミュニティに権限委譲してしまえば何とかなる」という感覚が政策立案者にあるのだとしたら，それは誤りである。以下取り上げるような事例は，いわば各地の担い手を「励ます」ためにあり，最終的には各地域でオリジナルな実践が生み出され，国や自治体がそれを制度的にサポートしなければ自治体内分権は持続できない。あらかじめこの点を強調しておきたい。

(1) 自治体内分権と新潟県上越市の例

基礎自治体の規模が大きくなったことにともない，「自治体内分権」が議論され，また制度・実践も多様に創出されるようになった。合併特例法にもとづく地域自治区制度，また一般制度として地方自治法に規定された地域自治区制度は，その典型である。

地域自治区の先進例とみなされているのは，たとえば新潟県上越市である。上越市は2005（平成17）年1月1日に，上越市・安塚町・浦川原村・大島村・牧村・柿崎町・大潟町・頸城村・吉川町・中郷村・板倉村・清里村・三和村・名立町の14市町村が編入合併して誕生した自治体である。もともと上越地域は日常生活圏を共有していること，行政サービスの面でも消防・ごみ処理などの一部事務組合に加えて，上越地方市町村連絡協議会を組織するなど広域連携をしてきた地域ではあった。

そのため2005（平成17）年1月1日の合併と同時に，旧上越市以外の旧13町村において，合併特例法にもとづく5年間の期間限定で地域自治区が設置された。「地域自治区を地方自治法による普遍的な一般制度とし，合併前の上越市

にも導入するという方向を見据え,合併特例法による地域自治区の設置期間は短いほうがよい,すなわち,合併から5年間を一般制度へ移行するまでの期間としてとらえるという根本的な議論」(上越市 2007：252)の結果であった。2009(平成21)年10月1日に旧上越市区域にも,15区の地域自治区が設置されることが決定した。これにより上越市は市内全域に一般制度による地域自治区を設置したことになる。特例法にもとづかない地域自治区が全域に整備されたこと,またその活動が活発なことから,自治体内分権のモデルケースとみなされ,視察も多い。その特徴は①地域協議会の自主的審議の活発さ,②地域協議会委員選定に準公選制を導入したこと(ただし初回を除くと,2017(平成29)年時点で選挙になったことはないという),③「地域活動支援事業」,④「地域を元気にするために必要な事業提案」の4点にあると要約できる。どれも,特例法にもとづき形式的に導入されたような他自治体の地域自治区にはない特徴である。

　①の点に関していうと,市長の諮問機関とされる地域協議会であるが,自らが必要と判断する事項に関して自主的に審議し,意見を述べることができる。たとえば旧上越市以外の15区では2009(平成21)年10月1日から2015(平成27)年6月30日の約7年間で年平均9回開催されている。意見書もこの15区では約7年間で24件提出され,市事業に採用される事案も複数あるという。③の地域活動支援事業であるが,総額約1億8000万円(2014(平成26)年度から)の地域活動資金を各地域協議会ごとに均等割7対人口割3で予算配分する政策である。各地域協議会は初めに地域のめざすべき姿,課題などを議論し,採択の優先順位や補助金の上限・下限額や補助率などを含んだ採択方針を決め,提案事業に募集してきた事業を採択方針に沿って審査し,その審査結果を受けて市が採択し資金が交付される。すなわち地域協議会が地域自治区内における予算編成の一部を行うことができるということである。市としては「地域活動資金は,それ自体は市民のまちづくりを実現するものではない。資金の使い道を考えていくことを通じて,自治とは何か,地域の豊かさ,地域づくりとは何かを考える契機としていただきたい」(石平 2010：151)としていた。これに加えて④の「地域を元気にするために必要な事業提案」が2011(平成23)年から導入されている。「地域協議会の自主的審議の場に『地域住民や町内会,各種活動

団体など,地域自治区内の様々な地域活動の担い手』が参加し,地域自治区で必要とされる事業や取組みにつき検討し,そうして得られた結論を,『提案事業』として市長に提案する」(山崎・宗野編 2013：25) 仕組みである。それまで自治区の権限は執行の確認だけであったが,「提案事業」では市長への提案をめざして事業の妥当性と実現可能性を担保しながら議論を進めている。いまのところ,市内頸城区で1件,この提案が実現した事例がある。

　以上4点のうちとくに重要なのは,私見では①と③であり,活発な議論をふまえて予算配分についても権限を持っていたからこそ,各地域の代表が自分ごととして小地域の自治を考えることができていたといえる。ただし④にあるような「提案事業」となると,まだまだハードルが高いようで,市民からのボトムアップ計画づくりについては経験値が必要なようである。

(2) 小規模多機能自治と島根県の例

　一方,比較的農村的な地域においても,新たな自治体内分権の胎動がみられる。島根県邑南町の例をみてみよう。まちづくり先進地として知られる同町は2004 (平成16) 年に羽須美町・瑞穂町・石見町という3つの自治体が合併して成立したが,これら旧自治体ごと,というよりはそれよりさらに小規模な集落ごとに独自の動きが展開していることに特徴がある。島根県中山間地域研究センターではこれを「住民自立型地域経営組織」と呼んでいる (嶋渡ほか 2011)。集落支援センターの設立,農事組合法人の立ち上げなど,集落ごとに取り組みは異なっている。しかし,ある集落で「夢づくりプラン」を策定したことが契機となり,邑南町役場としては全エリアで地区別戦略の策定を応援していく方針だという。県内でも注目されている出羽(いずわ)地区は役場職員が自治会の補佐的なポストに就任していることもあり,地域課題を解決するためのコミュニティ・ビジネスを展開する意欲的なプランづくりが進行している。空き屋を移住希望者に斡旋する不動産業,チーズ製品の製造販売,さらには耕作放棄地における牛の放牧まで,手がけるコミュニティ・ビジネスは幅広い。こうなると,任意団体としての自治会の手に余るので,最近の民法改正によって導入された仕組みである合同会社 (LLC) という組織形態を使うことにしたという (「季刊地域」編集部編 2015)。

邑南町をはじめ島根県下の自治体に典型的なように，各集落が存続に必要な事業を多角的に手がける状態を「小規模多機能自治」と称している（「季刊地域」編集部編 2015：第7章）。大都市からはみえにくいが，過疎問題に長年向き合ってきた中国四国地方を中心に，このように新たなタイプの地縁団体を立ち上げ，地域の課題解決をめざす動きが新しい胎動となっている。これら新たなタイプの組織は，**（3）**で触れるように「地域運営組織」と称されるようにもなった。

（3）地域運営組織の拡大

　以上のような新たな動きをふまえ，政策の側にも動きがある。たとえば「まち・ひと・しごと創生本部」において「地域の課題解決のための地域運営組織に関する有識者会議」が2016（平成28）年に設置され，最終報告として「地域の課題解決を目指す地域運営組織──その量的拡大と質的向上に向けて」が同年12月13日付けで承認されている。また2017（平成29）年7月付けで出された「地域自治組織のあり方に関する研究会報告書」（総務省）においても，「地域の生活や暮らしを守るため，地域で暮らす人々が中心となって形成され，地域課題の解決に向けた取組を持続的に実践する組織。具体的には，従来の自治・相互扶助活動から一歩踏み出した活動を行っている組織」を「地域運営組織」と定義して，その課題と可能性を検討している。

　このように，地域住民が地域解決課題のため，**1**で述べたような従来の自治会・町内会の枠を踏み越えて形成した組織を，政策・学問の場では「地域運営組織」と称しはじめている。ボランティアベースのもの，行政からの委託や指定管理が主たる収入源であるもの，コミュニティ・ビジネスを手がけているものなど多様だが，その活動が大きくなるにつれ，信用や資金管理の問題から法人格を取得しないとやっていけなくなる。その際の類型は，民法上の公益法人制度の大改正（こちらも2000年代に進展した）を経た今日，4種類ほどあると考えられる。1つはいうまでもなく，非営利法人（NPOまたは一般社団法人）である。2つめの類型は，2015（平成27）年に地方自治法に新しく設けられた「認可地縁団体」になる方法である。ただし，この法人は昭和大合併期に設けられた「財産区」制度の現代版・簡略版という趣があり，財産を保有する以外の活

動には向いていない。3つめの類型は、営利法人である。株式会社や合同会社（LLC）がそれに相当する。4つめに生協・農協のような協同組合があるが、消費生活組合法など個別の法律にもとづいてつくらねばならず、設立のハードルはかなり高い。なお、法人ではなく法人税もかからないが、5つめの類型として有限責任事業組合（LLP）という登記のみしておく組織形態もある。

　これら地縁団体の類型は、地縁組織をベースにしないNPOや企業のような機能別組織で用が足りている大都市住民には縁遠いと感じられるかもしれない。地縁団体か機能別組織か、どちらに重点を置くべきかというテーマは、その意味で論争的である。コミュニティをあくまで基盤と考えるのか（コミュニティ存続論）、コミュニティから解放されて機能団体に吸収されると考えるのか（コミュニティ解放論）、21世紀版の「町内会論争」がなされるべき時期かもしれない。ただし、奥田－中村の町内会論争は都市が舞台であった。21世紀においては、自然との関係を基盤に暮らしを持続させてきた中山間地における共同性・共同体についても考察が深められねばならない。本書の**特別章**を執筆している哲学者・内山節が、奥田道大と似た立場の大塚久雄の著作と同じタイトルを採用した書籍（『共同体の基礎理論』）において、奥田・大塚の近代化論的発想の正反対を行く共同体論を展開していることは興味深い（章末の 📖 **文献案内**を参照）。

4 地方自治と住民——「人のお世話をするよう」

　冒頭、「住民」の話題には最後に触れると宣言した。住民組織（地縁組織）の変容については、読者にある程度理解されたと考えるので、最後に地方自治にとって住民とは何か論じる。これまでの3節は、ある程度まで教科書的に――学会での議論や政策動向をなぞりながら――展開してきたが、ここから先は編者の注文もあり、筆者の個人的見解を述べる。

　「田園回帰」を唱えて近年注目される（本章でも何度か引用した）藤山浩は、講演の締め括りとしてよく、かりに「今だけ・金だけ・自分だけ」という精神で日本人が生きてきたならば、地域社会は現状の豊かな姿になっていない、という話をする。日本の原風景といわれて多くの人が想起する里山・田園と、里

から都市へと連なる民家集落，そして集落を拠点に継承されてきた生活文化は，「将来世代を見据え・金だけに換算されない価値を大事にしながら・他者を尊重する態度のもとで」数百年にわたって維持されてきたのである。日本列島に，長く続いた集落が多いことは，ウェブサイト「千年村プロジェクト」（http://mille-vill.org/）の地図を一瞥すると納得できる。酒蔵・醤油蔵をはじめ，日本には数百年も続いてきた伝統企業が世界一多いといわれるのも，このように千年続いてきた集落を基盤にしているからこそである。

　一方では移動・流動が当然化した今日，特定の地域に所属する意識を持たない，いわばノマド的な人々も増加している。また生活すべてを他者の提供するサービスに委ね，あたかもホテルに住んでいるかのように金で解決を図ろうとする態度をとる人も増えた。何もリッチ層に限った話ではない。「税金を払っているんだから」と居直って行政や学校に無茶な要求をする「モンスター」といわれる人々，「お客様は神様なんだろ」と居直り店員や鉄道員に暴力を振るい要求を通そうとする人々，みな「カネだけ・今だけ・自分だけ」の欲求充足を求めている点で変わらない。自治体のサービスを比較して住所を選ぶことを当然視し，投票行動と似たものだと割り切っている人もいる。知識人といわれる人々のなかにもかなりいる。先人が営々と築き上げた自然環境と社会組織によって自分が初めて生かされ，恵みを享受していることを忘れ，「今とカネと自分の損得」を判断基準にして合理的経済人としてのみ行動する人々だ。当然，地域社会の存続に貢献する自治的活動等に無償で時間を提供し汗をかく気はない。❶で説明した「地域共同管理」は，このような人々が多数派であっては成立しない。だから極端なことをいえば，こうした精神構造の人々をお断りする権利が，地域社会の側にもある。1つ事例をだそう。近年，多くの30代移住者を実現していることで有名な，ある県の移住コーディネーターが話してくれたエピソードである。「現地視察に来る人の中には，移住に向いていないと思われる人もいる。風景の美しさばかりを観念的に褒める人がいたので『この風景は地域住民の努力によって維持されているんですよ，あなたがこの家に住んだら道路脇の草刈りは誰がするのでしょう』とお聞きしたら『あら，自治体職員かしら？』と言うので，『あなたです。他にやる人はいません』とお答えしたら怒って帰ってしまった。でも，そういう方にお越し頂かないのが双方の

ためです。人口さえ増えればよいというものではないのです」。民俗学者の柳田国男も大正期に述べている。人口のみで町の力を測定するのは落とし穴である。町に頼る人口を増やすのではなく町の力になる人間を増やさなければならない，と（柳田国男全集第4巻「都市と農村」）。

　もう1つ，地域共同管理を尊重すべき重要な理由がある。現時点において，人間は特定の地表面に居を定めずに生活を営むことは決してできない，ということだ。この人間に課せられた制約が極端なかたちで現れるのは災害のときである。道路網やインフラが寸断されたとき，家族・友人であっても災害の瞬間にあなたのそばに居なければ，助けてもらうことはできない。家庭外就労や遠距離通勤が一般化した都市生活においてこそ，「遠くの親戚より近くの他人」なのである。この相互扶助の本質が改めて明らかになったのは，何といっても阪神・淡路大震災であった。あまりの大災害で消防や行政も機能しないなか，つぶれた家屋の下から救助された人々の8割以上は同居家族や近隣の人々によって救出された。消防や行政が救助した割合は10％に満たなかったという（阪神復興支援NPO編 1995）。なお，地域社会を単位とした相互扶助もこれを契機に進化したが，基本精神は同じことである。東日本大震災時には，自治体間協力や民際協力がかつてなく大規模に展開した。2011（平成23）年春の新燃岳噴火で農作物の出荷に打撃を受けた宮崎県の農家が，泥を洗い落とした野菜を石巻の避難所に届けた際には，「新燃岳噴火のときには自分は何もできなかったのに，ここまでしてもらって申し訳ない」と涙を流す被災者の姿がみられたという（村井 2011）。いわば，災害時の超地域型相互扶助である。

　阪神・淡路大震災の例からわかるように，地域共同管理の重要性は都市部においても同じである。しかし，こんにち大都市中心部や地方都市駅前で流行している「タワーマンション」に象徴される超都市型ライフスタイルを選択する人々には，そのような問題関心が薄いように見える。21世紀最初の20年間，大量にマンションを供給した各ディベロッパーは新しい建築物が作り出す景観など考慮にいれず，許可される空間を最大限埋めるかたちで部屋数を確保しようとした。この目的のためには，斜線規制をはじめとする都市法上の日照規制を考慮しなくて済むような立地が好ましい。河川・海・公園・鉄道用地などのオープンスペースに隣接すれば，より高層化できるのである。最近20年間に建築さ

れたマンションが，それ以前のまだしもデザイン性を感じさせる建築物に比べると，屏風や軍艦のように無機質な圧迫感を与えるのはこのためである。「規模の経済」によって個別の住戸の値段は下がるため，このマンションブームは購入可能層を，平均的所得の人々にまで波及させる効果を持っている。その結果，タワーマンションの上層部は高収入階層や投資目的で購入する内外資本などが主流で，低層階には平均的な勤労共稼ぎ世代が入居する，という状態になっていることが，各種調査から推測される。しかし，高層階と低層階の交流はもとより，各階においても住民間の交流は低調なようである。地域の自治会にも入らないし，共用部のメンテナンスに問題が発生したとき，合意形成も難しい。数十年後に構造物が老朽化すると建て替え問題が発生するが，このとき法律上は全所有者が議論して結論を出さねばならない。経済状況がバラバラな数百〜千戸以上の所有者が合意形成を果たせるだろうか。もっとも，揉めたときには経済的に余裕がある入居者は出ていくのだろう。まさに「今だけ・カネだけ・自分だけ」である。

　これらマンションが販売されるときには，自動車や電化製品の販売に似て，便利機能とイメージを売る戦略がとられるので，これも居住者を単なる消費者に貶め「今だけカネだけ」に走らせる要因になる。イメージとして売られる便利機能には，コンシェルジュサービス・専用フィットネスルームなど非常に多くの種類があるが，都心部のタワーマンションには「ホテルライクサービス」を売り物にするものが多く，郊外・地方都市に近づくと「ファミリー層の住みやすさ」を強調するという基本的な傾向がある。

　「ファミリー層の住みやすさ」が強調されるケースにおいても，消費者として重要な商業施設や学校・公園の立地がセールスポイントになるが，住戸所有者として重要なはずの他の集合住戸との関係，ましてや地域社会との関係に言及されることはない。巨額のローンを抱えると容易に移動できなくなるから，よく考えれば他の入居者や集合住宅全体との関係を考慮しなければ購入契約には踏み切れないはずだ。しかし現実にはイメージに踊らされて購入を決めてしまい，自分たちが地域社会とどのような関係を取り結ぶことになるのか，ほとんどの人は確認しない。わかりやすい例でいえば，近隣保育所の空き状況を調べてから契約するカップルはどのくらいいるのか。入居し自治体住民になって

子どもを持ってみると、マンションが同時期同地域に大量供給された結果、保育所入所希望者に提示される保育所受入枠の倍率は目をむくような数字になっている。子育て難民の大量発生である。自治体行政に対する批判は否応なく高まる。しかし、大量のマンション供給を禁止できる権限は、現行法体系のもとでは自治体には与えられておらず（無理をしてマンション建設を禁止しようとした東京都国立市の元市長・上原公子氏は業者から訴えられて敗訴し、高額の賠償金を背負わされてしまった）、自治体も被害者である。ここまで説明してきたような事情の帰結として、地域共同管理を自ら担おうとする新規入居者はほとんどいないのだから、尚更である。国土全体に大量の空家がでる時代が迫るなか、経済波及効果だけを重視し、高度成長期には郊外農地に・現在では都心再開発用地を高層化して、焼き畑的に住宅を供給するばかりだった戦後日本の住宅政策は、自治精神を涵養する観点からは、大きな禍根を残したといわざるをえない。

　責任ある住民として社会の課題解決に一定の負担を背負うことが自治の本質であることを、戦前に東京市長や台湾総督府民政長官を務めた後藤新平は「自治三訣」というスローガンに表現した。「人のお世話にならぬよう　人のお世話をするよう　そして決してむくいを求めぬよう」。ただし、「人のお世話にならぬよう」というのは一般論・心がけ論であって、浮き沈みのある人生だし病気や災害も襲ってくるのだから、他人のお世話にならざるをえないときもある。そもそも人は互いに依存し合って生きており、それを「困った時はお互い様」といいならわしてきた。この相互扶助と利他貢献の精神によって日本列島の「千年村」地域社会は維持されてきた。

　❸でみたように住民組織がいくら進化したところで、地域課題に向き合い汗をかくのは一人ひとりの住民である。先進事例を学ぶのは大事だが、「仏作って魂入れず」では意味がない。地域共同管理の担い手たる住民という自覚を持つこと、あるいは自治精神を持つ担い手を確保することこそ、地方自治の普遍的原則である。個別の住民は、自らの置かれた環境と自分の体力・資源の限界を認識しつつも、地域社会と関わり汗をかく精神を取り戻さねばならない。ただし20世紀とは異なり、自治精神が狭い自地域だけの利害を超えてネットワーク状に展開しているところに、21世紀の特徴があり、だからさまざまな困難はあっても、現代に生きることは面白いのである。

📖 **文献案内**
① 山崎仁朗編，2013，『日本コミュニティ政策の検証』東信堂．
② 大本圭野，2012，『わが町はいかにして先進自治体となったか』日本経済評論社．
③ 内山節，2015，『増補 共同体の基礎理論 内山節著作集第15巻』農山漁村文化協会．

[参考文献]
石平春彦，2010，『都市内分権の動態と展望』公人の友社．
市川康夫，2015，「フランスにおける農村の人口回帰と過疎化の展開」『地理空間』8（2）：337-350．
今井照，2008，『「平成大合併」の政治学』公人社．
奥田道大，1964，「旧中間層を主体とする都市町内会」『社会学評論』14（3）：9-14．
奥田道大，1973，「現代日本の都市とコミュニティへの序章」『現代のエスプリ』77：5-22．
奥田道大，1983，『都市コミュニティの理論』東京大学出版会．
越智昇，1990，「ボランタリー・アソシエーションと町内会の文化変容」倉沢進・秋元律郎編『町内会と地域集団』ミネルヴァ書房．
「季刊地域」編集部編，2015，『人口減少に立ち向かう市町村』農山漁村文化協会．
倉田和四生，1985，『都市コミュニティ論』法律文化社．
国民生活審議会調査部会コミュニティ問題小委員会，1969，『コミュニティ——生活の場における人間性の回復』政府刊行物センター．
今野裕昭，2001，『インナーシティのコミュニティ形成』東信堂．
嶋渡克顕・小田博之・有田昭一郎，2011，「自治会の枠組みを超えた住民自立型地域経営組織の構築と運営に関する事例研究（I）——島根県邑南町口羽地区における『口羽をてごぉする会』を事例とした考察」『島根県中山間地域研究センター研究報告』7：77-95．
上越市，2007，『合併記録誌 新しい自治体づくりへの挑戦』新潟県上越市．
白石克孝・富野暉一郎・広原盛明編，2002，『現代のまちづくりと地域社会の変革』学芸出版社．
新藤宗幸，1998，『地方分権』岩波書店．
総合研究開発機構，2002，『地域を支え活性化するコミュニティ・ビジネスの課題と新たな方向性』総合研究開発機構．
玉野和志，1998，「コミュニティ行政と住民自治」『都市問題』89（6）：41-52．
中田実，1993，『地域共同管理の社会学』東信堂．
中田実編，2000，『世界の住民組織——アジアと欧米の国際比較』自治体研究社．
中村八朗，1965，「都市町内会論の再検討」『都市問題』56（5）：69-81．
中村八朗，1973，『都市コミュニティの社会学』有斐閣．
日本都市センター，2001，『近隣自治とコミュニティ——自治体のコミュニティ政策と「自治的コミュニティ」の展望』公益財団法人日本都市センター．
日本都市センター，2002，『自治的コミュニティの構築と近隣政府の選択』公益財団法人日本都市センター．
阪神復興支援NPO編，1995，『真野まちづくりと震災からの復興』自治体研究社．
間島正秀，2002，「コミュニティと近隣政府」『都市問題研究』54（7）：30-42．
松原治郎・似田貝香門編，1974，『住民運動の論理』学陽書房．
村井雅清，2011，『災害ボランティアの心構え』SBクリエイティブ．
山崎仁朗・宗野隆俊編，2013，『地域自治の最前線——新潟県上越市の挑戦』ナカニシヤ出版．

Bestor, Theodore C., 1989, *Neighborhood Tokyo*, Stanford University Press.

【中澤秀雄】

地方自治と近代的世界の読み直し

1 はじめに

　ヨーロッパにおいて近代社会のかたちがみえはじめたのは，18世紀後半のことであった。この頃イギリスでは産業革命が起こり，1789年にはフランス革命が発生している。前者は近代的な経済の原型をつくりだし，後者は自由，平等，友愛という近代社会の理念を生みだした。さらにイギリスでは長期にわたる紆余曲折を経て，19世紀前半には国民議会のかたちがつくられていく。議会制民主主義という政治制度が，こうして誕生していった。

　この変化は，歴史の輝かしい発展のように思われた。経済は年々拡大し，科学や技術も発展しつづけた。身分制度は壊れ，歴史は自由で平等な社会を実現していくように思われた。国家もまた国民主権の方向性をみせはじめた。このような意味では，今日もまたこの時代の変化の延長線上にあるといってもよい。

　だがそれは手放しではなかった。19世紀に入るとヨーロッパでは近代懐疑派が登場してくる。それは主要にはふたつの傾向に収斂される。社会主義思想とロマン主義の流れである。ただし社会主義思想を近代懐疑派に入れるのは問題があるのかもしれない。なぜなら社会主義思想は近代の改革を肯定的に評価していたからである。それはひとつの前進だった。しかし不十分な前進であり，だから自由も平等も完全には実現できていないばかりか，新しい搾取や疎外も生まれてしまった。ゆえにもう一歩歴史を変革しよう。完全な自由や平等を実現させるために，社会主義社会をつくりだそう。それが社会主義者たちの思想だったのである。もちろん現実につくられたロシア革命以降の社会主義社会がこの理念を実現したのかどうかは別だが，それが18世紀の社会主義思想だったといってもよい。

特別章　地方自治と近代的世界の読み直し

　社会主義思想は近代のあり方に対して批判的ではあったが，けっして近代懐疑派ではなかったのである。それに対してロマン主義の潮流は，近代への挫折派として登場してくる。自由で平等な社会，誰もが自分の能力を発揮できて，お互いに尊重し合えるような社会。人々が近代社会にみた夢は，そんな社会の実現であった。ところが18世紀から19世紀にかけて，近代社会の実際の姿が現れてくると，一部の人たちのなかから「われわれが望んだのはこんな社会だったのだろうか」という疑問がでてくる。お金の力が増し，拝金主義者が増えて，人間たちは下品になっていった。自分の利益だけを追求するような行為が蔑まれるどころか大手を振って公認されるようになった。人間たちは競争や争いのなかに身を置き，人間の本質をも見失っていくようになった。こうして，「われわれはこんな社会を求めたのではない」という挫折感が生まれ，その原因がどこにあったのかを検証しようという潮流を生みだすことになった。
　この動きは社会全体でみれば，少数者の動きにすぎない。しかし哲学や思想，文学や芸術などの分野では，大きな潮流として形成されている。
　一番大きな流れを形成したのは，自然回帰派の動きだった。人間はもう一度自然に帰るべきだという主張である。イギリスではワーズワース（1770～1850）が自然に帰ろうという一連の詩を発表する。ドイツでもゲーテ（1749～1832）の晩年にはドイツロマン主義が生まれ，ゲーテの懐疑主義や自然への思いは，ドイツロマン主義のひとつのかたちともみなされるようになった。もっともゲーテ自身は，自分をロマン主義のなかに位置づけることを否定していたのだが，音楽や絵画の分野でも自然をどう描くのかは避けて通れない課題になっていった。
　この自然回帰派の流れは，ルネッサンス以降の人間中心主義への懐疑を根底に置いている。そしてそうであるならば，キリスト教的世界観への疑問も生まれざるをえなくする。われわれはどこかで間違った。いったいどこで間違ったのかを問わざるをえなかったからである。だからここからオリエンタリズムの傾向もでてきた。ヨーロッパ的な思考様式を疑い，東洋の思想から学ぶという動きである。哲学ではショーペンハウエル（1789～1860），ニーチェ（1844～1900）といった人たちが登場してくるが，とりわけ人間の生と死を「無」としてとらえたショーペンハウエルの哲学は，18世紀初期からのドイツの仏教研究

251

の成果が投影されていた。とともにヨーロッパ的な思考様式に対する疑問は合理主義への懐疑へと結ばれている。合理的にとらえられ、合理的に解釈されたものが、はたして本質をみていたのだろうかという問いである。ここから非合理なものを否定しないという傾向が生まれ、それは神秘主義と称されるようになった。

　筆者が身を置いている現代哲学は、この流れの延長線上にある。大胆にいえば、20世紀からの哲学はロマン主義の潮流のなかにあるといってもよいのだが、近代社会への懐疑は、哲学、思想、文学、芸術などの分野ではけっして少数者のものではなかったのである。

2 近代社会と政治

　ところがこのような動きは、政治の世界では発生することはなかった。それはある意味では当然であって、哲学や思想、文学や芸術はたえず「本質」をとらえようとするが、政治は現実に対応する分野だからである。自由や平等、民主主義などが本当に実現されているのか、それが不完全にしか成立していないとするなら、何を改革すれば一歩でも前進することができるのか。政治に関わる領域ではつねにそのことが考えられてきた。しかも少しでも改革できれば、そのことによって助かる人々や地域も存在するし、民主主義の前進と思えることもある。だから筆者も、政治の領域が現実とともにあることを批判しようとは思わない。しかしそういう性格を持っているがゆえに、根本的なものを問おうとした政治理論としては、中世から近代への転換過程で生まれたジョン・ロック（1632～1704）やトマス・ホッブス（1588～1679）、ジャン＝ジャック・ルソー（1712～1778）らの自然法思想から社会契約思想へといった理論が、いまもなお原点の理論として読み継がれることになった。

　哲学などの分野では近代的な人間や社会のあり方を問い直そうとする傾向が強まっていくが、政治の分野では近代の政治理論の完全な実現を探りつづけたといってもよかった。それは一部の社会学者たちにも受け継がれ、優れた市民社会の形成と市民による政治の監視、コントロールによる自由、平等、民主主義の前進といったことがここでも課題とされてきた。

政治が現実に対応した分野である以上それは当然のことでもあったのだが，しかしそのことが根本的な問題の検討を不完全なままにおいたことは否定できない。

さらに次のような問題もある。それは近代的な国家が生まれてからの歴史が，はたして進歩の歴史としてとらえられるのかどうかという問題である。もちろん自由，平等，民主主義といった理念は，少なくとも近代初期よりは現実化されている。しかし他方で歴史はしばしば国家主義やファシズム的なものを発生させ，ときに排外主義的な動きを拡大させもしてきた。より自由な社会をつくろうという動きもあれば，国民を国家の監視下に置こうという動きを高めるときもある。それらの動きがまだら模様に展開してきたのが近代以降の歴史なのである。さらに日本の地方自治，地域主権という観点からみれば，それは江戸時代よりも後退してしまっているといわざるをえない。とするとこのような問題をどうとらえていけばよいのだろうか。

3 近代政治とデマゴーグの政治

ところで比較的早い時期に近代的な国家のかたちをつくりだした先進国をみると，今日ではさまざまな行き詰まりが発生しているように思える。それが国の政治というかたちで現れてきたのが，アメリカにおけるトランプ大統領の当選であり，ヨーロッパの国家主義勢力の伸長だといってもよい。日本の安倍政権もまたこの脈絡のなかに加えておいてもよい。一般的にはこのような動きをポピュリズムの台頭として語られることが多いがそれは正確ではない。ポピュリズムは大衆迎合のことなのだが，今日の世界に広がっているものは国民を扇動することによって自己の政治権力を確立しようとする動きだからである。だからそれはデマゴーグの政治と呼んだほうが正確である。

トランプはときに排外主義的な，ときにこれまでの政治を支配してきたエスタブリッシュメント権力の解体を，ときにマスコミ権力批判を扇動することによって当選した大統領である。ヨーロッパの国家主義勢力も移民排斥やイスラム教徒の排斥などを扇動することによって，その勢力を伸ばしてきた。しかもこのような扇動政治は程度の差こそあれ，近代国家の政治にはたえずつきま

とってきた。ナチズムが政治権力を確立したのも扇動政治の「勝利」だったといってよいし，戦後のアメリカの政治をみても共産主義の脅威や最近ではテロリストの脅威をたえず扇動することによって政治基盤を固めてきた。ときには戦争をすること自体が巨大な扇動だった。もちろんテロの脅威などないということではない。だがそれらの現実をも扇動政治のなかに組み入れることによって，国民の統合や支持の拡大に利用してきたことは確かなのである。

　近代的な政治においては，つねに，何らかの扇動が行われる。なぜそのようなことが成立していくのかといえば，その理由は民主主義の欠陥と国の権力が強すぎることにある。

　仮に完全な民主主義を想定するなら，それは小規模なグループにおいてしか成立しない。たとえば小学校の１クラスくらいの規模であれば，徹底的に討論することも，少数意見を尊重することもできるだろう。最後は多数決で決めても全員がその結果に納得することも可能である。かつての村落共同体の寄り合いにおける意思決定のやり方も民主的だった。日本の伝統的な農山漁村では集落ごとに寄り合いがもたれ，そこでの意思決定は満場一致が基本だった。だから全員が賛成するまで何度でも寄り合いを開いた。そうやって折り合える結論をみつけだしてきたのである。それが可能だったのはよく知り合っているメンバーであるということだけではなく，価値の共有があり，しかも小規模なメンバーによって寄り合いが構成されていることにあった。農村であれ山村であれ漁村であれ，人々の集落の営みには共通性があり，何が大事なのかという価値も共有されていた。そういう小規模なメンバーによって寄り合いは開かれていたから，全員の賛成を得るまで会合を開くことができたのである。

　ところが規模が大きくなるとこの方法は使えなくなる。国家の意思決定ということになれば，民主的な装いを取り繕うことはできるが，本当の意味での民主的な意思決定などできようはずもない。さらに国民の側からすれば，選挙によって議員を選ぶとはいっても，その選挙は議員に全権を委託する仕組みなのである。選挙という手続きを経て独裁的な決定権を議員に与えてしまうという矛盾をこの制度は持っている。

　それはそもそも小規模なグループでしか成立しない方法を大きな構造に応用するという問題点から発生しているのだが，その結果確立された国の権力はあ

まりにも大きな力を持っている。国家はあらゆることを決めることができる。

そういう構造がある以上，政治家の側からすれば選挙で勝利することがすべてなのである。選挙で勝ちさえすれば巨大な権力を手に入れることができる。そして選挙で勝つためには，何らかの扇動が有効になってしまう。何らかの扇動をし，その扇動のなかに国民の関心を巻き込んでいく。それがうまくいけば全権を委託されたものとして政治権力を手に入れることができる。大きなシステムのもとでの選挙制度は，こうして必然的に，程度の差こそあれ，デマゴーグの政治を生みだすことになる。それが近代国家における政治の歴史だといってもよい。

4 近代国家の構造

歴史が大きく変わったとき，多くの人々はその変化に着目する。だが実際には，その変化は旧体制でも課題になっていたが成し遂げられなかったことの実現であったり，旧体制の仕組みを解釈し直すことによって新しくするといった変化であることが多い。まったく新しいものが生まれたのではなく，そのほとんどは旧体制のなかに存在していたのである。

たとえば日本の明治維新もそうである。徳川政権がめざしながらも実現できなかったことのひとつに，儒教的な思考を軸にした統一国家の樹立があった。中国で生まれた儒教は統一国家あってこその理論なのだから，幕府の公認理論として儒教を置こうとした以上それがひとつの方向性だった。しかしそれは実現できずに幕藩体制として江戸時代は形成されることになった。明治時代になると神仏分離令（神仏判然令）とそれにともなう廃仏毀釈の動きが起こってくるが，廃仏毀釈をはじめに計画したのは水戸光圀であった。この計画自体は幕末に台頭してくる西南雄藩でも計画されたが，いずれも実現できずに終わっている。儒教的統一国家をつくるうえでは仏教的なもの，あるいは土着的な神仏習合思想は邪魔だったのである。

このような面では，明治維新は旧体制のなかでは実現できなかった「夢」を現実化させたものだったということができる。さらにこの過程では新しい解釈による旧体制の継承も行われている。たとえば徳川政権においては将軍は絶対

権力者であったが、実際には老中、大老、若年寄などの重役たちによって政治は運営されていた。このかたちは明治以降の政治にも継承され、天皇が大権を持ちながら実際には政治家たちが政治を担うかたちをつくりだしている。皇国史観や欧米に倣った立憲君主制にもとづくという新しい解釈を加えながら、旧体制が受け継がれたのである。儒教の継承も儒教的な論理を使ってそれを万世一系の神国の論理に切り替えるという、国学以来の新しい解釈を加えることによって継承している。

　このような変革のあり方はヨーロッパでも変わることはなかった。フランス革命では自由、平等、友愛という近代社会の理念が高らかに掲げられたが、それはもともとはキリスト教社会のなかに存在していたものであった。ただし中世の社会においては、キリスト教徒にだけ与えられた、神のもとでの自由、平等、友愛だったのである。この考え方からキリスト教を外し、すべての人間の普遍的な理念として再解釈されたものが、自由、平等、友愛といった近代社会の理念だった。だからこの理念には、ある種の差別主義的な性格が残存することにもなった。中世においてはキリスト教徒にのみ与えられた特権であり、それは異教徒への差別をも生みだしていたのであるが、近代になるとキリスト教は外された代わりに、近代の理念を共有しない人たちへの差別としてこの差別主義は残存することにもなった。

　政治制度をみれば、近代革命が起こる前の体制、つまり絶対王制期の体制をみると、一方では強力な中央集権体制がしかれ、他方ではこの中央集権体制に組み込まれるかたちでの地方領主体制が成立していた。土地を基盤とした領主権力と、それをも支配する強力な中央権力によって政治が担われていたのである。

　近代革命は王制や領主制を打倒した。そしてその後の紆余曲折を経ながらも、国や地方の政治に民主主義的な制度が取り入れられていく。つまり政治の運営のあり方は大きく変わった。もっともそれもまた古代ギリシアで行われていた民主制の再解釈による復活だと、すなわちその意味でのひとつのルネッサンス運動だといえなくもないのだが、近代革命が政治の運営のあり方を大きく変えたことは確かだった。しかしここでも絶対的な力を持つ中央権力が存在し、そこに組み込まれるかたちで地方権力が成立するという構造は変えられ

ことはなかった。王権は否定されたが，王朝時代の権力のかたちは継承されたのである。だからこのかたちは，筆者は，民主王朝制と呼んでもかまわないのではないかと思っている。王朝時代の権力構造が継承されたという意味である。

ところでここでひとつの問いがでてくる。それはなぜこのかたちが長くつづいたのだろうかという問いである。

ここでまずみておかなければいけないことは，近代的な政治制度や社会のかたちを成立させたのは先進国だけだったということである。それは長い間ヨーロッパと北米，日本やオセアニアの国々だけのものであった。後に韓国や台湾が先進国化してくるとこれらの国でも近代的な政治制度が定着してくるが，途上国などではこの制度は定着していない。

近代的な政治制度を定着させるためには，その国の富の集積が必要だったのである。つまり経済力，財政力を国が持つことによって，国家が国民を庇護するというかたちをつくりだす必要性があった。なぜそれが必要なのかといえば，政治は支配，統治に他ならないからである。たとえどのような体裁を施そうとも，国家による支配，統治が基本になっている。そしてそれもまた王朝制国家から受け継いだものだったのだが，このことと国民主権の国家という近代国家の理念は矛盾する。理念としては国民がつくる自分たちの国家というかたちになっているのに，実際の政治の実体は国家の安定を図るための支配，統治にすぎない。この矛盾をある程度解消するには国家は国民を庇護し，国民の期待に応えるというかたちをつくりだす必要性があって，このかたちを維持する財政力が必要になった。

20世紀中盤からは国家の役割を福祉政策におく福祉国家論といった考え方も生まれていたが，そのためには社会保障政策だけではなく，経済安定化のための金融，財政政策や長時間労働や児童労働の禁止などのさまざまな社会政策も必要になってくる。しかもそういった政策を受け入れることができる企業の経営基盤も大事になる。すなわちそれらを可能にする財政基盤は，先進国にしか与えられていなかったのである。

同じようなことが中央と地方の関係にもいえた。近代国家の仕組みとしては絶対王制期の中央権力とその下に組み込まれた地方の領主権力の関係を継承す

るかたちでそれは成立している。しかしそこに民主的な運営方針が導入され，地方自治という考え方も導入されてくる。その結果民主的な地方自治というかたちをつくりだしながら，しかしそれは中央権力の支配下になければならないという矛盾を発生させてしまう。ゆえに，この矛盾をある程度解消するためには，中央は地方の要求に応じ，地方を庇護下に置くという体制をつくりださざるをえず，ここでもそれを可能にする財政力が必要になってくる。

5 劣化する近代国家

　ヨーロッパで近代社会が確立されていった時期は，ヨーロッパ諸国が世界の覇者になっていく時期と重なっていた。全世界に植民地を持ち，世界中の富がヨーロッパの国々に流れ込んだ。この富の力が，近代的な社会や国家体制を支えたのである。もちろん第2次世界大戦が終わると旧植民地は独立していく。しかし生産力や軍事力は圧倒的に先進国に集積していて，世界の富が先進国に集中するかたちは変わらなかった。

　このかたちに変化が現れるのは1973年の第1次オイルショック以降である。この頃から産油国が発言力をつけ，先進国は希望どおりの価格で資源を手に入れることができなくなっていく。さらに1978年からは中国で鄧小平による改革開放政策がはじまり，20世紀終盤からは多くの国々で近代的な経済の発展がめざされるようになった。

　それは大競争時代をつくりだしたといってもよい。途上国は賃金の安さを武器にしてそれまでは先進国でしか生産できなかった商品をつくりだすようになった。それにともなって先進国では，工場の海外移転が行われ，さらに国内賃金の引き下げをめざして格差社会が生まれていくようになる。かつてのように経済成長が賃金や消費の拡大，税収の増加を生みだし，その基盤のもとで国家財政も拡大しつづけるという時代の終焉を，先進国は受け入れるしかなくなってきたのである。

　このことが近代的な国家制度の持っていた矛盾を露呈させることになった。国民を庇護する国家という装いや地方を支える国家というかたちが維持できなくなれば，近代国家もまた支配，統治機構にすぎないということが表面化して

しまうのである。そしてそれは国民を分解させていくことになる。一方では政治に期待しないどころか関心を持たない人たちが増え，いまではどこの先進国でも投票率は低下しつづけている。その一方で古き良き時代を再現してくれるかもしれないと感じる「強い政治家」へのなびきも生まれてくる。それがトランプ大統領の当選やヨーロッパにおける国家主義勢力の伸長を生み，政治は扇動政治家たちの舞台と化しはじめた。さらに，自分たちの力で自分たちの生きる世界をつくり直そうとする動きも生まれてくる。それがコミュニティ＝共同体の再創造，ともに生きるネットワーク，ソーシャルビジネス，ローカリズム，あるいはアメリカにおけるコーオウンド・ビジネス（従業員共同所有企業）の展開などを生んでいる。

近代社会や近代国家の基盤の衰弱は，新しい分解を生みだしているのである。

それは「地方」においてもいえることだろう。一方では補助金などの削減による財政力の低下で呆然としているばかりの地域がある。他方にはかつてと同じような開発の夢にしがみついている地域もある。さらにはその地域独自の持続のあり方を具体化させてきた地域もいまの日本には生まれている。個々人も地方，地域も分解しはじめているのである。

とすると，地方自治とは何か，地域主権とは何かといった課題も，この現実をふまえて再検討しなければならないときにきているのではないだろうか。

6 おわりに

これまでの私たちは，近代革命以降の時代を手放しで賞賛しすぎたのではないかと思う。自由，平等，友愛，民主主義といった近代の価値観に未来を預けてきた。もちろん，いつの時代にも，これらの理念が十分には実現できていないことを人々は知っていた。だからそれは完全なかたちで実現できる価値ではなく，その実現をめざして努力しつづけることに価値があるというものだった。いわばこれらの価値を手放すまいとして未来に向けて前進しつづけることにこそ，人々は価値を感じてきたのである。

だが現実の歴史のなかでは，その思いはしばしば裏切られてきた。排外主

義，差別主義，国家主義といったものがしばしば歴史の表面に現れ，戦争もまた繰り返されてきた。しかもこの過程では為政者たちの誤りだけではなく，多くの人々がそれを望むという現実も生まれてきたのである。ナチスを政権につけ，トランプを大統領にしたのも国民である。一方では自由，平等，友愛，民主主義といった崇高な理念を掲げながら，他方ではそれらを劣化させていく仕組みが存在する。それが近代的な国家，政治，社会の現実だった。

とすると私たちは近代的なシステムのなかに欠陥があったことをも認めなければならないはずである。ただしその欠陥は，先進国では，その経済力によってある程度はヴェールの向こうに置いておくことができた。ゆえにその経済力が失われれば，かつてのドイツのように近代の持つ欠陥が表面に現れ，ファシズム政権が成立するというようなことも起こったのである。

ところが今日では，世界の先進国はそれと似たような状況に直面せざるをえなくなった。先進国に世界の富が集積するシステムが機能しなくなったのである。再び近代的なシステムのなかにある欠陥が表面化し，それが社会を劣化させていくことを私たちは意識せざるをえなくなった。

地方自治の課題でも同じことが起きていくだろう。前述したように地方自治には地方が自治権を持ち，住民が主権者になって自分たちの町や村を治めていくという理念と，しかしそれは国家による支配，統治に組み込まれた一要素でしかないという性格との二重性の上に成立している。条例は法律に反してはならないし，地方の税率さえ基本的には国家の手によって決められているのである。

それはきわめて不完全な地方自治を生むことになった。市町村は国の管理下に置かれ，都道府県の統制下に置かれる。その下で予算を獲得するのが市町村行政の仕事になり，住民が主権者となった自治は彼方に消えている。それが現実の日本の地方自治である。

それでも国に財政力があり，地方の要求にある程度応えることができたあいだは，この国と地方との関係のなかで，「発展する地域」が展開しているかのごとく幻想を成立させることができた。もっともそれは道路を広げ，文化センターをつくり，といったことにすぎなかったのだが，いまではその予算さえ以前のようには回ってこなくなっている。それは劣化する地方自治を顕在化させ

ることになった。何もできない地方自治の出現である。

　それは地方もまた国の統治機構の一要素にすぎないという性格が生みだした欠陥なのだが，とりわけ日本では地方の権限さえ明確ではないという問題がある。すべてのことを国が管理下に置こうとしてきたのである。だから市町村行政の視線は国や県に向かい，住民自治の方向性は衰弱する。

　この問題が露骨なかたちで顕在化したのは東日本大震災のときだった。広域合併によって住民との絆がなくなった市町村があり，しかもその行政は国や県の指示を仰ごうとして機能しない。危機が生じたときの迅速な対応のできない市町村が続出してしまった。

　とすると課題はふたつあることになる。ひとつは地域は地域の人たちでつくるということを明確にする権限の地方への移譲を推進することであり，それは地方自治体が国の統治機構の一要素であったとしてもできることのはずである。

　だがそれだけではなく，もうひとつの大きな課題も存在する。それは近代的な国家や政治のあり方自体に問題はなかったのかを検証していくことである。それは近代のシステムのなかに，劣化する政治，劣化する社会，劣化する地方自治という根拠が内蔵されていなかったのかという問いである。

　政治は現実とともに展開する。現実のなかにある問題点を改革していく重要さを筆者も否定しない。しかし現実が前提になりすぎれば，私たちは根本的な視点を見失うことにもなる。今日の私たちは，その両方を見据えなければならない時代に立たされているのである。

【内山節】

索　引

あ

空家等対策の推進に関する特別措置法 …… 105
空き家等の適正管理に関する条例 ……… 105
アソシエーション ……………………… 230
新しい公共 ……………………………… 179
アベノミクス ……………………………… 8
天川モデル ………………………… iv, 23
依存財源 ………………………………… 158
一般会計 ………………………………… 168
一般財源 ………………………………… 159
一般的拒否権 …………………………… 70
移転財源 ………………………………… 161
委任条例 ………………………………… 110
インパクト評価 ………………………… 144
「上書き」権 …………………………… 122
エクセレント NPO ……………………… 194
NPS（新公共サービス）…………… 187, 188
NPM（新公共経営）………………… 77, 185, 188
NPO（非営利組織）……… v, 94, 149, 179, 228
NPG（新公共ガバナンス）……………… 189
「大阪都」構想 ………………………… 59

か

格差是正政治 ……………………… 15, 16
課税自主権 ……………………………… 172
ガバナンス …………………… 8, 94, 131, 186
仮認定制度 ……………………………… 185
間接民主主義 …………………………… iii
官民競争入札制度 ……………………… 182
関与の法定主義 ………………………… 38
議員間討議 ……………………………… 84
議員報酬 ………………………………… 99
議会基本条例 …………………………… 88
議会サポーター・アドバイザー ……… 90
議会報告会 ……………………………… 85
機関委任事務 ………… ii, 19, 68, 107, 205
機構的自治体観 ……………………… iii, 2
規制改革 ………………………………… 180
規制緩和 ………………………………… 180
基礎的自治体 …………………………… 36
機能分担論 ……………………………… iii
基本計画 ………………………………… 128
基本構想 ………………………………… 128
義務付け・枠付け ………………… 112, 130
義務の経費 ……………………………… 165
教育委員会 ……………………………… 66
教育長 …………………………………… 66
行政代執行法 …………………………… 123
業績測定法 ……………………………… 144
協働 ………… 28, 85, 114, 135, 179, 193, 231
協働契約 ………………………………… 196
近隣政府 ………………………………… 237
区　域 …………………………………… 1
国地方係争処理委員会 ………………… 38
郡区町村編制法 ………………………… 46
群民的自治体観 ……………………… iii, 2
権力分立 ……………………………… i, 30
公共施設等総合管理計画 ……………… 136
公共の担い手 …………………………… 179
公債費 …………………………………… 165
構造改革 ………………………………… 1
公聴会 …………………………………… 85
合理的選択制度論 ……………………… 149
ゴールドプラン（高齢者保健福祉推進
　10ヵ年戦略）………………………… 9
国土の均衡ある発展 …………………… 1
国庫支出金 ………………………… 156, 163
ごみ屋敷条例 …………………………… 114
コミュニティ ……………………… v, 233

コミュニティセンター ……………………… 235

さ

再　議 ……………………………………………… 70
三位一体の改革 …………………………… 9, 172
参考人 ……………………………………………… 85
三市特例 …………………………………………… 46
事後評価 ………………………………………… 145
自主財源 ………………………………………… 159
自主組織権 ……………………………………… 75
市場化テスト …………………………………… 182
市制町村制 ……………………………………… 46
事前評価 ………………………………………… 142
自治会 ……………………………………… v, 227
自治基本条例 ………………………………… 195
自治権 …………………………………………………… i
自治事務 …………………………………………… 37
自治体間連携 …………………………………… 98
自治体行政計画（行政計画）……… iv, vi, 142
自治体財政 ……………………………………… 154
自治体内分権 …………………………………… 99
自治紛争処理委員 …………………………… 38
事中評価 ………………………………………… 143
自治立法権 ……………………………………… iv, 105
執行機関の多元主義 ……………………… iv, 65
実効性確保手段 ……………………………… 122
実施計画 ………………………………………… 128
シティ・マネジャ …………………………… 103
指定管理者制度 ………………………… 170, 181
事務事業評価 ………………………………… 176
社会保障国民会議 ……………………………… 9
社会保障と税の一体改革 ……………………… 9
集　権 ……………………………………………… 22
集権的選別主義 ………………………………… 3
集権的平等主義 ………………………………… 4
住民参加 ………………………………………… 137
住民自治 ………………………… i, ii, 83, 185, 203
首長制 ……………………………………………… 30
消費税 …………………………………………… 174
条　例 …………………………………………… 105
人件費 …………………………………………… 165

垂直的行政統制モデル …………………… iv, 28
垂直的権力分立 …………………………………… i
水道水源保護条例 …………………………… 114
水平的権力分立 …………………………………… i
水平的政治競争モデル …………………… iv, 28
請　願 ……………………………………………… 85
性質別経費 ……………………………………… 165
政府間関係 ……………………………………… 27
政務活動費 ……………………………………… 90
政令指定都市制度（指定都市）…… 45, 56
責任分担論 ……………………………………………… iii
専決処分 …………………………………………… 72
戦前戦後断絶論 ………………………………… 28
戦前戦後連続論 ………………………………… 28
相互依存モデル ………………………………… 28
総合計画 ………………………………… 96, 128
総合出先機関 …………………………………… 76

た

第 1 次分権改革 ……………………………… 20
大都市圏重視 …………………………………… 14
宅地開発指導要綱 …………………………… 208
多元的協働 ……………………………………… 195
男女共同参画基本計画 …………………… 78
団体自治 ………………………………… i, ii, 88
地域運営組織 ………………………………… 242
地域協議会 …………………………………… 240
地域共同管理 ………………………………… 244
地域自治区 …………………………………… 239
地縁組織 ……………………………………… 179
地区計画 ……………………………………… v, 206
地方公共団体財政健全化法 ……………… 176
地方交付税 …………………………… 156, 161
地方債 ………………………………………… 163
地方財政計画 ………………………………… 157
地方財政対策 ………………………………… 157
地方財政調整平衡交付金 ………………… 173
地方自治特別法 ……………………………… 31
地方自治の本旨 ………………… i, ii, 30, 67
地方譲与税 …………………………………… 161
地方税 …………………………………… 156, 160

地方独立行政法人	182
地方分権一括法（分権一括法）	19, 172
地方利益誘導	11, 12
町村総会	67
町内会	v, 227
長の不信任	71
長の補助機関	73
直接民主主義	iii, 35, 84
陳情	85
出先機関	76
田園回帰	12
東京市区改正条例	205
投資的経費	165
道州制	40
討論型世論調査	138
都区協議会	51
都区財政調整制度	54
徳島市公安条例判決	107
都区制度	45
特定財源	159
特定非営利活動促進法（NPO法）	184
特別区	36, 45
特別市	47
特別自治市	43, 59, 60
特別的拒否権	71
特別出先機関	76
独立行政法人	182
都市計画法	205
都市内分権	58
隣組	228
都配属職員制度	51

な

内部組織	74
二元制	iv, 82
二元的代表制	83
認可地縁団体	242
認定NPO法人	185

は

パブリック・コメント	138
PA（公共管理）	186, 188
PST（パブリックサポートテスト）	185
標準局部制	75
費用便益分析	143
VFM（バリューフォーマネー）	143, 187
副市町村長	73
副知事	73
扶助費	165
普通会計	168
部落会	228
フラット型組織	77
ふるさと創生	9
ふるさと納税	173
分権	22
分権的選別主義	4
分権的平等主義	4
分担的協働	195
分離	iii, 22
平成の大合併（平成の市町村合併）	98, 236
法定受託事務	37
法律先占論	108
保障行政の法理論	191

ま

まち・ひと・しごと（地方）創生	8
まち・ひと・しごと創生交付金	132
まちづくり	202
未完の分権改革	20
民間委託	170, 180
ムラ	2
目的別経費	165

や

融合	iii, 22, 155
予算	vi, 155
予算編成	133

ら

ライフ・ポリティクス	80
臨時財政対策債	174
列島改造論	7

ローカル・ガバナンス ……………………… 197

わ

ワーク・ライフ・バランス ……………………… 79

ワークショップ ……………………… 138, 177

【執筆者紹介】（執筆順，＊は編者）

＊幸田 雅治（こうだ まさはる）	神奈川大学法学部教授	はじめに・第8章
金井 利之（かない としゆき）	東京大学大学院法学政治学研究科教授	序　章
牛山 久仁彦（うしやま くにひこ）	明治大学政治経済学部教授	第1章
大杉 覚（おおすぎ さとる）	首都大学東京法学部教授	第2章
入江 容子（いりえ ようこ）	愛知大学法学部教授	第3章
江藤 俊昭（えとう としあき）	山梨学院大学法学部教授	第4章
板垣 勝彦（いたがき かつひこ）	横浜国立大学大学院国際社会科学府准教授	第5章
長野 基（ながの もとき）	首都大学東京都市環境学部准教授	第6章
沼尾 波子（ぬまお なみこ）	東洋大学国際学部教授	第7章
内海 麻利（うちうみ まり）	駒澤大学法学部教授	第9章
中澤 秀雄（なかざわ ひでお）	中央大学法学部教授	第10章
内山 節（うちやま たかし）	哲学者	特別章

地方自治論
──変化と未来

2018年4月15日　初版第1刷発行

編　者	幸田　雅治
発行者	田靡　純子
発行所	株式会社　法律文化社

〒603-8053
京都市北区上賀茂岩ヶ垣内町71
電話 075(791)7131　FAX 075(721)8400
http://www.hou-bun.com/

＊乱丁など不良本がありましたら、ご連絡ください。
　お取り替えいたします。

印刷：西濃印刷㈱／製本：㈱藤沢製本
装幀：奥野　章
ISBN 978-4-589-03904-0

© 2018 Masaharu Kouda Printed in Japan

JCOPY　〈(社)出版者著作権管理機構　委託出版物〉

本書の無断複写は著作権法上での例外を除き禁じられています。複写される場合は、そのつど事前に、(社)出版者著作権管理機構（電話03-3513-6969、FAX03-3513-6979、e-mail: info@jcopy.or.jp）の許諾を得てください。

幸田雅治編
行政不服審査法の使いかた
A5判・216頁・2400円

市民の立場に寄り添い，日常の暮らしや業務に影響を及ぼす行政処分に対して不服を申し立てる際の要点をやさしく解説。第一線の実務家・研究者である執筆陣が法と制度の使いかたを伝授し，読者の実践を後押しする。

原田 久著
行政学
A5判・200頁・2200円

制度・管理・政策の次元から行政現象をとらえたコンパクトな入門書。「どうなっているか?」と「なぜそうなのか?」という2つの問いを中心に各章を構成し，身近な事例と豊富な図表を通して現代日本の行政をつかむ。

坂本治也編
市民社会論
―理論と実証の最前線―
A5判・350頁・3200円

市民社会の実態と機能を体系的に学ぶ概説入門書。第一線の研究者たちが各章で①分析視角の重要性，②理論・学説の展開，③日本の現状，④今後の課題の4点をふまえて執筆。3部16章構成で理論と実証の最前線を解説。

新川達郎編
政策学入門
―私たちの政策を考える―
A5判・240頁・2500円

問題解決のための取り組みを体系化した「政策学」を学ぶための基本テキスト。具体的な政策事例から理論的・論理的な思考方法をつかめるよう，要約・事例・事例分析・理論紹介・学修案内の順に論述。

小田切康彦著
行政－市民間協働の効用
―実証的接近―
A5判・222頁・4600円

協働によって公共サービスの質・水準は変化するのか？ NPOと行政相互の協働の影響を客観的に評価して効用を論証。制度設計や運営方法，評価方法等の確立にむけて指針と根拠を提示する。〔第13回日本NPO学会優秀賞受賞〕

市川喜崇著
日本の中央－地方関係
―現代型集権体制の起源と福祉国家―
A5判・278頁・5400円

明治以来の集権体制は，いつ，いかなる要因で，現代福祉国家型の集権体制に変容したのか。その形成時期と形成要因を緻密に探り，いまにつながる日本の中央－地方関係を包括的に解釈し直す。〔日本公共政策学会2013年度著作賞受賞〕

―法律文化社―

表示価格は本体(税別)価格です